今日の古文書学

第12巻 史料保存と文書館

編集
石井正敏
大野瑞男
北原進
高橋正彦
田島公
中尾堯
広瀬順皓
松尾正人
峰岸純夫
村井章介
湯山賢一

雄山閣

今日の古文書学 12

史料保存と文書館

目次

II　文書・記録の整理・保存

一　収集・整理の現状と視点

III　文書・記録の利用と文書館・資料館

一　国内の文書館・資料館

総　説

松尾　正人

1　古文書学と記録史料学

これまでの古文書学の研究は、概して古代・中世史の分野を中心に進められてきた。養老令の公式令にしたがった書式の公式様文書、平安時代に出現した公家様文書、さらには鎌倉時代以降の武家政権のもとで作成された武家様文書などの研究がそれである。そこでは、材料・形状・墨色・花押・印章・字体・文体などに関する形態論、古文書の様式を研究する様式論、古文書の有する機能を明らかにする機能論などが議論されてきた。

しかし、近年はこのような古代・中世史だけでなく、近世・近代史の分野でも古文書学の体系化が急務となっている。近世の大名家文書はもとより商家や村方文書、さらには近代の行政文書などが整理され、その古文書学的研究が重視されるようになった。また、近世・近代史では、古文書に限らない木版・活版の印刷物や金石文などの諸記録が、歴史資料として大きな役割をはたしている。写真、録音、磁気テープの活用も盛んで、それらの研究が欠かせない。

ところで、国際的には文書に限らないさまざまな記録の保存、その検索・利用の機関であるアーカイブズが発達し、一九五〇（昭和二十五）年にＩＣＡ（International Council Archives）が組織されている。日本では一九五九年の山口県文書館創設を最初として、一九七一年に国立公文書館が設立され、一九七六年には全国歴史資料保存利用機関連絡協議会（全史料協）が発足している。その間、史料保存の具体的措置を考え、史料の性質に応じた検索手段の作成などの学問的検討を体系化する文書館学が着目されるようになった。さらに、文字記録から電子記録に至るさまざまな記録のうち、「歴史認識のもとになる素材としての価値を有するもの」が、記録史料と称されるようになっている。記録史料について、それを歴史研究や「創造的文化的活動の素材」として活かすための「知識と技術の体系化」をめざす記録史料学が主張されるようになったのである。

もっとも、このような文書館学・記録史料学の形成に際しても、古文書学の発展と近世・近代史の分野におけるその体系化が求められていることは変わらない。従来の古文書学では、古文書の収集・保存の問題が「伝来論」として取り上げられる程度であったが、近年、古代・中世文書がどのようにして作成され、いかに保存・管理されてきたかの研究が注目されるようになっている。史料保存・管理の議論が盛んになったことにともなう新たな傾向にほかならない。一方、記録史料学を基盤にした目録作成においても、綴、状、冊といった文書の形態に関する研究の体系化が欠かせなくなっている。史料集などの編集・出版に当たっては、文書の表題が「〇〇〇の書状」「〇〇〇の詔書」「〇〇〇の通達」と記されるのが一般的であり、それらの形態、機能面の研究が重要となっている。この点、古文書学と文書館学あるいは記録史料学との連携は、今後とも不可欠といえる。一九九七年・九八両年の日本古文書学会シンポジュウムが、史(資)料学と古文書学とのあるべき関係を模索し、九九年の第五〇号が「古文書学と史料学」を特集していることがそれを示す。研究の蓄積と相互の体系的な研究の進展が大いに期待されているのである。

2　本書の視座

古文書に限らないさまざまな記録史料の役割が重視されたことにともない、これまでの史料保存のあり方は再検討をせまられるようになった。史料保存の歴史を整理・確認するとともに、記録史料を含めた史料保存の将来を展望し、一定の方向を模索することが必要となっている。古文書と記録史料についての理解を深め、その収集、整理、評価、選別あるいは修補の問題を検討することも欠かせない。

また、史料保存については、文書館・公文書館あるいは市町村のいわゆる地域文書館・資料館がその中心的機関となっている。この点、文書館（アーカイブズ）の現状を把握するとともに、そこでの収集、整理、評価、選別、利用の問題を議論することが重要である。文書館の収集・整理の過程においても、古文書学と記録史料学の連携、あるいは相互の体系的な研究が欠かせないように思われる。

本書は、「史料保存の歴史と現状」「文書・記録の整理・保存」「文書・記録の利用と文書館・資料館」の三部構成とし、それぞれに五～六編の論文を配した。Ⅰの「史料保存の歴史と現状」は、以下の六編である。

西岡芳文「安土・桃山時代以前の収集・保存」は、はじめに古文書学における伝来論の課題を述べ、近年の文書館設置や記録史料保存にともなって従来の古文書学に文書管理史の視点が加えられるようになったことを指摘する。また、大寺院や公家・武家が重要な古文書を保存してきた歴史的経緯、古文書・古記録の伝承と情報管理、大寺院や公家を中心とした文書保管のしくみなどを明らかにする。そして、文書管理人あるいは公文職と図師の役割、文庫・宝蔵などの保管と預託のシステム、収蔵技術を論じ、情報の創造・管理を模索する。

藤實久美子「江戸時代の史料蒐集と保存―紅葉山文庫を中心に―」は、徳川家康による蒐書と文庫の設置を述べ、その後の将軍家による江戸城内の紅葉山文庫設置、尾張徳川家「駿河御譲本」の形成を論じる。江戸時代前期の「本朝通鑑」編修時の蒐書、中期の青木昆陽の古文書探索など、それぞれの時代を代表する文書・記録・書籍の蒐集・保存事業を明らかにする。

宮地正人「明治時代の史料蒐集と保存」は、太政官期における「復古記」や府県史料・皇国地誌などの編纂事業と収集を明らかにする。また明治二十年代以降について、大名華族の家史編纂事業や史談会による『史談会速記録』作成、文部省維新史料編纂事務局の「大日本維新史料稿本」作成に向けた活動を論じる。さらに内閣文庫や宮内省図書寮・教育博物館など、図書館・博物館および民間における蒐集・保存活動を考察する。

林英夫「近世庶民史料の保存運動」は、戦時下に「紀元二千六百年」を記念して、「国民精神の作興と国史教育の振興」がはかられたことを明らかにする。また、同時期に地方で展開された町村史作成と史料保存の実際を論述する。戦後の「近世庶民史料調査委員会」の活動が「地方史研究協議会」の設立に結実した経緯、史料保存運動における民間の庶民史料保存の重要性を強調する。

湯山賢一「文化財の保存運動―文化財保護制度の変遷を通して―」は、「古器旧物保存方」の太政官布告や帝室博物館の成立、臨時全国宝物取調局の設置、古社寺保存法の公布など、文化財保護に向けた調査や諸制度の歩みを明らかにする。また昭和二十五年に制定された文化財保護法の現状、および古文書史料保存の課題などを指摘し、古文書史料の保存に向けた文化庁や府県あるいは市町村における取組みを論述する。

所理喜夫「公文書館法と文書館」は、戦後の史料保管機関設立を求める運動と文部省史料館設置の結果を述べ、その後身の「国立史料館」の諸活動と、近年の行政改革・独立行政法人化にともなう危機的状況を明らかにする。また、地方史研究協議会などの在野の運動、日本学術会議を通じた文書館設立運動を紹介する。一九八七年の公文書館法公布の経緯、同法の意義と問題点を指摘し、さらに民事判決原本の保存にともなう一九九九年の「国立公文書館法」の成立を述べ、今後の運動への指針を明示する。

また、IIの「文書・記録の整理・保存」は、以下の六論文である。

吉田優「古文書調査研究とその方法」は、古文書調査に際しての目的意識の再確認と地域の研究における「郷土」の持つ重い意味に注目することの必要を論じる。地域の研究には、ある種の生活体験に根ざした哲学が必要と述べる。特に地方史研究については、その課題が、古文書類を中心に歴史遺物・遺跡や地域に残された諸資料をはば広く調査し、民衆の生活史を構成することにあると述べ、そこから「地誌・調査項目」などが具体化すると論じる。

高橋實「文書調査の現段階」は、これまでの文書調査法の変遷を明らかにし、文書の分類整理が文書群の生体解剖にあたるとする反省が生れた経緯を述べる。つぎに、新しい文書調査法の試行として、文書館学にもとづく整理論と房総史料調査会の「現状記録論」を紹介する。さらに初期調査の実際を、事前調査、事前の検討と準備、保存現場の現状記録、蔵出し作業、保存状態・収納容器の記録、概要目録の作成などに区分して論述し、概要調査における「中間番号方式」を模索する。

松尾正人「文書・記録の評価と移管」は、近現代の行政文書の保存に関する評価・移管問題について、近年の議論を整理し、その現状と特色を述べる。公文書と私文書のそれぞれについての評価・移管の方策を検討し、その問題点を指摘するとともに、中間保管庫の確保やリテンション・スケジュールの作成、評価・収集の機能分担など、今後のあるべき方向について言及する。

青木睦「文書・記録の保存と管理」は、記録史料の保存管理方法の変遷を述べ、その理論と実践を論じる。保存管理の新しい考え方と試みを紹介し、保存の意義、重要性を論じ、保存環境の整備や技術の現状と課題を提示する。

吉野敏武「文書・記録の修補」は、虫損直し、裏打ち、糊差し、本仕立てなどのおもな修補作業の呼称と方法を説明する。つぎに、装幀形態による修補作業として、巻子形態、冊子形態、折装形態、畳み物形態、一枚一通物形態、掛軸形態などのそれぞれに関する修補の方法と課題を明らかにする。そして安易な修補を避ける慎重な姿勢、装幀形態や料紙に対する知識の必要、修補技術者の選定方法、史料の取扱いのあり方を論じる。

冨善一敏「記録史料論と保存・利用問題」は、文書館学あるいは史料管理学と呼ばれてきた記録史料学の性格・領域と、日本におけるその発展の過程を概括する。つぎに古文書の整理について、出所原則、原秩序尊重、原形保存、および段階的な整理保存が要となることを指摘し、記録史料の管理プログラムの立案と目録作成の理論を提示する。そして、世界における記録史料学の新しい動向として、国際文書館評議会（ＩＣＡ）の国際標準記録史料記述原則と一般原則を紹介し、その日本における適用事例および古文書学との関連に言及する。

IIIの「文書・記録の利用と文書館・資料館」は、以下の五論文である。

中野目徹「国の機関における文書・記録の保存と利用」は、国の機関が保有する公文書等の全体像を述べ、さらに国立公文書館や外交史料館・防衛研究所図書館の実態を概観する。その上で、近年の国立公文書館の組織管理・運営上の変化、保存・利用・調査研究の実態、専門職員養成課程を明らかにする。そして、文書の移管と公開、情報公開法への対応といった諸問題を論じる。

水口政次「都道府県文書館の文書・記録の保存と利用」は、国内で二六館を数える都道府県文書館について、その文書・記録の保存と利用の現状を分析し、実態を明らかにする。具体的には、規定面・実務面がよく整備されて民間・公文書史料のバランスがとれている群馬県立公文書館、それと異なる性格を持つ東京都公文書館の事例を考察する。さらに、評価・選別、民間史料の保存、三〇年公開原則などの課題、公文書館法や情報公開法への対応の課題を指摘する。英国の地方文書館との比較も試みる。

久慈千里「市町村の文書館と史料保存」は、市町村文書館の現状として、八潮市や藤沢市・尼崎市などの市町村文書館の実態を明らかにし、文書館施設を有しない市町村における文書保存の苦心を述べる。また、市町村文書館の役割を限定的にとらえ、博物館・資料館における地域史料の保存・利用の方策を論じる。

石原一則「欧米諸国文書館の文書・記録の保存と利用」は、欧米諸国の文書館の類型化を行ない、それらの設立と組織・運営を明らかにする。つぎに、ヨーロッパにおけるアーカイブズの成立を論述し、フランス革命と文書館の制度化、二〇世紀の米国文書館の新たな展開を考察する。さらに、文書館の記録管理や評価・選別の実態とその課題を指摘し、組織体のアカウンタビリティ（説明責任）機能の保全に文書館が期待されているオーストラリアやカナダの事例を紹介する。

小川千代子「アジア・アフリカのアーカイブズ」は、世界最大規模の文書館システムを持つ中国を取り上げ、アーカイブズにあたる「档案」の性格、中国国家档案局の概要、総合档案館と専門档案館の多様な現状を考察する。つぎに、旧宗主国の影響でよく整備されたマレーシアについて、国立文書館設立の経緯とその後の沿革、記録管理の現状を明らかにする。さらにアフリカ諸国のシエラレオネやジンバブエの事例を考察し、内戦に直面する諸国でのアーキビスト研修の苦心、文書館運営の模索を論じる。

以上、それぞれの論文の概要を略述したが、本書は、新たな今日の古文書学の視座として、近年にとりわけ活発な議論が展開されている史料保存と文書館の諸問題を取り上げ、この間の研究の集約といっそうの進展をはかることに主眼を置いた。文書調査・整理をめぐる論争、あるいは評価・選別に関する議論などを紹介している。文書館における保存・利用の現状と、記録史料を含めた収集・保存の課題も提示した。なお、目録作成やコンピューターの問題は、企画段階で予定したが各般の事情で収録するにいたらなかった。本書が出版にいたるまでには、雄山閣出版の佐野昭吉第一編集長、編集工房なにの長津忠氏に大変お世話になった。感謝申し上げたい。

参考文献

国文学研究資料館史料館　一九八八年『史料の整理と管理』岩波書店
日本古文書学会　一九九九年「古文書学と史料学」『古文書研究』五〇号記念特集号

Ⅰ　史料保存の歴史と現状

一　収集・保存の歴史と現状

一―(1)　安土・桃山時代以前の収集・保存

西岡　芳文

はじめに

前近代日本における文書の収集と保存については、日本古文書学では古文書の概説の中で「伝来論」としてとりあげられてきた。ただし、多くの概説書では、古文書を史料として扱うための手段として、現存する文書群の大まかな所在と性格づけを記述するにとどまり、古代・中世の時点で、文書がどのようにして作製・保管・収集され、機能してきたかという、文書に即した動的な側面については、あまり注目されてこなかった。

ところが近年、各地に創設されはじめた文書館の理念を追究し、史料保存・管理についての現実的な議論が盛んになるにつれ、近・現代文書ばかりでなく、中世以前の文書が社会制度のなかでどのように作り出され、保存・管理されてきたかに注目する研究があらわれ始めた。

もとより文書や記録は、社会制度の全般におよぶ重要な記録媒体であり、歴史のあらゆる側面にかかわる広大な領域である。現存する最古の文書から数えても千数百年に及ぶ日本の文書の管理や保存の歴史を、限られた紙幅で論述することは不可能であるが、今後の研究の展望もふまえ、注目すべき論点を中心に紹介することにしたい。

1　日本古文書学における伝来論

いうまでもなく、日本古文書学は中世文書をもとに発展してきた。相田二郎『日本の古文書』(一九四九年)を頂点とする精緻な様式分類の研究は、制度史・国制史の要として史学研究の中枢を構成してきた。近代以降、とくに東京大学史料編纂所を中心にした史料編纂事業においても、「一等史料」としての古文書が大きな位置をしめ、戦後の社会経済史研究の発達においても、古文書が史料の中心とされてきた。

このような研究史の流れのなかで、古文書に基軸をおく中世史研究と、六国史を基軸とする古代史研究、大名文書や地方文書を主体とする近世史研究の間には、時代を異にする研究者同士の議論を妨げるほどの史料観の齟齬が生まれ、とくに中世成立期と中・近世移行期の研究を遅らせる要因にもなってきた。

様式分類を研究の主眼とする中世古文書学にあっては、本来の伝来文書群とは切り離されたかたちで、原本・案文・写本を混在させたまま古文書を扱う傾向が強く、個々の文書が伝来した必然性や歴史的機能については、特別に注目されないのが普通である。

また、古文書を単に物財に付随する権利や利益を保証するだけの書類と定義してしまえば、伝来についても比較的単純な認識で済むかもしれない。しかし中世の古文書は、古文書の定義に収まらないさまざまな書物や帳簿とともに機能してきたのであり、現代的な視点で境界を設け、位置づけの困難な資料を無視したのでは、中世の文書を正確に認識することはできないであろう。まず当時の人々の視点に立ってさまざまな種類の古文書を認識し、あらゆる文献の総体の中での古文書の位置づけを考える必要がある。

モノとしての古文書は、長い時間の中で、取捨選択のふるいを通り抜け、なんらかの目的をもって現代まで伝えられた。そして多くの場合、複数の古文書が文書群を形成して伝来するのが普通であり、古文書を史料として利用する前提として、伝来の必然性と文書群全体の位置づけ、さらに文書とともに伝来した他の資料をも考慮する必要がある。

2　文書管理史の視点

近年の文書館設置、記録史料保存の動きの中で、前近代の文書保存についても従来の古文書学とは別の視点から注目されるようになってきた。国立史料館および全史料協（全国歴史資料保存利用機関連絡協議会）を中心とするこの運動の現在の到達点は、広い範囲にまたがる文書管理史の解明をめざした論集『記録史料の管理と文書館』（一九九六年）である。本書には、松井輝昭・黒川直則両氏による古代・中世の文書管理・保存についての周到な論考が収められ、近世・近代あるいは欧米の文書管理・保存についてのさまざまな論考とあわせて、文書館の存在意義をアピールするための歴史的根拠の確立をめざしている。

一方、中世史単独の、古文書の管理・伝来論の分野では、ほぼ同時期に『中世文書論の視座』（一九九六年）が公刊された。本書はこの分野の先導者である河音能平氏を中心に編まれたもので、外国史をも含む中世文書論、とりわけ保管と機能に焦点を絞った論文が集積されている。しかも巻頭に共同研究の結果を踏まえ、簡にして要を得た研究史整理と提言が収録されており、現在の研究水準を明らかにしている。

このように、きわめて現実的な問題意識から発した文書管理・伝来に関する研究が登場したことによって、従来、歴史学の補助学として、半ば歴史学者の片手間仕事として行なわれてきた古文書学に反省をうながし、一個の学問分野としての自立を求める動きがあらわれ始めたといえよう。

3　中世文書の伝来

世界的に比較すると、日本は中世文書の伝来が多いほうであるといわれる。東アジアに限っても、中国や朝鮮では、五百年をこえる古文書はめったに見られないのに対し、日本ではその程度の中世文書ならば、全国的にかなりの数量で伝来している。こうした彼我の相違は、自然災害や戦乱などの不可抗力による要素を差し引いても、文書を保存してきたシステムの本質的な違いに原因を想定せざるを得ない。

日本の場合、畿内の大寺院においては、東寺・東大寺・高野山のように、寺内の僧侶の合議を原則として組織を運営し、文書を管理するシステムがあった。政治権力から独立した立場にあったこれら大寺院は、比叡山や根来寺のごとく、戦争による全山滅亡の悲運に遭遇しない限り、万を数える中世文書を保存する能力を有した。

一方、国家制度の中核にあった公家の場合、いわゆる官僚制的な組織運営のシステムは平安時代の早い段階で崩壊し、代わりに朝廷諸官職を世襲する「公家」が分立し、それぞれの家の存立根拠として古文書や古記録・文献を伝承してきた結果、個々の公家が存続する限り、重要な古文書が残されることになった。

武家の場合、一挙に滅亡した鎌倉幕府の公文書は残らなかったが、ゆるやかに衰退した室町幕府では、実務を司る特定の家のいくつかが存続した結果、公文書を発給する側の台帳（引付）や文献が伝えられることになった。規模こそ小さいものの、朝廷における公家史料の残り方と軌を一にするメカニズムがあったといえよう。

また、地方を本拠とする武士においては、先祖の武功を証明する軍忠状や、家督の継承を裏付ける譲状が、系図や重代の武具などとセットにされ、武家としての存立を保証する機能をもち、大切に保管されてきた。政変や戦争によって滅亡しても、これらの材料が残れば、血統の有無を問わず、家名を再興することができた。

数百年以前の古証文であっても、それが現実の武家の存続に役立つ以上、写本や案文、あるいは系図に直接収録する形式で、中世文書が伝えられる必然性があった。ところが、地方の中小武家の場合、独自の収納施設を設置し、文書を管理する能力は低かった。しかし、文書を貼りつないで巻子に仕立て、きわめてコンパクトに保管する技術が普及したことによって、多数の武家文書が今日に伝えられた。

中国や朝鮮のごとく、政治システムが官僚によって動かされている国家では、政権中枢に大規模な文書庫が設置され、文書を収受・保管するシステムが完備していた。これがかえって王朝の興亡や戦乱の際に、一挙に公文書を喪失させる結果となった。また私人が公文書を保有する必然性がなかったため、地方にも古文書が残らないことになったのではなかろうか。そして、これらの国々において国史が熱心に編纂された理由も、こうした公文書の喪失の代償という機能をもっていたことに求められるかもしれない。

4 古文書の情報管理

古文書の伝来には、文書そのものが伝来する場合と、案文や写し、編纂物などのかたちで文書に記載された情報だけが伝わる場合とがある。災害や戦乱など、さまざまな事情によって実物が失われたとしても、情報を複製し、保存する営為の中で、今日まで多数の中世文書が伝来することができたのである。中世における古文書の保存を考えるためには、原本の伝来ばかりでなく、複製として伝えられた資料をも含めて考える必要があろう。

古代の六国史や格式・法令集などの大規模な編纂事業は、いうまでもなく国家的大事業として大勢の官僚や学者を動員して行なわれた。その作業の実態を明瞭に示す記録は少ないが、たとえば『類聚国史』を編纂した菅原道真の『書斎記』(『本朝文粋』巻十二)に、「抄出之稿草」について述べた一節があり、一種のカードシステムによって合理的な分類編纂事業が行なわれていたことがうかがわれる。日記を加工した部類記や、『類聚三代格』『法曹類林』など、平安時代に作られた大部の資料集は、同様のシステムによって多量の古文書を素材として編集されたものと考えられる。

しかし、古文書・古記録を素材とする大規模な編纂事業は、後白河院政末期の藤原通憲による『法曹類林』『本朝世紀』などを最後として行なわれなくなる。予算と人材を要するこのような事業を中心的に進める主体が存在しなくなったためであろう。

ところで、日記を家の存立基盤とする公家において、家祖の日記を確実に子孫に伝承するための巧妙なメカニズムがあったことが指摘されている（松薗斉、一九九七年・一九九九年）。それによると、中世の公家社会においては、「日記の家」が分立するとともに、日記の写本もまた写し分けて伝えられた。そして同じ写本が複数の家によって伝承されることによって、結果として戦乱や火災から記録情報を守り、後世に伝承することができたという。古文書についても、官務家に集積された弁官局の文書が、壬生家と大宮家の二家に分けて伝えられ、結果として戦乱を逃れた壬生家によって近代までまっとうされた事例が挙げられよう（小野則秋、一九四四年）。

このように古文書や古記録を伝承する際、複数の写本を作り、保存に万全を期す方法は一般の武家文書にも広く見られる。庶家が分立する際に、案文や模写の形式で嫡流家の相伝文書を分有したり、系図に古文書の本文を記入して後世への伝承を図った事例は枚挙にいとまがなく、今日知られる中世文書のかなりの部分が、そのような写本にもとづいている。家の存続とともに家の根幹をなす文書が転写され、伝承されるプロセスは、いわば生物における遺伝情報の複製にもたとえられるメカニズムであり、「情報」の動的な管理・伝承形態として位置づけることができよう。

5　文書保管のしくみ

一方、モノとしての古文書の伝承は、「情報」の静的管理の側面としてとらえることができる。ただし、中世以前の日本においては、文書や図書の大規模な収蔵施設が少なく、また史料も乏しいことから、この分野の研究は少ない。ほとんど唯一といえる小野則秋氏の『日本文庫史研究』(一九四四年)も、あくまで近代の図書館の前史としての「文庫」、とりわけ「外典」を中心とした書物の収蔵施設の歴史をテーマに掲げているため、朝廷の文殿や芸亭・紅梅殿・藤原頼長の文庫・金沢文庫・足利学校などの史上に顕著な文庫の論述に絞られ、文書や記録、さらに寺院における仏典の保管システムについての言及は最小限にとどめられている。

全般的に見ると、中世における文書や書物の収蔵は、「文庫」「文倉」として単独で創設された例はむしろ少数であった。永久に保存すべき書物や文書は、器材とともに「宝庫」「宝蔵」と称する施設に保管されたが、消耗品に近い性質の実用的な書物や器材について、その保管方法は一定していなかった。

中世の大寺院において、寄進・施入された土地に関する権利文書が、本尊に所属するものと観念され、伽藍のもっとも中心を占める金堂や開山堂・御影堂に納置され、寺家の上部構成員しか扱うことができない状態で保存されてきたことについては、各地の中世寺院の実例を踏まえた山岸常人氏の研究がある(山岸常人、一九九二年)。

また、中世随一の文書量を誇る東寺の文書管理体制については、網野善彦・上島有・黒川直則・橋本初子・富田正弘ほか諸氏による重厚な研究の蓄積があり、山陰加春夫氏は、中世の高野山において、寺領支配のための文書が、保存量の増加にともなってしだいに違う場所へ移されていく様相を、時代の変遷を踏まえながらダイナミックに解明されている(山陰加春夫、一九九七年)。それによると、寺領支配にとって重要な文書は、役僧の年預櫃から、一山のもっとも中心となる聖域の御影堂へ納められるようになる一方、中世後期になると、実務的な現用文書を保管する月預箱が作られ、荘園ごとの文書を管理する体制が整うという。

ただし、このような、中世において寺内組織の合議によって公的管理が行なわれた寺院文書とは別に、院家の集合体によって構成される醍醐寺では、文書の管理体制が異なり、伝来文書にも大きな違いが見られるといい(橋本初子、一九九九年)、中世寺院の文書管理体制も単純に一元化できるものではないようである。

それにしても、豊富な史料を有する大寺院の文書管理体制についての研究が進むとともに、従来の静態的な文庫観を克服して、情報の流れと蓄積・管理の実像を動的にとらえることができるようになったのである。

6 重層する公文職

中世の古文書の管理を考えるときに、収蔵施設などのハード面よりも、むしろ情報を管理する役目を担ったソフト面のしくみに注目する必要がある。しかし、中世の文書管理人を端的に示す「公文」職についてさえ、その職掌と社会のさまざまな階層の中でのあり方について、体系的に解明した研究はまだ現われていない。「公文」という言葉の淵源は、おそらく令制下において諸国衙に義務づけられていた四度公文（大計帳・正税帳・朝集帳・調庸帳）に発すると考えられる。これらの会計帳簿の作成にあたった国衙所属の専門職が、公文を職名とするようになったのであろうと推定される。やがて荘園の分立にともない、国衙の公文職がさらに在地へ展開し、固定された給分を得られるようになって、下司の一つとして定着したものであろう。

公文とならんで荘園下司職によく見られる図師については、すでに先駆的な研究がある（田中寿朗、一九八二年）。それによると、一二世紀前後には、国衙のさらに下位に属する郡あるいは郷に図師の存在が確認され、主帳・疑主帳・書生・郡司代・大領代などとともに活動している。一方、鎌倉時代には国衙図師職の具体的な活動が見られないところから、すでに図師の本拠は郡あるいは郷に所属する形で在地に下降していたと推測されている。鎌倉時代には、庄郷の給免田に「図師給」が記載されるようになるが、下司・公文よりは下位に置かれているうえ、得分が分割されたり、他の職と兼務している事例もまま見られることから、技術職としての実質は相当に失われている可能性があるという。

図師におけるこのような時期的変遷は、公文についてもおおよそ該当するものと考えられる。田図や公的な帳簿によって厳密な下地支配が行なわれた時代は、公文・図師・書生・案主などの専門職が、職名どおりの役割を果たしていたはずである。しかし鎌倉時代以降、下地の分割、荘園公領の細分化によって田積や貢納額の総体的・数量的管理が不可能になるとともに、公文や図師が在地に所属する必要性が失われたものと思われる。

むろん、中世を通じて諸権門には公文所が設置され、文書を扱う専門職が活動していたことは当然である。しかし権門直属の高位の「公文」と、在地に本拠を置く「公文」とが、技術職として構造化されていた形跡はない。権門内部に属する文書作成者の役割は、広い法的な知識を有し、先例となる過去の文書や記録を適確に管理し、訴訟の際には説得的な訴陳状を執筆する作文能力が重視された。それに対して、在地に属する公文や図師の役割は、文字に記録されていない情報も含め、下地の数量的な把握や、伝領の経緯などを明確に記憶し、相論の際に証明する行為に求められた。このため、在地の公文の役割は、文書管理者としての側面よりも、むしろ公証人としての性格が強かったのではなかろうか。少なくとも鎌倉時代までは、在地の下司公文ないし政所の文書保管施設としての役割を過大に評価することは難しいと思われる。

7　保管と預託

中世の大規模な権門寺院においては、個人の能力に依存せず、公共性をもった独立したシステマチックな文書管理が行なわれたことが明らかになっている。しかし地方に目を移せば、文書を安全に保管する確実なシステムは形成されておらず、文書や財産の保全を図ることは容易ではなかったらしい。

中世の人々が戦乱や盗難を避けるために、私財や文書をきわめて頻繁に他人に預ける慣行があったことは、藤木久志氏の研究に詳しい(藤木久志、一九八八年)。土蔵をもつほどの有力者が、他人の私財をほとんど謝礼も受け取らずに預かることは、在地社会において富を得た者が、社会に認知されるための一つの資格であったらしいこと、中世の寺院が、アジールとして民間人の財産を預かる役目を果たしていたこと、そして自ら確実な保管倉庫をもたない民衆が、多少なりとも遠出するときには、簡単に家財を人に預けたこと、そして物を預け、預かる人的なネットワークが社会の中に細かく張りめぐらされていたことなど、権門中枢における文書管理とは隔絶した姿がありありと照射されている。

こうした研究を受けて、湯浅治久氏は、南北朝期の下総中山法華寺三世の日祐が、所持する聖教や文書を諸方に預けた記録（本尊聖教録）を検討し、文書が布や皮製の袋に入れられ、内容を示す札をつけて常に移動できる状態で保管されていたこと、末寺や信徒、さらには宗派を異にする寺院にまでも相互預託の網目が広がっていたことを明らかにしている（湯浅治久、一九八〇年）。

両氏もすでに指摘されているが、中世の寺院における資財の保管にはいくつかのレベルがあった。寺院にとってもっとも重要な宝物や寄進状・縁起などの文書・記録は、本堂あるいは開山堂（御影堂）に収納され、寺院組織のトップクラスの地位にある者が、複数の関係者の立ち会いの下で初めて披見しうる仕組みになっていた。これに対し、塔頭や子院では、師檀関係にある信者や近隣住人の私財を一時的に預かることさえ日常的に行なわれていたようである。祠堂金などの金融活動とともに、比較的施設の整った寺院が、一種の倉庫業を営んでいたとも見られる。

8　中世の収蔵技術

古文書や貴重な古書を保存する場として、すぐに文庫や宝庫などの恒久的な書庫を想定するのは近代的な考え方かもしれない。広い境内と堅固な伽藍をもった大寺社にはたしかに堅固な倉庫施設が常置されていたが、火災や戦乱の危険がつねに隣合わせに存在した都市部に居住する公家や武家は、いかに広壮な邸宅を構えていても、伝来の宝物を安全に保管することは困難であった。また公家貴族は長く一所に定住することはむしろ珍しく、居所を変えながら生活するのが普通であった。このため、日常生活に必要な書物はつねに当主とともに移動する必要があったが、重要な資財は郊外の別邸に収めたり、戦乱の危機が迫った時には、菩提寺や関係寺院に疎開することも行なわれた。

このような環境に置かれた中世の貴族たちが編み出した書物の保管法の一つが「文車」の使用である（松薗斉、一九九九年）。板張りで頑丈に作られた文車は、書物を移動するための運搬車として日常的に使用された。多量の書物や古文書をかかえる公家は、多数の文車を所有し、一種の移動書架としてつねに書物を収納しておき、万一の災害に備えて、すぐに移動できる態勢がとられていた。そして所有する文車の台数が、蔵書の豊かさを表わす指標ともなっていた。さらに公家ばかりでなく、洛中に所在する大寺社でも文車が使用された。東寺ではもっとも重要な宝物を収める西院御影堂（大師堂）に、文車が常駐する設計になっていたという。

平安末期、藤原頼長が自ら設計して建てられた文庫が、その日記の中に詳細な記録として残されているために、日本の文庫の歴史の上では特筆されているが、公家の歴史の中では、それはむしろ特異な例であるかもしれない。宇治・鳥羽・蓮華王院など、王朝時代に権力者によって建てられた宝蔵が、創設者の配慮も空しく消滅し、財宝も散逸した経験を踏まえて、中世の公家社会では、重要な書物を固定的な施設で管理するよりも、むしろ即時に移動できる形で保管する方法を選んだように見受けられる。

9　今後の展望

中世における文書の収集・保存というテーマは、古文書学の問題意識より出発している。しかし中世においては、必ずしも一般の書物・宝物・什器類と文書とが截然と区分して管理されていなかったために、近代的な区分から研究をスタートさせることは、かえって事実認識を妨げることになる可能性がある。王家や摂関家によって創設された著名な宝蔵や、大寺社の宝庫をも包含した中世の収蔵施設全体の中での文書保存の位置づけを確認する必要があるのではなかろうか（松井輝昭、一九九〇年）。

また在地社会における文書の保管体制を考えるときには、文字によらない知識や経験が、管理・伝承されるメカニズムを解明するとともに、文字で書かれた資料とどのように機能を分掌していたかを追求しなければならないであろう。

最近の研究動向は、古文書や書物の収蔵施設や保管形態など、情報管理のハード的な側面に加えて、それらを製作・編集・管理・利用した中世的なソフトウェアのあり方に興味が集まっている。ほとんど成文化された法もなく、情報経路も寸断された中世社会の中で形成された人的ネットワークの上を流通する情報は、現代人の視点からは、驚くほど散漫で無秩序のように見える。しかし、こうした環境の下でも、社会は一定の自律性をもちつつ推移していたのであり、その根幹を支えた情報の創造・管理・保存のあり方を問うことは、中世社会の理解のためには不可欠な作業といえよう。

参考文献

網野善彦　一九七八年「東寺文書の伝来と現状をめぐって」『中世東寺と東寺領荘園』東京大学出版会
上島　有　一九九八年『東寺・東寺文書の研究』思文閣出版
小野則秋　一九四四年『日本文庫史研究』臨川書店一九八八年復刻
梶木良夫　一九九六年「荘園政所における記録の作成・保管と活用」『中世文書論の視座』東京堂出版
河音能平　一九九六年『世界史のなかの日本中世文書』文理閣
黒川直則　一九九六年「中世東寺における文書の管理と保存」『記録史料の管理と文書館』北海道大学図書刊行会

高橋一樹　一九九六年「鎌倉幕府の保管文書とその機能」『中世文書論の視座』（前掲）
田中寿朗　一九八二年「平安・鎌倉時代の図師」『荘園絵図研究』　東京堂出版
中野淳之　一九八二年「外記局の文書保管機能と外記日記」『中世文書論の視座』（前掲）
橋本初子　一九九九年「『醍醐寺文書』のなかの東寺関係史料」『東寺文書にみる中世社会』　東京堂出版
廣田浩治　一九九九年「文書の所持と機能からみた中世武士団」『中世文書論の視座』（前掲）
藤木久志　一九八八年「村の隠物・預物」『ことばの文化史［中世1］』　平凡社
松井輝昭　一九九〇年「厳島神社の宝蔵信仰について」『広島県立文書館紀要』2
　同　　　一九九〇年「古代・中世における文書の管理と保存」『記録史料の管理と文書館』（前掲）
松薗　斉　一九九七年『日記の家』　吉川弘文館
　同　　　一九九九年「王朝権力と〈情報〉―情報装置としての日記」『歴史学研究』七二九
山陰加春夫　一九九七年『中世高野山史の研究』　清文堂出版
　同　　　一九九六年「日本中世の寺院における文書・帳簿群の保管と機能」『中世文書論の視座』（前掲）
山岸常人　一九九二年「仏堂納置文書考」『国立歴史民俗博物館研究報告』四五
湯浅治久　一九九〇年「六浦上行寺の成立とその時代」『六浦文化研究』二

一―(2)　江戸時代の史料蒐集と保存――紅葉山文庫を中心に

藤實久美子

はじめに

江戸時代における文書・記録・書籍の蒐集・保存は、前代に比べて、より広範に行なわれた点に特長がある。だが、その全様相を俯瞰するには紙幅に制限があり、また筆者の力量を超える。そこで本稿では、江戸時代最高の権力機関であった江戸幕府による文書・記録・書籍の蒐集・保存を中核に据えて考える。具体的には、江戸幕府を開いた徳川家康による蒐書と文庫の設置について述べ、ついで家康の蔵書類を引き継いだ徳川将軍家が江戸城内に設けた紅葉山文庫について、時期的な変化を押さえつつ論じる。また、適宜、江戸前期・中期・後期の各時期を代表する文書・記録・書籍の蒐集・保存事業に言及するように心がけたい。

1　徳川家康の蒐書とその分譲

徳川家康の文庫　家康は、慶長五年(一六〇〇)の関ヶ原の戦いに勝利した。ついで慶長八年(一六〇三)、家康は、征夷大将軍に任じられ、名実ともに全国支配の頂点に立ち、江戸に幕府を開いた。この家康が設置した文庫は、三箇所を数えた。

第一は、江戸城内の文庫である。家康とその軍団が入城したころの江戸城はまだ貧弱であったが、関ヶ原の戦いが終わった頃には、その骨格部分ができあがったという。慶長七年（一六〇二）、この江戸城本丸の「富士見の亭」に文庫が設けられた。「富士見の亭」は、本丸の南端、現在の富士見櫓付近と推定される（福井保、一九八〇年）。

江戸城の文庫には、文禄・慶長の役に出陣した武将などが、朝鮮から持ち帰った朝鮮本と唐本が入った。とくに朝鮮の活字本は、大判で、印刷面が端麗鮮明であったため、多くの武将がその所持を切望するものであった（藤本幸夫、一九九三年）。また、同文庫には和漢歴世の稀書が所蔵され、豊臣秀次が奪取したことで知られる金沢文庫本が納められた（関靖、一九五一年。川瀬一馬、一九七一年）。いずれも家康の地位に吸い寄せられて、その手に帰した稀書である。これらを保管するために、江戸城の文庫は設けられた。

第二は、京都の文庫である。関ヶ原の戦いにおける勝利は、家康による覇権の掌握を決定的なものとしたが、なおも家康は江戸を留守にせざるをえず、その後しばらく京都・伏見で多くの時を過ごした（藤井譲治、一九九二年）。京都の二条城（慶長八年完成）数寄屋の文庫には数百冊の蔵書があり、同文庫は、大坂の陣の後に、蔵書が駿府城に移されるまで存続した（福井保、一九八〇年）。また家康は、伏見城で、木活字《もっかつじ》による伏見版の印刷を行なわせており、ここから同城にも、相当数の蔵書があったことが推定できる。これについては、林羅山が「周易全経」「南軒集」「象山集」などを閲読していることが傍証となる（大庭脩、一九九七年）。

第三は、駿河の文庫である。慶長十年（一六〇五）四月に、家康は秀忠へ将軍職を譲り、同十二年に落成した駿府城に入った。同城の文庫には、江戸城の「富士見の亭」にあった金沢文庫本ほかが移された。ついで、各方面から寄せられた新写本が納められた。

慶長の書写事業

家康による古記録・書籍の書写事業は、慶長十九年（一六一四）に本格化した。慶長十九年四月、家康は、まず側近の本多正純および金地院崇伝《こんちいんすうでん》・舟橋秀賢（文学博士）に、現時点で、天皇家・親王家・公家がどのような古記録・書籍を所持しているのかを調べるようにと指示した。これを受けて、崇伝らは調査を行ない、その結果を集約して目録を作成した。その後、この目録に基づいて古記録・書籍類が集められ、同年十月、金地院に召集された五山の僧五〇人によって書写作業は始まった。また、家康は、勅使の広橋兼勝と三条西実条を通じて、朝廷に諸記録を書写して、新写本を提出するようにと要請した。これに対して、菊亭晴季は豊臣秀次から譲与された金沢文庫本の「律」「令」の写しを、日野唯心は同様の入手経路をもつ「侍中群要抄」の写しを作成して、家康に差し出した。

しかしながら、家康が希望した記録・書籍類のすべてが、金地院に集められ、また新写されて献上されたわけではない。数例を示せば、「法曹類林」「桂下類林」「除目抄」「日本後紀」などは、その所持を確認するに留まった。あるいは、後陽成については、同年十一月に南海坊天海を改めて派遣し、所蔵本の提供を要請しなければならなかった（吉田洋子、一九九九年）。書籍・記録類の提供に関する許諾は、所持者と幕府・家康との関係に負うところが大きく、また許諾の範囲は、個別の交渉によって変わりうるほどに不確定なものであった。

このような状況のなかで書写作業は進み、翌慶長二十年（一六一五）三月、新写本五〇部ができ上がり、駿府に搬送された。新写本のほとんどは和書で、内容は、史書（「続日本紀」「続日本後紀」「文徳実録」「三代実録」「先代旧事記」「新国史」など）・法制（「延喜式」「類聚三代格」など）・故実（「内裏式」「西宮記」「北山抄」「江次第」など）・日記（「山槐記」「明月記」「（二条家）日次記」など）・文学（「懐風藻」「文華秀麗集」「扶桑集」「続本朝文粋」）、などであった（小野則秋、一九八八年）。

慶長の書写事業で注目すべき点は、第一に、新写本を三部作らせて、一部を天皇家、一部を江戸城の文庫、一部を駿河の文庫に置いたことである。ここには、確実に後代へ残そうとする意思、そしてこれを行なうのは自身であるという家康の意思が示されていよう。第二は、新写本の事業が、そもそも幕府の政治運営上の必要から行なわれた点である。具体的には、慶長二十年七月発布の武家諸法度・禁中并公家諸法度の条文作成と関わりがあったとされる（進士慶幹、一九八九年。吉田洋子、一九九九年）。

紅葉山文庫の設置

元和二年（一六一六）四月十七日、家康は没した。その後、駿河にあった書籍類は、諸道具類とともに、家康の形見として、江戸の将軍秀忠と、「御三家」（尾張の徳川義直、紀州の徳川頼宣、水戸の徳川頼房）とに分譲された。この「御譲本《おゆづりぼん》」の分配状況については、将軍家と尾張徳川家に受入書目が残っていて、その概要を知りえる（川瀬一馬、一九七一年）。

元和二年十一月八日付で、江戸に送られた駿河「御譲本」は、五一部千百余冊一一九軸であった。これらは、家康存命中の慶長十八年（一六一三）に秀忠が譲渡を受けた三〇部四九一冊の朝鮮本（「駿河御譲本」）と分けて、「駿《する》河《が》御文庫本《おぶんこぼん》」と称された。「駿河御譲本」と「駿河御文庫本」は、ともに「富士見の亭」の文庫に格納され、林羅山ら、将軍秀忠の側近衆数人がその管理にあたった。

寛永九年（一六三二）正月二十四日、大御所秀忠が没した。ときに三代将軍家光は幕府職制の整備を進めており、その一環として寛永十年（一六三三）十二月二十日、四名の幕臣を書物奉行（若年寄支配）に任命した。書物奉行には目見《めみえ》以上のものが任じられた。ここに、「富士見の亭」の文庫は、幕府の組織のなかで維持・管理されるようになった。

ついで寛永十六年（一六三九）、家光は、江戸城内の紅葉山の麓に文庫を新築した。「御文庫」（「紅葉山文庫」とも）の設置である。紅葉山には、すでに寛永八年（一六三一）に将軍が使用する調度品を納める宝蔵《ほうぞう》が普請され、同九年には秀忠の霊屋《みたまや》が造営されていた。紅葉山の麓が選ばれた理由は、まず飛火を防ぐことにあり、「御文庫」は、本丸から濠を隔てた城内でもとくに人影の少ない林間に位置したが、これに加えて、紅葉山が歴代将軍に縁の深い場所であったことを忘れてはならない（福井保、一九八〇年。森潤三郎、一九八八年）。

尾張徳川家と「御譲本」

尾張藩初代藩主の徳川義直は、名古屋城内に聖堂を創建し、その傍らに文庫を建てて、「駿河御譲本」（三七七部二八三九冊）を納めた。また義直は、「御譲本」のなかの「続日本紀」（金沢文庫旧蔵書）と他本とを照合して、「類聚日本紀」一七四巻をまとめた（名古屋市蓬左文庫、一九九四年)。これらからは、「御譲本」が顕彰の対象でありながらも、実際の利用に供されたことが確認できる。

慶安三年(一六五〇)、光友は義直のあとを継いで、二代藩主となった。光友は、名古屋城の二の丸に二つの文庫を置いた。その一つが「表御書物蔵」で、そこに「御譲本」と義直の著作物などを納め、その管理を書物奉行(万治元年設置)に命じた。この文庫は、利用に繁多な手続きを要したことが明らかで、利用よりも保存に重きを置いたと推定される。二つめは、「奥御文庫」で、藩主の実用に供する書籍類を置いた。この管理は用人・小納戸など、藩主の側近が行なった。なお、両文庫はつぎのような関係にあった。藩主の代替りがあると「奥御文庫」の点検を行ない、取捨選別して保存すべきものを「表御書物文庫」に移管した。

このほか、尾張藩には、少なくとも、江戸藩邸内に藩主が頻繁に利用する書籍を置く文庫があった。以上からは、一七世紀中庸以降、名古屋城内に「聖堂《せいどう》御傍文庫《おかたわらぶんこ》」「表御書物蔵」「奥御文庫」があり、江戸の尾張藩邸内に藩主の御手元文庫《おてもとぶんこ》があったこと。それぞれは機能分化していたこと。とくに「表御書物蔵」には利用の制限があり、顕彰的な機能を担っていたことが明らかになる(山本祐子、一九八五年)。

2 江戸時代前期の幕府・大名の蒐書

「本朝通鑑」編修時の蒐書

寛文二年(一六六二)、四代将軍徳川家綱は、儒者林鵞峰に、父家光が林羅山(鵞峰の父)に命じて編纂させた「本朝編年録」を書き継ぐようにと命じた。のち、同書は中国の「資治通鑑」に範をとって「本朝通鑑」と命名された。「本朝通鑑」は、神代から後陽成が退位する慶長十六年(一六一一)までを、編年体で記述した歴史書で、構成は首《しゅ》・前編・本編(正・続)・提要・付録からなり、巻数は三一〇巻に及んだ。

「本朝通鑑」の編修体制を「本朝編年録」のそれと比べると、「本朝通鑑」編纂が幕府の事業として行なわれたことがわかる。たとえば、史料の徴収方法についていえば、以下のようになる。事業が本格化した寛文四年(一六六四)冬、老中は、まず寺社奉行を通じて諸国の寺社へ、ついで武家伝奏を通じて朝廷へ、さらに留守居などを通じて大名各家へ、編修事業の概要を説明して、旧記の提出を要請した。つまり、幕府は、「本朝通鑑」の編修に必要な史料の蒐集に組織的に関わったのである。この点は、羅山が個人の文庫と紅葉山文庫の記録・書籍を使って、「本朝編年録」を編纂したことと異なる。

さて、幕府の要請に対する諸方面からの応答は、どのようであったのか。朝廷(天皇家・公家)の回答は、後水尾《ごみのう》の見解に代表されたとすると、「本朝通鑑」の編纂は好事であると評価する。公家では二条家が多く旧記を所持しているが秘して出さない。それは有職故実に関わるからである。ことごと左様に、一つの旧記には、秘すべきところとそうではないところとが混在する。したがって、諸家に所蔵する旧記を江戸に送るように命じることはできない。もっとも、秘すべき箇所を除いた抄本であれば提供できる、となる。

すなわち、後水尾は、旧記の提供を諸家の存続に関わる重大な問題となると受けとめて、即断を避けた。これは、はじめ原本を江戸に送るようにと要請した幕府の意識と、朝廷が旧記を所持することに付与していた意識との間に、大きな隔たりがあったことを表わしている。結局、幕府と朝廷との、数度にわたる交渉のすえに朝廷から出された書物は、計一三部にとどまり、かつその半数は家康の「慶長御写本」と重複するものであった。そのため、鵞峰は、出入りの京都の書肆林(のちの出雲寺)白水に、旧記の探索を命じ、購入することになった。

では、武家の対応はどのようであったのか。まず「御譲本」を持つ「御三家」について見ると、尾張の徳川光友は書物の提供を嫌う風が強く、義直の著作物の差し出しをも拒否した。水戸の徳川光圀は鵞峰からの個別のアプローチがあってはじめて「大鏡」を提供した。紀州の徳川光貞は一度だけ書物を提供した。つまり、「御三家」は非協力的であった。だがこれは、大多数の大名・旗本にみられた対応であったというべきであろう。「本朝通鑑」の編修に協力的であった大名は、全体からみれば少数に属した。たとえば、姫路藩主の榊原忠次、あるいは福知山藩主の松平忠房らは、数十年来のつきあいがあったため、鵞峰の仕事に理解を示した。また薩摩藩の島津家・米沢藩の上杉家は、それぞれ流布本（板本《はんぽん》）がとる説が自家に不都合であったため、家説が「本朝通鑑」に採用されることを望んで、家蔵の記録・写本類を提供したという事情があった。

右の状況下で、鵞峰は、幕閣（老中のち大老の酒井忠清・若年寄で編纂奉行を務めた永井尚庸）に仲介を願い、漸く、数名の大名や旗本から家蔵の書籍・記録・文書の閲覧あるいは書写を許された。「本朝通鑑」の編修に必要な史料の蒐集は、幕府の組織を通じて行なわれたが、それは最重要に属する幕命ではなかったために、実効性が薄く、結果として、人的な関係に多く依存したものとなったのである。

寛文十年（一六七〇）六月、「本朝通鑑」は完成した。多くの制約はあったが、このとき林家の蔵書は九〇〇部に達し、「本朝通鑑引用書目」は五二〇部に及んだ。このうち、しかるべきものが選ばれ、林家で正本が作成されて、紅葉山文庫に納められた。「東叡山重訂御書籍来歴志」（東京大学史料編纂所所蔵）の例言で、慶長の書写事業に続く項目に、「本朝通鑑」編修の項目が設けられている所以である（藤實久美子、一九九九年）。

「大日本史」編修と彰考館

水戸徳川家の文庫は、尾張徳川家と同様に、駿河「御譲本」を基礎として形成されたが、蔵書は、二代藩主光圀による「大日本史」編纂事業の開始とともに、飛躍的に充実した。光圀の編纂事業は、明暦三年（一六五七）に駒込藩邸に史局を設けたのに始まる。その後、寛文十二年（一六七二）に史局を小石川藩邸に移し、これを彰考館と称した。

彰考館での蒐書で特筆されるのは、藩士を全国に派遣して史料調査を行なわせ、かつ史料調査の記録を編纂させた点である。この特長は、前掲の「本朝通鑑」編修時の史料蒐集が徴集型であったことをみると、顕著になる。史料調査は、まず京都の公家・寺社から始まった。光圀の妻荘恵は菊亭公規の娘であったため、公規はこれに協力し、公家との仲介役を務め、水戸藩は公家の蔵書を新写することができたという。また京都での蒐集では、出入りの書肆（林白水など）が一定の役割を果たした。ついで、史料調査は、南都の寺社、山陰・山陽・西海・北陸四道、さらに金沢文庫、伊勢外宮・奥羽に及んだ。その成果は、佐々宗淳らが史料集「南行雑録」「続南行雑録」「又続南行雑録」「西行雑録」などにまとめた。

元禄四年（一六九一）の時点で、彰考館文庫の蔵書は、一二三七〇部六八七五冊に達した。享保期の「大日本史」の引用書目では六七〇部を掲げるにとどまるが、蒐集した史料の絶対量は、これと比較にならないほど多かった（吉田一徳、一九六五年）。その後、彰考館は元禄十一年（一六九八）に水戸に移され、編纂事業は明治三九年（一九〇六）まで続いた。

前田綱紀の蒐書と尊経閣

前田綱紀の蒐書は、万治二年（一六五九）から始まったが、寛文期に入って本格化した。綱紀は、各地に書物調奉行を派遣して、購入、あるいは筆写させた。購入本では、金沢文庫本の「寶基本記」「健治三年日記」「音律通致章」「文鳳抄」などが知られており、先の彰考館と比べた場合、綱紀の蒐集は、原本をより多く含む点に特長がある（吉田一徳、一九六五年）。

書写本には、京都の伏見宮家・二条家・三条西家・高辻家・五山・東寺、奈良の東大寺、山陰・山陽・東北の寺社などが所蔵した文書・記録・書籍類がある。二条家は前田家と婚姻関係にあった関係から、三条西家については西洞院時成の仲介があって、蔵書類の閲覧が可能になったとされる。

ところで、綱紀の蒐書活動で特筆されるのは、書庫・書櫃・書籍の本体などが痛んでいる場合に、その修理資金を援助したことである。貞享二年（一六八五）、東寺の文書・記録を借り出した際、新しく作った桐箱九十三合（慣用的には「百合《ひやくごう》」）に納めて返却した（上島有、一九九八年）。また、元禄十六年（一七〇三）から始まった三条西家の蔵書調査では、筆写作業と並行して、乱丁を整え、破損箇所を補修させている。さらに調査後、新しい文庫を建てさせ、虫干しや樟脳の使用法を教えた。綱紀は、資金のほか技術をも提供し、蔵書の保存に努めるように勧めたのである（藤岡作太郎、一九〇九年。若林喜三郎、一九六一年）。

なお、綱紀は、藩祖で祖父の前田利常の蔵書を小松蔵書、二代藩主で父の光高の蔵書を金沢蔵書、自ら蒐集した書籍類を尊経閣文庫と称した（藤岡作太郎、一九〇九年）。ただし現在は、「尊経閣文庫」を加賀前田家の図書類の総称として用いる。

3　江戸時代中期の蒐書と保存

紅葉山文庫の建物と年中行事

ここでは、先に触れなかった紅葉山文庫の建物と年中行事について簡略に述べておきたい。建設当時、文庫の書庫は一棟であったが、正徳元年（一七一一）と正徳三年（一七一三）に一棟ずつ増設されて、三棟となった。正徳三年設置の新棟は、六代将軍徳川家宣の甲府藩主時代の蔵書（「桜田本」）を納めるために、屏風蔵の一つを改装したもので、「新御蔵」と呼ばれた。文庫の脇には会所があり、書物奉行および配下の同心が執務をとった。この会所で記録されたのが、書物奉行による「書物方日記」である。「書物方日記」は、現在、宝永三年（一七〇六）から安政四年（一八五七）まで、二二五冊が伝存する（内閣文庫所蔵、東京大学史料編纂所、一九六四年）。

これによると、書庫は、白壁の土蔵で、一棟ごとに左右二ヶ所の出入口があり、しっくい扉が取り付けてあった。書庫の屋根やひさしは瓦葺で、内部は二階建てで、上下ともに窓があった。この書庫の窓に、毎年十一月に目塗りを行ない、翌年四・五月ごろにその土を落とすことが慣例であった。これは防火のためである。また紅葉山には大木が多く茂っていて、書庫の屋根を覆いだ。そのため、文庫では湿気と虫の繁殖を防ぐことに留意した。風干《かざぼし》（青天日に書物類を陰干しにすること）は、毎年土用のころにはじめた。この時期を選んだのは、一年中でもっとも高温多湿の梅雨が終わり、書籍がもっとも湿気を吸っていること、幼虫の発育期にあたり駆除しやすいからである。また風干時には、書籍類の状態を検分し、修復が必要なものについては適当な手当を施した。修復は、おもに書物師《しょもつし》出雲寺《いずもじ》家が行った（福井保、一九八〇年）。

紅葉山文庫の充実

八代将軍徳川吉宗は、紅葉山文庫の整備を積極的に進めた。以下、吉宗期を三つに分けて述べたい。

第一期は、正徳六年（一七一六）から享保七年（一七二二）までである。吉宗は、正徳六年六月四日から、「御年譜」「御伝」「関ヶ原始末記」「慶長以来諸法度」などを見はじめ、ついで「御即位記」「御参内記」「将軍宣下記」「日光御参詣記」や「本朝皇胤紹運録」「尊卑文脈」「式目」などを閲読し、同年九月までに、大名系図・国絵図・「御三家」の家中書付、旗本系図を見終わった。ここからは、吉宗が襲職してまもない時期から、文庫の書籍・記録類を引き出して、将軍としての知識をしだいに蓄積していった様相を看取できる（大庭脩、一九七〇年）。

第二期は、享保七年から享保十五・十六年（一七三〇・一七三一）までである。先に述べた頻繁な文庫本の利用により、吉宗は、紅葉山文庫の書籍・記録の限界を知り、新規の蒐書を命じることとした。享保七年正月十四日と十六日、幕府は、逸書《いつしょ》の探索の触れを全国に向けて発した。この触書に記載された書目は、以下の通りである。

新国史　本朝世紀　寛平御記　延喜御記　律　集解《しゅうげ》　令　令抄　弘仁式　貞観式　法曹類林　為政録　風土記　本朝月令　類聚国史　類聚三代格

このうち、「本朝月令」「律」「令集解」「類聚国史」「類聚三代格」「風土記」については、すでに紅葉山文庫に架蔵していたが、端本であったため、その欠を補うことを目的とした。触れに応じて各方面から献上された書籍は相当量にのぼったが、そのなかで注目できるのは、先述の慶長の書写事業、そして「本朝通鑑」の編修時に、提供されなかった書籍が朝廷から出されたことである。「法曹類林」を近衛家と一条家が提供したことは、これにあたる（「書物方日記」享保五年五月三日条・同年五月十一日条）。朝廷がこのような対応をした事情については、今後、詳細に検討する必要があるが、享保の逸書探索は、それまでの幕府の蒐書事業を上回る成果をあげたことになる。

第三期は、享保十五・十六年から延享二年（一七四五）までである。この時期には、先の逸書探索の触れに応じて集まった書籍の選別を行なった。またそれとは別に不足本の調査を行ない、必要な書籍を入手して、それと文庫本と校合し、正本《せいほん》を確定した。以上の作業を経て、紅葉山文庫は質的に向上したといってよい（藤實久美子、一九九三年）。

青木昆陽の古文書探索

　吉宗は、書物奉行と儒者に有職故実・法制の研究を命じて「名家叢書」を編纂させたほか、江戸町奉行所や評定所といった幕府の役所に、役所内の文書・書籍を整理させて、先例集などを編ませた（福井保、一九八三年）。また吉宗は、民間で所持する古文書の調査を行なわせた。

まず、元文元年（一七三六）四月と五月、幕令をもって、駿河国内に所蔵されている今川・北条氏に関係した文書の書上、および現物の差し出しを命じた。その後、これに応じて文書が提出されたが、吉宗は、そのなかから重要なもの、四七〇通を選定し、青木昆陽に影写・編修させた。「判物証文写」（十冊）である（福井保、一九八三年）。

　ついで、元文五年（一七四〇）八月、寺社奉行・勘定奉行連名で、甲斐国・信濃国の代官に対して、寺社奉行配下の青木昆陽が、両国を巡回するので協力するように、との通達が出された。昆陽による古文書調査の始まりである。その後、寛保二年（一七四二）夏までに、昆陽は、武蔵国多摩・同高麗両郡、再度、信濃国を、そして三河・遠江・伊豆・相模および金沢文庫を巡回し、古文書を採訪した。

　右の国名などから推察がつくように、調査の主眼は、徳川家の旧領にある文書を探索することにあった。採集は、中世に成立した文書、および家康の朱印状・徳川家家臣が発給したものを対象とした。これは、当時、吉宗が徳川家創業史の編修に意を傾けていたことと関係する（白井哲哉、一九九七年）。

　では、昆陽の調査はどのような体制で行なわれたのだろうか。松代藩の例によれば、まず寺社奉行大岡越前守忠相から藩の江戸留守居を通じて、調査に協力するようにとの要請があった。これを受けて国元では、藩の郡奉行―村方肝煎以下三役のラインで、成立が寛保元年より百年を遡る書籍・記録・文書の所在調査を行なった。ついで、調査の結果を聞いた郡奉行が提出文書などを改めたうえで、昆陽の来訪に合わせて、現物とその写し、および差出証文を、郡役所に出すようにと命じた。昆陽が城下を訪れた際には、藩の「書籍掛り合役人」が応接し、領内から集めた古文書類の説明をした。これに対して、昆陽は、提出された文書類の採否を判別し、採用するものを江戸に持参するために目録を作成した。また同時に、文書類を借用する旨の証文を、持主宛で認めて渡した。

帰府後、昆陽は、集めた文書類の影写作業を進め、「諸州古文書」（一二三冊）をまとめた。このうち印章部分は、吉宗自らが影写を行なったという。寛保二年二月、信濃国の影写作業が終わり、江戸に運ばれた文書類が所有者に返された。返却にあたっては、江戸および領主の帳面に記録された文書であり、大切に所持するように、と言い添えられた。これに加えて、昆陽と村人との接触によって、古文書を尊重する念が喚起されたとすれば、古文書調査は、後代に大きな影響を与えたといえよう（相田二郎、一九三九年、米山一政、一九五六年）。

4　江戸時代後期の整理と保存

正倉院文書と穂井田忠友

これまで朝廷の蒐書に触れることがなかったが、これについては江戸時代前期から中期にかけて、後水尾・後西・霊元によって形成された東山文庫が知られている。これは、当該期の朝儀再興という、きわめて政治的な意図と深く結びついたものであった（平林盛得、一九八二年、米田雄介、一九九一年）。このように政治と蒐書との関係をとらえると、同時代において政治的利用価値が低いものは、等閑に付されることになる。これを天皇家についてみると、その管理下にありながら、久しく調査・修理が行なわれていなかった文書群が見つかる。その文書群とは、今日、奈良時代の貴重な遺墨とされ、重要な史料とされている正倉院文書である。

天保四年（一八三三）、正倉院は、元禄六年（一六九三）の開封以来、一四〇年ぶりに開かれた。天保度の開封期間は長く、三年近くに及び、この間に宝物の調査と修理が行なわれた。開封時、宝物は、南北二つの倉に、火(北倉)、金・方・臣(以上、南倉)の唐櫃に分納されていたが、このうち金・方の唐櫃内の古文書が整理されたのである。古文書の整理は穂井田忠友が行なった。忠友は、禁裏付武家のち奈良奉行となった梶野良材の家臣であったが、考古学者・歌人として名をなしていた人物である。

さて、忠友による整理で押さえておくべき点は、第一に、帳簿類の紙背文書を集めて、整理したことである。そのため、作業では、貼り継がれているところをはがし取り、接続可能と思われる断簡を方々から引き抜くこととなった。これは、帳簿類の側からみれば、文書の破壊である。第二は、ただし、文書を破壊する前の状態を、忠友が写本として残しており、整理上の記録に代わるものとなっていることである。これによって、原本の復元を試みることが、ある程度、可能である。第三は、忠友の関心は紙背文書の内容ばかりでなく、印影にあり、印影を手がかりに整理を進めたことである。これについては、正倉院文書を抜書きして編成した「正倉院文書」(巻子本、いわゆる「正集」)四五巻の構成から推定できる。「正集」の構成を示せば、つぎのようになる。神祇官の文書、中央官庁八省の文書、春宮坊・□兵庫・左京職・右京職・内侍司・摂津職、造東大寺司関係文書と私印踏用文書、良弁・道鏡・実忠の筆跡、具注暦、京職以下地方国衙の上進文書(五畿七道別)、その他である。つまり、印影に対する関心が影響して、官庁文書の間に私文書や具注暦という異質の文書が入るという構成になっている。

なお、右の忠友による貼り継ぎ作業を経た「正集」は、その後の歴史研究に大きな規定を与えた。たとえばかつての、正倉院文書はその紙背文書に価値がある、とする見解である。これには、出来上がった「正集」が、天保七年(一八三六)に仁考の希望により、禁裏へ献上されたこと。忠友自身が写本を作り、知友に提供したこと。忠友が、「正集」中の史料を多く使って、『観古雑帖』『埋麝発香』などを出版したことに起因しよう。これらにより、帳簿類の紙背文書の存在は広く知られるに至ったのである。忠友は、正倉院文書の研究をし、紹介をしたことによって評価されるべきであろう。とはいえ、忠友の整理とその規制を超えて、正倉院文書の特質は帳簿記録の作成方法にもあるとする見方が一般的になるには、多くの時を必要とした（皆川完一、一九七二年。石上英一・加藤友康・山口英男編、一九九九年）。

紅葉山文庫の分類と保存

再び、紅葉山文庫に話を戻し、江戸時代後期における文庫の蔵書の整理・分類方法について、述べたい。紅葉山文庫の蔵書類の内容は、元治元年（一八六四）から慶応二年（一八六六）にかけてまとめられた『元治増補御書籍目録』から知ることができる。これによると、「漢籍」の占める割合は六五％強で、残り三五％が「国書部《こくしょのぶ》」と「御家部」であり、漢籍が多くを占めたことがわかる。

だが、文庫では、右の内容分類とは異なるレベルで蔵書類を分類し、出納あるいは保存業務にあたっていた点に、注意しておく必要がある。なぜならば、その分類は、紅葉山文庫の収蔵書類の階層構造を解明するといった、史料学的な研究課題を検討していく際の糸口となると考えられるからである。以下、二つの分類を列記する。

一つは、出納の面からの分類で、文化十四年（一八一七）に改められたものである。その基準は、歴代将軍の御《お》前本《まえぼん》（手沢本《しゅたくぼん》）・将軍家の系図・位記口宣およびその写し・駿河御譲本・駿河御文庫本は、もっとも貴重であり、貸し出しを禁じる。金沢文庫本・家康が出版した伏見版・駿河版は、丁寧に扱う。享保期の新写校合本は、目録に来歴を記し、通常の書籍と区別する、というものであった。

もう一つは、風干時における長持の封印方法による分類である。封印方法は、封印者の役職によって、老中・若年寄・儒者林大学頭・小納戸・書物奉行の五つに分かれた。たとえば、老中が封印したものに、「御代々御法令」「御朱印写入御長持」「梵鐘鋳渙之官符」「御黒印并下知状」「御城内分轄総図」「異国条約書入御長持」がある（福井保、一九八〇年）。

おわりに

慶応二年（一八六六）、書物奉行の職は廃され、書物方同心と書物師は学問所の支配下に入った。明治維新後、紅葉山文庫は大学、修史局・修史館の所管を経て、明治十七年（一八八四）に太政官文庫に編入された。さらに翌明治十八年には内閣制度が変わって内閣文庫と改称した。現在は、一九七一年に設立された国立公文書館（東京都千代田区）で保存・公開されている。

以上、本稿では、幕府による蒐書と保存について、紅葉山文庫を中心にして、論を進めてきた。だがここでは、いくつかの点を示したにすぎない。たとえば、先に老中封印の長持として紹介した「御朱印写入御長持」は、寛延二年（一七四九）以降に、新しい長持が文庫に搬入されると、古い長持を順次、平川口渡櫓に移すという、慣例となった（「書物方日記」寛延二年六月二十日条ほか）。このように、文庫の保存方針は、時期によって変化したことに留意しておく必要がある。また右の事例には、紅葉山文庫と江戸城内の他の保存施設との関係性の一つが表われている。だが、これについても、本論で触れることができなかった。筆を置くにあたり、幕府についてもいまだ線あるいは面でイメージを描くに至っていないことを痛感している。

参考文献

相田二郎　一九三九年「江戸時代に於ける古文書の採訪と編纂」史学会編『本邦史学史論叢』下巻　冨山房
石上英一・加藤友康・山口英男編　一九九九年『古代文書論　正倉院文書と木簡・漆紙文書』東京大学出版会
上島　有　一九九八年「加賀百万石前田侯寄進の桐箱」上島有・大山喬平・黒川直則編『東寺百合文書を読む』思文閣出版
大庭　脩　一九七〇年「東北大学狩野文庫架蔵の御文庫目録」関西大学『東西学術研究所紀要』第三号

同　一九九七年『漢籍輸入の文化史―聖徳太子から吉宗へ―』研文出版
小野則秋　一九八八年「徳川家康の文献政策とその影響」『日本文庫史研究』下巻　臨川書店　初出は一九七三年
川瀬一馬　一九七一年「駿河御譲本の研究」『日本書誌学之研究』講談社　初出は一九三四年
白井哲哉　一九九七年「近世政治権力と地誌編纂」『歴史学研究』第七〇三号
進士慶幹　一九八九年「武家諸法度考」『近世武家社会と諸法度』学陽書房　初出は一九五九年
関　靖　一九五一年『金沢文庫の研究』大日本雄弁会講談社
東京大学史料編纂所編　一九六四～八八年『大日本近世史料　書物方日記一～十八』東京大学出版会
名古屋市蓬左文庫　一九九四年「尾張藩と尾張徳川家の編纂事業」『蓬左』第五一号
平林盛得　一九八二年「後西天皇収書の周辺」岩倉規夫・大久保利謙編『近代文書学への展開』柏書房
福井　保　一九八〇年『江戸幕府の参考図書館　紅葉山文庫』郷学舎
同　一九八三年『江戸幕府編纂物　解説編』雄松堂出版
藤井譲治　一九九二年『日本の歴史12　江戸開幕』集英社
藤岡作太郎　一九〇九年『松雲公小伝』高木亥三郎発行
藤實久美子　一九九三年「紅葉山文庫の管理と書物師出雲寺」『学習院史学』第三一号
同　一九九九年「『本朝通鑑』編修と史料収集―対朝廷・武家の場合―」史料館『研究紀要』第三〇号
藤本幸夫　一九九三年「印刷文化の比較史」荒野泰典・石井正敏・村井章介編『アジアのなかの日本史　VI　文化と技術』東京大学出版会
皆川完一　一九七二年「正倉院文書の整理とその写本―穂井田忠友と正集―」『続日本古代史論集』中巻　吉川弘文館
森潤三郎　一九八八年『紅葉山文庫と書物奉行』臨川書店　初出は一九三三年

山本祐子 一九八五年 「尾張藩「御文庫」について（一）」名古屋市博物館『研究紀要』第八号
同 一九八五年 「尾張藩「御文庫」について（二）」名古屋市博物館『研究紀要』第九号
吉田一徳 一九六五年 『大日本史紀伝志表撰者考』 風間書房
吉田洋子 一九九九年 「『禁中並公家諸法度』制定と世襲親王家」日本史研究会近世史部会卒業論文報告レジュメ
米田雄介 一九九一年 「朝儀の再興」辻達也編『日本の近世』第二巻 中央公論社
米山一政 一九五六年 「青木昆陽の古文書採訪」『信濃』第八巻第一〇号
若林喜三郎 一九六一年 『人物叢書 前田綱紀』 吉川弘文館

一—(3) 明治時代の史料蒐集と保存

宮地　正人

はじめに

明治以降の諸官庁における公文書の蓄積・整理及び閲覧・公開の問題については、前回の『日本古文書学講座』近代編Iの中で詳細に論述されている。したがって、本稿ではそれとの重複を避け、主として編纂事業等による意識的な史料蒐集・整理及び史料散逸を阻止するための諸機関による史料保存の動きに焦点を絞って論を進めていくこととする。

1　太政官期の編纂と蒐集

修史事業　明治元年から十八年末に至る太政官政府においては、修史は国家事業の主要なものの一つとして位置づけられていた。明治二年七月の職員令では大学校別当は「国史ヲ監修」し、大中少博士は「国史ヲ修撰」することが、その主たる任務の一つとされた。明治六年五月の太政官職制潤飾において、正院の大内史は「国史ヲ修」めることもその職務とされ、明治八年四月の正院章程改定により、内史の任務の一つとして「国史ヲ纂修」しなければならなかったのである。このような職務規定は、明治十八年十二月に成立する内閣制度においては姿を消している。

したがって、十八年以前では、太政官機構の中に当然修史を担当する場が設けられることになる。それは明治二年段階では旧和学講談所跡の史料編輯国史校正局であり、明治五年十月には外史所管歴史課として再発足し、翌六年五月には内史所管に管轄替となる。そしてこの時には「此課ハ国史ヲ編輯スル事ヲ掌ル」と、その職務が明確に示されることとなった。

明治八年四月十四日の漸次立憲政体樹立の詔勅発布は政治史上の大きな画期となるが、太政官機構内においても歴史課が修史局に昇格し、八〇名前後の人員を擁する大部局となったのである。

ところで、地租改正反対運動に押された太政官政府は、明治十年一月大規模な行政整理を断行し、修史局は修史館に縮小改組され、明治十一年九月現在の人員は四二名に半減させられ、これが遠因となって、明治十四年十二月の内部機構の合理化（「編年史」叙述とそのための史料編纂への事業の特化）となるのである。

「復古記」の編纂

修史事業の重点は、出発当初は王政復古の経緯を明らかにし、「復古記」を編纂することにおかれていた。早くも明治二年正月には府藩県に対し維新殉難者並びに遺族の取調べが命ぜられ、明治三年四月、旧公卿・大名各家その他に対し、嘉永六年以降の文書、家記はもちろん、志士等の書翰、手記等の提出が命ぜられ、併せて静岡藩には旧幕府の記録差出しが求められる。さらに翌五月には諸省に対し「戊辰以来ノ記録」の取調べ差出方が達せられている。

歴史課発足とともに蒐集事業は本格化し、明治五年十一月、政府は諸省各寮司府県に対し、他日の「国史編輯」の史料に供するため「記録文書」散逸脱漏禁止方を達し（これにより明治三年五月達は廃止）、また同月、「国史編輯」のため、各旧大名華族に対し、「続藩翰譜」以後今日までの系譜事蹟（＝「家譜」）の差出しを命ずる（各旧公家、神官、僧侶等に対しては、明治七年一二月、同一目的で系譜録上が達せられる）。

明治六年五月五日の皇城炎上により太政官庁も類焼、蒐集されていた諸史料は、出来始めていた「復古記」稿本とともに焼失したため、明治七年二月、明治三年四月布告による既提出維新史料焼失のため、再度同様の史料

(=「勤王殉国事蹟」)を差出すべしとの達が各府県に発せられた。また各旧大名に対し、「復古記」編纂上最重要の史料として、慶応三年十月から明治元年十月に至る諸願書・履歴・達書・諸伺の編集(=「家記」)提出命令が炎上直後の五月八日に出されるのである。

これらの「家譜」「家記」「勤王殉国事蹟」等は今日の史料編纂所に引継がれているが、「復古記」編纂のために、明治八年八月には、京都御所にあった京都太政官政府期(留守官期も含む)の文書・記録等二万一〇〇〇余点(=「復古記」原史料)が修史局に廻送され、整理・利用され始めているのである。

幕末維新史料の収集

ここで注意したいことが二点ある。第一に「復古記」は、現在の形では戊辰戦争が中心となっているが、計画では、この編纂事業の終了後、孝明天皇即位以降の幕末史の編纂が意図され、そのための歴史課・修史局・修史館の史料蒐集が、献本・購入・謄写等の形できわめて積極的に行なわれていた事実である。そこには岩倉具視も関与しており、安政元年から慶応四年迄の「議奏書類」(二二冊)、「議奏備忘書類」(一二冊)、「非蔵人日記」(五六冊)、「武家書翰往来」(一三冊)は、明治一〇年一月、彼が京都府より持帰ったものである。また武家伝奏史料として重要な「徳大寺実堅記」(一八一冊)は、明治六年九月、徳大寺家から献納されている。この間の動きをかいつまんで紹介してみると、明治六年五月十七日、「嘉永明治年間録」、烟田真幹献本、八月八日、「鈴木大雑集」(三八冊)・「鈴木大日記」(一九冊)、献納、十一月十七日、「(向山)誠斎雑記」(八四冊)・「誠斎雑綴」(八一冊)・「蠹余一得」(一三冊)、献納、明治七年十月十三日、「聞見集」(一〇八冊)、京都府十四等出仕高岡義質献本、十一月十五日、「新聞紙壬戌正月より丙寅三月」(五〇冊)、石津発三郎紹介買上、明治八年七月四日、「幕府沙汰書」(三六冊)、前田忠和より買上、明治十二年四月十八日、「慶明雑録」(三一冊)、伊地知季通蔵本謄写、明治十三年三月三十日、「官武通記」(四〇冊)、伊藤宗基蔵本写、ということとなる。これらの史料は現在は史料編纂所と国立公文書館のいずれかに所蔵されている。

現代史編纂計画

第二点は、「復古記」編纂終了後、明治二年以降の「国史」編輯が意図されていたことである。前述の明治五年十一月の「記録文書」散逸脱漏禁止方達はまさにこの計画と直結するものだが、この計画は府県レヴェルの動きも押えなければならないという理由から、明治七年十一月には各府県に対し、「国史編修」のため、「維新以来地方施治沿革」を歴叙し、歴史課に差出すよう達せられる。しかも「歴史編輯例則」第八則に、「明治八年一月以後ノ事蹟モ尚此例則ニ依リ、毎一年類ニ従フテ叙記シ順次差出スヘシ」とされていたように、継続的な「現代史」編輯がそこでは意図されていた。そのための足がかりとして編纂されたものが『明治史要』とその『附録概表』であり、明治九年から十九年の間に数次にわたり刊行されていった。

古文書の調査蒐集

当初王政復古前後の編纂に重点がおかれていたものの、明治七年七月、文部省の「大日本史」後の「国史編輯」事業（担当川田剛）を歴史課が引継いだため、事業の幅は中世にまでさかのぼることになり、しかも前述の明治十四年十二月の機構合理化により、事業の中心が「史料稿本」の編纂と「編年史」叙述におかれるようになったため、「復古記」関係の事業は、微少な人員での「復古記」編纂完結の一点のみに極限化されることとなった。

他方、比重の転換とともに、古文書の調査・蒐集が具体的な課題として浮上しはじめ、明治十八年七月より九月にかけ重野安繹が日下寛・田中義成等とともに関東六県をまわって行なった古文書調査と借用作業はその本格的な第一歩となった。明治十八年十二月の内閣制の発足により、修史館は十九年一月に廃止されて内閣臨時修史局に、明治二十一年十月帝国大学に移管されて臨時編年史編纂掛に、二十八年四月には史料編纂掛(この間久米邦武事件が発生)にと、めまぐるしく組織・管轄替され、この過程で事業そのものが廃止されそうにもなったが、この深刻な試錬をくぐりぬけ、明治三十年代以降、史料蒐集は影写・謄写・撮影等の手段によって次第に全国的に展開されていくこととなる。

府県史料の編纂

修史局・修史館がかかわった事業に、府県史料と皇国地誌の編纂事業がある。府県史料は前述のように、国史編纂のための材料として、明治七年十一月、歴史課が各府県に対し立庁以降の沿革史編纂を達したことに起っている。その指示内容は県治・拓地・勧農・工業・刑賞・賑恤・祭典・戸口・民俗・学校・駅逓・警保・忠孝節義・騒擾時変・租法・職制・禄制・兵制・刑法・禁令・会計・図書目録・官員履歴と行政の全般にわたるものであった。また対象時期も、まずは明治七年末までとされていたものの、一方旧幕藩期を扱い、他方明治八年以降をも命ぜられていたように、府県庁内部に恒常的な編纂部局を設置することが、この事業の前提とならなければならない規模のものであった。

したがって各府県では、旧幕期に漢学教育を受け、史料編纂能力のある優秀な人物を担当者に据え、修史局・修史館と質疑応答をくりかえす中で編纂事業を進行させていった。仕事は当然のこととして府県所蔵文書の分類・整理に始まり、これを前提として、修史の参考となる諸史料を先の項目ごとに筆写・編輯し、次に綱文を付した原稿本を作成、内容の最終点検を受けた上で、控本と太政官への提出本の浄書作業となるのである。この提出本の送達は、作業が完了したものから次々と行なわれていったのであり、一部は『明治史要』編輯の際にも利用された。

ところで、修史館は明治十七年五月、府県史料編纂のため各府県に支給している年間総計二万二三二五円の巨費に比して、提出本の記述に精粗があり、事業の進捗もかんばしくない、この金額を本館に移して事業を担当させてほしい、そうなったら「更ニ方法ヲ設ケ編輯ニ従事シ体裁ヲ一ニシ重複ヲ省キ十年ヲ出スシテ其功ヲ奏シ可申」と上申、同年七月、明治十八年以後は同館にて取扱うべしと達せられる。修史館の方向転換とこの上申がどうかかわっていたのかは詳らかではない。前述の明治十八年七月からの重野の関東六県巡回は、県庁からのこの事務引継ぎを兼ねたものであった。

しかし明治十九年一月、修史館自体が廃止され、内閣臨時修史局となると同時に、内閣書記官長より、府県史編纂を廃止し、提出本のすべてを内閣記録局（＝内閣文庫所管局）に引継ぐように達せられる。この間の動きは基本的には財政問題の深刻化から発したものであった。今日では、この四五道府県の二一〇〇余冊の府県史料は、国立公文書館に所蔵されている。そして、この編纂物のおかげで、我々は明治初年から十年代の地方行政のあり方をきわめて克明に知ることができるのである。

皇国地誌の編纂

あと一つの皇国地誌編纂の経緯は、より錯綜している。全国的な地誌を編纂することは、中国的な中央集権的官僚制国家にとって必要なことであった。地方長官には赴任した地域の地理・歴史・風土・民俗を一覧しうる道具が不可欠だったのである。早くも明治五年九月、皇国地誌編集方針が太政官布告によって明らかにされ、担当部局として、翌十月に地誌課が設置され、明治七年八月には内務省地理寮に合併、翌年九月には修史局に移り、明治十年十二月には地誌編修事務が内務省地理局に移動、翌十一年一月、地理局に地誌課がおかれることとなる。

地誌課は第一に「日本地誌提要」の編集を行ない、原稿内容を府県に点検させた上で、明治七年から十一年にかけて刊行する。次の事業が皇国地誌の編纂であり、府県史料同様、各府県が主体とならなければならない性格のものであった。事業の開始は、明治八年六月、太政官から「皇国地誌編輯例則並着手方法」が使府県に達せられたことにより本格的となる。そこでは一村ごとの村誌と、村誌をふまえた一郡ごとの郡誌の編纂が指示されたのである。両者ともに調査項目が、彊域、幅員・管轄沿革・里程・地勢・地味・税地・飛地・字地・貢租・戸数・人数・牛馬・舟車・山・川・森林・原野・牧場・礦山・湖沼・道路・堤塘・港・出崎・島・暗礁・灯明台附灯明船・滝・温泉・冷泉・公園・陵墓・社・寺・学校・町村会所・病院・電線・郵便所・製糸場・大工作場・古跡・名勝・物産・民業等ときわめて詳細に定められていた。事業が厖大なものになるため、一郡あるいは二郡ずつ着手することが指導され、府県では、郡を介して村誌例則を各村に配布し、各戸長役場は県・郡指導下に管轄する村々の地誌原稿を作成させて集約し、県の係員が村々をまわって指導を加えた。これらの町村誌及びそれをもとに編集された郡区誌は、編成された郡区ごとに県から内務省に進達されていく。

しかし、府県史料の例と同じく、明治十七年五月、内務省は、これまでの成績は、郡区誌は八四一郡区の内一二五誌、町村誌は七万一一三七町村の内一万一一三四誌にすぎない、調査の周到性や精粗の均一化のため、各府県に支給している皇国地誌編纂費二万二三二五円を本省に下付してくれるならば、十数年で事業をやりとげると上申、同年七月、明治十八年以後は同省にて取扱うべしと達せられる。その後、町村誌・郡誌の完成を踏まえ、安房国誌、武蔵国誌、上総国誌、常陸国誌、伊勢国誌等が地理局の中で作成されていった。しかし財政上の問題や、中心となってきた塚本明毅が明治十八年二月に病没し、桜井勉地理局長が明治二十二年十二月に徳島県知事に移動することなどにより、明治二十三年七月地誌課は廃止されて帝国大学に移管される。そして翌二十四年三月には臨時編年史編纂掛を合併して史誌編纂掛となったが、明治二十六年四月、地誌編纂事業そのものが廃止された。これとともに郡村誌（明治二十三年引継時三〇一九冊、郡村図五八四〇枚）等の皇国地誌史料が帝国大学図書館に移管されたが、史料編纂掛にあったごく一部のものを除いて、大正十二年九月の関東大震災によって焼失した（記録では「郡村誌約六四〇〇」となっている）。ただし、埼王・群馬・長野・日向・山口・神奈川・佐渡・静岡等、県や地元に控・史料が残っている処も多く、それらは貴重な史料として今日活用されている。

「続通信全覧」の編纂

太政官政府期においては各官庁でも編纂事業は旺盛に展開されていた。それは一方では太政官という政府のあり方からいって必然的だったのであり、他方、旧幕時代の経緯と先例を容易に確認できるようにすることが各官庁ごとに求められていたからである。

その最適例が外務省であろう。外交交渉においては先例と従来の発言・交渉・記録が非常に重大な意味をもつ。既に旧幕期において、外国奉行所の田辺太一や広沢普一郎等によって、安政六年・万延元年両年の外交文書集「通信全覧」が編纂されていた。外務省は旧幕府より外国奉行所関係諸史料を引継ぐとともに、田辺や広沢など旧幕期の関係者を記録局の官吏に採用して、文久元年から慶応四年に至る外交文書集「続通信全覧」の編纂を積極的に行なわせていくのである。そのため、外務省に引継がれた外国奉行所文書の活用とともに、長崎・箱館両奉行所文書の借用や外国奉行所・勘定奉行所等の関係者の私文書の取得・借用が頻繁になされることとなる。

しかしながら、明治十八年十二月の太政官制から内閣制への移行にともなって、「続通信全覧」編纂事業は急速に縮小し、おそくとも明治二十一年には完全に消滅する。

幕末外交文書の編纂は、太政官御用掛の萩原裕（元修史局勤務）も、太政官の命をうけて、明治十四年から開始していた。それは外務省の実務必携的なものというより、嘉永六年ペリー来航以来大政奉還に至る外交史の通史を意図したものであった。この仕事も太政官制の廃止等によって紆余曲折をたどるが、萩原は外務省の編纂担当者と密接な連絡をとって材料をあつめるとともに、太政官の線を通しての独自の史料蒐集も行なっており、明治二十年代半ばまでの彼の仕事の集大成である「外交紀事本末底本」整頓本全二七五冊等は、その後外務省に収められた。そして明治四十年、三年前に外務省で開始された幕末外交文書編纂の仕事を東京帝国大学史料編纂掛が引継ぎ、『幕末外国関係文書』の編纂事業を始めるにあたり、外国奉行所関係諸史料とともに、萩原のすぐれた編纂物「外交紀事本末底本」もあわせて引継がれることとなったのである。

『古事類苑』の編纂

大規模な編纂事業は文部省においても着手された。明治十二年三月、文部大書記官西村茂樹は、欧米のエンサイクロペディアのようなものを日本でもつくらなければならないとして、神代より慶応三年に至る日本の諸事万物を対象とする『古事類苑』編纂事業を開始したのである。この時点では、典拠となる書籍・史料は、浅草文庫と東京府書籍館のそれを利用することが予定されていた。

この大事業も、内閣制への移行により中止され、明治十九年十二月、東京学士会院の監督のもとに再開、二十三年四月には皇典講究所が事業を譲りうけたが、進捗状況は思わしくなく、二十八年四月神宮司庁が総てを引継ぎ、編纂の中心に篤実な国学者で考証家の佐藤誠実《しょうじつ》が位置するに及び、ようやく軌道にのることとなった。全一千巻と総目録、索引がすべて刊行され、古事類苑出版事務所が閉鎖されたのは大正三年三月のことである。

この間、編纂のためにおもに利用した図書館は帝国図書館と東京帝国大学図書館の二館であったが、編纂事務局で自ら蓄積されていった史料も多く、出版事務所閉鎖後の翌月、六八〇〇余冊のこれら貴重な編纂史料は、伊勢の神宮文庫に収められることとなる。

なお、大槻文彦の国語辞書『言海』も、元来は文部省の企画（大槻は文部省官史）として発足したものであり、明治二十一年十月、自費刊行を条件に文部省蔵稿本が彼に下賜されたものである。

諸官庁の編纂事業

外務省や文部省以外でも、大蔵省は全四六巻の『大日本貨幣史』を明治九年に完成させ、つづく全三〇巻の『大日本租税志』編纂を終了させたのは明治十八年十二月のことである。司法省は『徳川禁令考』の編纂を急ぎ、明治十一年から刊行を始めている。また商法作成の前提史料としての『日本商事慣例類集』第一篇は明治十六年七月に刊行された。農商務省は、内務省時代からの編纂事業を継続し、明治十五年三月、『大日本帝国駅逓志稿』を刊行、さらに明治二十一年、維新以降の農業政策を編纂した『農務顚末』を完成している。これら諸官庁の編纂事業の過程で集められた諸史料は多かったと思われるし、また大蔵省には幕府の財政関係諸史料がそのまま引継がれていたのだが、関東大震災によって文部省、大蔵省、内務省、農商務省、逓信省の図書・史料が、また空襲によって司法省のそれが焼失してしまったのである。

2　明治二十年代以降の編纂と蒐集

国事鞅掌史編纂と史談会

太政官制から内閣制への移行後、歴史編纂の軸となったのは宮内省であった。明治二十三年十一月以降の帝国議会の活動をにらみながら、日本の国体が天皇中心であることを示し、国民の勤王愛国イデオロギーを鼓吹し、そして皇室の藩屛としての旧大名・公卿華族の結集を強化することが、このことと深い関連を有していたのである。

その始まりは、明治二十一年七月、島津家、毛利家、山内家、水戸徳川家という王政復古に最大の功績のあった四家に対し、「嘉永癸丑（一八五三）以来明治辛未（一八七一）ニ至ルマテ其旧藩ニ於テ国事ニ鞅掌セシ始末詳細取調、三ヶ年ヲ期シ編製可致旨」との明治天皇よりの御沙汰書が下ったことである。これ以降明治二十五年までの間に、旧大名華族家の二〇〇家以上に、幕末維新期の史料提出（ただしその御沙汰書文言には「国事鞅掌」の語句はない）が命ぜられた。

この結果、各大名華族家では、邸内に家史編纂所が設けられ、関係文書・記録の蒐集・整理と編纂が行なわれることとなる。この中で、『水戸藩史料』『防長回天史』、島津家国事鞅掌史料、山内家史料や『肥後藩国事史料』などが作成されていくのである。

また宮内省では明治二十一年八月、三条実万実美父子・岩倉具視行状調査を宮内書記官足立正声に命じており、翌二十二年五月には中山忠能事蹟調査が開始され、さらに二十四年六月には、徳大寺実則を先帝御事蹟取調掛長として『孝明天皇記』編纂事業が始動しだすのであった。

しかしながら、このような事業のためには各編纂担当者の史料情報交換と相互の貸借が必要となってくるのは当然のことであろう。このため、明治二十二年四月史談会が組織され、また同会によって国事鞅掌者からの聞取りが行なわれることとなる。『史談速記録』がそれである。

史談会は、諸家の編纂員加入が拡大するにつれ、その幅をひろげ、史料蒐集を積極的にすすめるためにも、勤王・佐幕の差別の強調を控えるようになり、また諸家毎の家史編纂にとどまるのではなく、総合的な維新史の編纂を意図するようになっていった。

だが伊藤博文などは、全般的な幕末期の詮索は薩長閥の間に無用な対立をひきおこすとの意見をもち、宮内省も勤王事蹟以上の調査には消極的態度で一貫して臨んでいたため、結果史談会は維新史編纂の方針を放棄、『史談速記録』発刊のみに活動を限定することとし、明治三十八年十二月、それまで蒐集してきた幕末維新関係史料二五五六冊を東京帝国大学に寄贈した。現在史料編纂所にそれらは所蔵されている。

維新史料編纂事務局の活動

勤王思想・忠君愛国思想強化のために明治維新史を総体として明らかにしなければならないと政府当局者が意識しはじめたのは日露戦後のことであった。さらに明治四十三年五月、大逆事件の検挙開始が拍車をかけた。同年六月、井上馨・山県有朋・大山厳・松方正義・土方久元・田中光顕等が中心となって彰明会が組織され、同年十二月には明治天皇から一万円の賜金が下った。このような動きを前提として、翌明治四十四年五月維新史料編纂会が設置され、同会事務を担当する維新史料編纂事務局が文部省内に開設される。総裁は井上馨である。

実務は事務局の仕事である。史料を借用し、必要箇所を筆写し、一点毎の史料に原所蔵者・所蔵機関名を付した短冊を添え、編年にした上で「史料稿本」を作成していく。大正二年年初の借用状況をみると、一月九日、渋沢編輯所、松平忠優日記一二冊、一月十日、子爵成瀬正雄邸、将軍家茂公御上洛尾張公御上京留一冊、御参内留一冊、朝勤留八冊、御勤向留八冊、一月十日、渋沢編輯所、柳営補任七冊、一月十三日、（水戸）酒泉彦太郎邸、先哲筆華（間崎哲馬外数十名書翰集）一軸、一月十三日、図書寮、富田織部所蔵書類三冊、一月十五日、図書寮、水戸藩史料八七冊、一月十七日、図書寮、三条家秘簡四冊、忠成公手録書類写一七冊、秘書集録二冊、一月十七日、高橋諸随、遠近橋巻一、一月二十日、伊地知徳之助、名士書翰六巻、となっており、そのスピードは速い。借用の対象は旧大名・公卿、数多くの志士や草莽層、そして旧幕臣の史料と多岐にわたり、借用の他にも原史料購入、写本作成、写真撮影等々の諸手段を使っている。また英米独仏等の在外外交文書や錦絵・絵巻等の画像史料にまでおよんでいることも注意される。

このような精力的な史料蒐集をふまえ、弘化三年から明治四年七月十四日の廃藩置県までの「大日本維新史料稿本」全四二一七冊が昭和十年代に完成する。また編纂過程であつめられた史料の内、とくに重要だと判断されたものは、大正前期より、編纂事務局の外郭団体日本史籍協会によって次々と出版され、明治維新史研究の史料的な基礎となっていったのである。

戦後の昭和二十四年三月、旧維新史料編纂事務局の機構は、その史料稿本および厖大な所蔵史料・図書とともに史料編纂所に移管されることとなった。

東京・大阪の編纂事業

明治二十年代以降の編纂事業は国レヴェルの他に市レヴェルのものにも目を向ける必要がある。大阪市では、明治三十四年に市参事会が市史編纂を市会に提案して協賛を得、大阪市編纂掛が設置され、幸田成友が編纂主任に就任、明治四十四年から大正四年にかけて全五巻が刊行された。この時蒐集された多くの前近代の大阪市史料は戦後大阪市立中央図書館に移され、公開されることとなった。

東京市でも、明治三十四年、市参事会員中鉢美明の建議にもとづき市沿革史編纂委員会が設置されたが、軌道に乗りだしたのは、明治三十九年、これまで「国民新聞」や「人民」新聞の政治記者として活躍していた塚越芳太郎を修史の責任者として迎えて以降のことである。

東京市の場合は大阪市のような市史編纂の形をとらず、江戸幕府以前から明治末年までを対象として、編年式に主要な歴史事象を綱文として掲げ、その下に原史料を整理配列する形式をとったため、『東京市史稿』と題されることとなった。全体は皇城篇、市街篇、変災篇、上水篇、救済篇、港湾篇、遊園篇、宗教篇、産業篇、橋梁篇と篇別されて編纂、刊行されていった。

『東京市史稿』編纂事業において関東大震災は大きな打撃であった。「震災ノ為メ、最モ史料ニ富ミタル内務省・大蔵省・警視庁・農商務省・逓信省・鉄道省・文部省及帝国大学図書館ハ一空シ、下町方面ノ商工業資料、下谷・浅草・本所・深川其他ノ寺社資料等モ全部ヲ失」ったのである。幕末期江戸を知る上で貴重な「藤岡屋日記」全一五四冊は、狩野亨吉旧蔵で東大図書館蔵となっていたものだが、東京市は編纂のため全冊を筆写しておいたため、図書館全焼にもかかわらず、今日我々の利用が可能となっているのである。

このような困難を乗り越えつつ、市史編纂室は編纂にかかわる史料蒐集を継続しつづけ、戦後都政史料館（現在の都公文書館）に合体する時点で、それは九五〇〇〇点に達していた。

3　図書館・博物館の蒐集・保存活動

史料の蒐集・保存の歴史を考える上では、図書館・博物館の役割りは非常に大きなものとなる。ここでは明治期を中心にその動きを見ていくこととしよう。

内閣文庫

太政官時代、各官庁はそれぞれの図書室、文庫を有していたが、①散在していて他の官庁で知ることができない、②任意購入をするので重複本が多くなる、③無用の書籍が多く有用の典籍が備わらない、との欠点及び財政的合理化を理由として、明治十七年一月、「各官庁所蔵ノ書籍一切同文庫へ蒐集管理」することを目的に、利用主体を官庁に限った太政官文庫（内閣制成立後は内閣文庫）が設立された。このことによって、各官庁の所蔵書籍は、日常必要の書冊を除いてほとんどすべてが太政官文庫に吸収されることとなった。旧幕府の紅葉山文庫は、それまで修史の必要から修史館が管理していたが、同じく右の理由により、明治十七年十一月、太政官文庫にひきつがれることとなる。

ところで、修史館・臨時修史局時代は、太政官及び内閣という政府直轄下に両機関がおかれていたのであり、他方明治十八年七月から、古文書、古典籍に深い関心をよせていた田中光顕が内閣書記官長となったことが結びついて、太政官文庫・内閣文庫に貴重な諸史料が蒐集されていった。明治十八年には修史館の仕事に役立てたいと押小路家から古文書が献納され、十九年には高野山釈迦文院旧蔵書が、二十一年には朽木家文書、蜷川家文書、豊島家文書、沢氏文書、大乗院文書、二水記が購入された。また重野安繹は史料採訪先において、内閣文庫による古文書購入の仲介をとったのである。

内閣文庫での古文書、古記録の蒐集は明治二十五年に第二の山があった。同年には伊勢松木家古記録や万里小路・中院・中御門・甘露寺・坊城の公家諸家に伝来した古記録類が購入された。また同年には坊城・甘露寺両家から合計三〇〇〇冊近い古記録が献納されている。

宮内省図書寮

太政官文庫の成立が明治十七年一月、そして同年八月には宮内省内に、「御系譜並に帝室一切の記録の編輯、内外の書籍古器物書画の保存、美術に関する事務」を管掌することを目的に図書寮が設立され、これまで省内各所管部局に保管されていた図書が一括され、省内の図書類保管の一元化が図られた。明治十九年四月現在では、禁裏在来本の他に明治初年以来の官庁出版物・諸家の献納本（山内豊範、仙石家、新井白石本、鷹司政通集書等）などを含め五万六〇〇〇余点の蔵書数があった。

つづいて明治二十一年二月には、これまでの臨時内閣修史局に参考資料として差出していた書籍・文書を、「朝儀御取調」の参照材料として献納したいとの願出が壬生家（官務家）からなされ、四四一冊が納められた。また翌二十二年四月には、古賀精里・侗庵・謹一郎（茶溪）三代にわたる古賀家の書籍・遺著一万四八七六点が、川田剛、重野安繹、中村正直等旧門人の仲介によって献納された。ここには漢籍のみならず、維新前後における西洋文明移入の関係資料が数多く含まれている。その後、明治二十九年徳山毛利家、四十二年藤波家、大正五年土御門家、十年白川家から献納されるなどして、蓄積をたかめていった。

皇室の図書寮蔵書の質を日本で最高のものにしようとする方針は、天皇制国家官僚の自然の発想であった。明治二十二年七月、内閣文庫を管轄していた内閣記録局長股野琢は「珍書ハ勿論、其他貴重ノ古書ヲ類別シ、之ヲ万古不易ノ帝室御府ニ蔵シ、其保存方法ヲ確定シ、掛官ヲシテ之ヲ遵守セシムルコト、彼幕府ノ楓山文庫ニ於ケルカ如ク」せんと首相黒田清隆に上申、二十四年三月には、一万九一六〇冊、二四八巻、一万六二三帖、一七枚、三二軸、八幅の貴重古書（中心は旧紅葉山文庫の貴重漢籍）が図書寮に引継がれたのである。

東大図書館

明治期の図書館を見た場合、東京帝国大学図書館の占めていた比重は大きかった。明治四十年末現在で三八万六〇〇〇余冊となっている。当然洋書の割合いが高いが、ただし旧幕開成所から引継いでいた蘭書六四〇〇余巻を、「本校ニ於テ不用ニ属スルヲ以テナリ」との理由で、明治九年十月、東京書籍館に譲るなど、教育中心主義的収蔵方針が一方に存在し、他方、学術研究用として貴重諸史料を蓄積していこうとの姿勢があった。

前述の史料編纂掛から移管された郡村誌史料もその一例だが、明治三十七年三月には、学術資料として旧幕府評定所記録七六〇〇余冊と附属絵図一五〇〇余枚が、内閣文庫から移管されてきた。

内務省には社寺局があり、旧幕府の寺社奉行所記録を有していたが、同史料約一一〇〇冊も移管され、大蔵省には明治初年旧藩債処理を担当した関係で関連史料が、また、地租改正事業をすすめる過程で旧寺社領関係の諸史料が集約されていたが、この旧幕諸藩調達金証書写書類約一二〇〇冊、社寺領書類約二七〇〇通も、同じく大学図書館に移管されていた。いずれも、ほとんどすべてが震災によって焼失した。

帝国図書館　内閣文庫・図書寮・東京帝大図書館は、官庁限り、皇室用、教官学生限りと、いずれも閉鎖性の強いものであったが、明治八年五月開館した文部省管轄の東京書籍館《しょじゃくかん》は、当初から一般民衆への公開を目的とした図書館であった。ただし発足当初は文部省が所蔵していた一万余冊の交附本が基礎であり、それも洋書が過半を占め、利用者の望む和漢書が乏しかった。このため東京書籍館は府県所蔵の旧藩襲蔵図書の回収・引渡し方を文部本省に申請したのである。これより先、廃藩置県直後、文部省は旧藩時代の公費で設立されていた学校病院等の蔵書目録を各府県から提出させ、選択分に朱円を附し、この部分の書籍は追って指示する迄保存を命じ、それ以外は伺出の上処分していいと指令していたのである。この五月の東京書籍館の要請をうけ、文部省は各府県に指示して該当書籍の提出を求め、逐次同館に交付した。また朱円印以外のものについても、伺書を同館に廻付し意見を問うた。これによって同館では独自に再採選し、必要書籍を追加指定し、その交付を受けたのである。現物の交付は明治八年八月にはじまり、明治十一年末におよんだ。この交附本は三府六〇県書籍数六万一二三〇部の内から厳選されての三一八三部四三六三〇冊であるため、多くの貴重書がその中に含まれることなった。これは一面では、日本の近世的伝統を切断しながらの上からの中央集権的近代化の特徴をあらわしているが、他面では今日の国立国会図書館和漢蔵書の基盤を形成したものでもある。また同館に対しては文部省准刻課に納本される新刊図書の内必ず一部が交附される制度がつくられ、明治八年七月、准刻事務が内務省に移ってからも、この制度は遵守され、蔵書蓄積のテコとなっていくのである。

明治十年四月、財政緊縮のあおりで東京書籍館は東京府に移管され東京府書籍館となったが、十三年七月文部省所轄に復して東京図書館と改称、明治三十年四月、帝国図書館となり、明治四十年末の蔵書数は二六万余冊となっている。

この間、明治二十七年十一月に東京府から町奉行所文書を中核とし寺社奉行所、作事奉行所、評定所文書が加った旧幕引継書約五七〇〇冊が寄託された(明治三十八年十二月には永久寄託となる)。また同年同月、外務省から釜山倭館旧蔵の宗家記録一五五三冊が移管された。これは新政府が倭館を接収した際、外務省の所管となったものである。

そのほかにも同館は、明治十六年には大槻如電・文彦兄弟の周旋で榊原芳野の旧蔵書六一五七冊の寄贈をうけ、三十二年には名古屋の貸本屋の大惣本を、四十二年には小宮山楓軒とその孫南梁の自筆稿本等六八五冊を購入するなど、重要史料の保存と散逸防止に尽力した。

図書館としての性格が大きく変化したものとしては浅草文庫の例があげられる。

浅草文庫

浅草文庫の出発は廃藩置県直後の文部省にあった。文部省は明治四年十月には博物館を、翌五年四月には書籍館を設立し、八月から開館する。蔵書の核となったのは旧昌平坂学問所本であったが、そこに大阪理学所本・旧物産所本等が加わり、また広く献本をよびかけたため、市川清流、町田久成、神田孝平、青山延寿等が率先して献納した。

同館は明治六年三月、同年開催のウィーン万国博覧会を所管する博覧会事務局に移管されるが、そこでは、ブリティッシュ・ミュージアムに範をとった大博物館構想が樹てられ、図書館は博物館と有機的に結合され、モノと図書が結びついて広く国民に利用されるものとの考え方が主流となったのである。

明治七年七月、書籍館のあった湯島聖堂が地方官会議の場に予定されたため、浅草八番堀の地所に蔵書を移し、浅草文庫と称した。書庫の新築がなり、八年十一月、一四万冊の古典籍を一般に公用するとともに、古書画を保管し、その観覧と模写をも許可することとした。修史局の調査の要請にもとづき正倉院文書も同年には本文庫に運ばれ、修補と写本づくりが行なわれたのである。

ところで、文部省からの要求もあり、書籍館・博物館の名義と土地は明治八年二月同省に戻された。ただし書籍と物品はすべて博覧会事務局が保持するという条件付きの上でのことである。つづいて翌三月、事務局は内務省所属となり、内部機構としては博物局が浅草文庫と博物館（内山下町）を管轄したのである。

博物局の当初の大課題は、明治十年八月から十一月にわたる第一回内国勧業博覧会を成功させることであった。それが終了した後の明治十一年三月、上野公園に博物館建設工事が着工される。工事の竣工が明治十四年一月、同年三月から六月までの第二回内国勧業博覧会が新築館も利用しながら行なわれ、新築博覧物館での常設公開が開始されるのは明治十五年三月のことである。このことにともない、浅草文庫は明治十四年五月に閉鎖され、翌十五年九月より博物館書籍室が公開された。この間、明治十四年四月博物局は内務省から農商務省に移管されている。ただし蔵書の所管は依然として内務省に属していた。

この公開体制が激変するのが、前述の太政官文庫設立を契機としてであり、明治十七年四月、内務省は博物館借用の旧浅草文庫蔵書を太政官に還付した。但し医書・本草書・書画法帖・絵図など五万七八二点が博物館備品書籍として残された。

さらに機構改変がつづき、明治十九年三月、博物館は宮内省の管理下に移り、明治二十二年には帝国博物館、三十三年には東京帝室博物館となり、美術博物館としての性格を次第に強固にしていくのである。

ここでモノの蒐集についても触れておこう。

明治四年五月、古器旧物保存の太政官布告がなされ、品名・所蔵者記載書を提出すべき旨が達せられた。明治七年五月には「御陵墓調査上発見ノ古墳届出」の件が達（太政官達第五九号）せられ、さらに明治十年九月には内務省布達（甲第二九号）を似て、発掘埋蔵品を内務省に届けさせ検査を受けさせることを定めたのである。これによって博物館に各地の埋蔵文化財が積極的に集められ保存されるようになった。

教育博物館　ところで、前述したように文部省に名義が戻された博物館は明治十年一月教育博物館と改称、プライヤー、ナウマン、モース等の協力もあって積極的に標本を採集していったが、行政整理の対象となり、明治二十二年七月には高等師範学校附属の小規模施設に縮小され、これにともなって、同年教育用とされた標本以外はすべて帝国博物館に移されたのである。

しかしながら、美術博物館の性格を強めていった帝室博物館にとっては、次第に「天産物品」は重荷となっていき、大正十三年から十四年にかけて、文部省に対し、博物館採集品及び旧教育博物館移管品あわせて九万四〇一一点の動植鉱物を引渡している。これが今日の東京科学博物館収蔵品の出発点となるのである。

以上、国家レヴェルの図書館・博物館の蒐集・保存についてみてきたが、それ以外にも注目すべきものが存在する。たとえば今日東京都立中央図書館にある東京誌料四万三〇〇〇冊は、江戸絵図類・武鑑・地誌・錦絵・双六・随筆等万般にわたる貴重な江戸・東京の郷土史料であるが、これは大正天皇即位に際して東京市に下賜された一〇万円を基金として蒐集されたものである。蒐集開始の時期といい対象といい、この機会が今日からみると最適の機会であった。

また早稲田大学図書館長市島謙吉は史料としての書翰の重要性を考え、「書翰文庫」の構想を有していた人であったが、彼の意思に応えて、明治三十九年五月、横井時冬等から名家書翰数十通が図書館に寄贈されている。そして大正六年には、市島は坪内逍遥と協力して、当時随一の浮世絵収集家であった小林文七所蔵の錦絵一万九六一九枚を購入する英断を行なった。図書館コレクション形成における当局者の質の重要性をこの例は雄弁に物語っている。

おわりに

ただし、諸機関の史料の蒐集と保存の動向は民間の史料集刊行の試みと結びついたものであることも念頭におく必要がある。両者相俟ってこそ、この事業は前進する。

民間の史料集刊行

「群書類従」刊行後、塙家においては「続群書類従」の編纂と校訂が進められていたが、刊行するまでにはいたらず、東京書籍館や太政官政府の要請をうけ写本作成の形で各機関に納められた。そして明治十六年、塙家に所蔵されていた「続群書類従」の原写本約八五〇巻は宮内省に献納されるのである。

「群書類従」に収められていない史籍（安土桃山以降のものを含む）の刊行を計画したのは、もと岡崎藩儒であった近藤瓶城であり、明治十四年から十八年にかけ、通紀・編録・類纂・雑纂の四部にわけられた和装本三六四部四六七冊、総目解題一冊の「史籍集覧」が刊行された。瓶城の子圭造は父の遺志をつぎ、四六四部三二冊（洋装本）、総目解題及書目索引一冊の「改訂史籍集覧」を明治三十三年から三十六年にかけて刊行している。

明治維新期の史料集刊行については、水戸郷士出身の野口勝一が同じく水戸の士族富岡政信と協力して行ない、「維新史料」一八二編を明治二十年から二十九年にかけて野史台から出版する。編纂対象の時期は嘉永元年より明治五年までで、宮内省の香川敬三（水戸士族）が財政的な援助を行なっている。

ところで、在野にあって、文化の基礎としての史料集編纂や道具類づくりの必要性を体系的に認識していたのは『日本開化小史』を著わした田口卯吉であったことは強く意識してしかるべきであろう。通史叙述の前提がいかに欠如しているかを彼は痛感したのである。彼は自分の出版社である経済雑誌社に拠りながら『大日本人名辞書』の編纂と刊行を明治十七年から十九年にかけて行ない、ひきつづき日本に関する諸事万般の国始以来の沿革事典『日本社会事彙』の編纂・刊行を明治二十四年まで行なうのであった。

田口が次に試みたのが「群書類従」の洋装本刊行であり、明治二十六年より一九冊を刊行、再版は明治三十一年から三十五年にかけて行なわれた。つづいて「続群書類従」の刊行が開始され、第一輯から第一三輯までが明治三十六年から四十年に行なわれたが、田口の死去と経済雑誌社の解散によって頓挫、その後大正十一年から昭和初年の間、続群書類従完成会が刊行の完結を試みることとなる。

田口は「正続群書類従」の刊行に並行して、日本史にとってもっとも基本的な史料集としての『国史大系』の編纂・校合・刊行を計画、明治三十年から三十四年にかけ日本書紀を始めとする一七冊を刊行、つづいて続篇の『続国史大系』一五冊を明治三十五年から三十七年にかけて刊行するのである。

田口のもとで実質的な責任をとっていた黒板勝美は、既刊の大系本の六国史を再校訂し、あらたに『類従国史』を加えた第二次『国史大系』全五冊を大正二年から五年にかけて経済雑誌社から刊行、さらに昭和に入り『新訂増補国史大系』六六冊の刊行へと進むのであった。

参考文献

石井英雄　一九九六年「続群書類従の編纂刊行とその欠巻について」『続群書類従・第三十四輯』続群書類従完成会

磯部博平　一九七六年「静岡県における『皇国地誌』について」（その一）『駿河』第二八号

同　一九七七年「同上」（その二）『駿河』第二九号

同　一九九〇年「幻の『皇国地誌』編纂事業と新しく確認された資料」『駿河』第四五号

伊地知鉄男　一九五一年「蔵書史と所収書解説」『書陵部紀要』第一号　宮内庁書陵部

伊藤　隆　一九七四年「野口勝一という人物」『UP』第一七号　東京大学出版会

上野図書館編　一九五三年　『上野図書館八十年略史』　国立国会図書館
太田富康　一九九八年　「「府県史料」の性格・構成とその編纂作業」『(埼玉県立) 文書館紀要』第一一号
小倉親雄　一九八八年　「「書籍館」の創設とその運命」『ノートルダム女子大学紀要』第一八号
神田喜一郎　一九二七年　「秘閣図書の源流に執いて」(一)(二)　『歴史と地理』第一八巻第四号・第六号
黒板博士記念会編　一九五三年　『古文化の保存と研究』
国立公文書館編　一九八五年　『内閣文庫百年史』　国立公文書館
史学雑誌委員編　一九二三年　「焼失せる東大附属図書館所蔵貴重書（一般史学関係）」『史学雑誌』第三四編第一一号
神宮司庁編　一九一四年　「古事類苑編纂事歴」『古事類苑総目録索引』　神宮司庁
田中正弘　一九九八年　『近代日本と幕末外交文書編纂の研究』　思文閣出版
東京国立博物館編　一九七三年　『東京国立博物館百年史』　第一法規出版
東京大学百年史編集委員会編　一九八七年　『東京大学百年史部局史四』　東京大学
東京都編　一九八〇年　『東京都の修史事業』（都史紀要27）　東京都
西村正守・佐野力　一九七三年　「東京書籍館における旧藩蔵書の収集」『図書館研究シリーズ15』
平井芳男・長沢孝三　一九八〇年　「明治二十四年宮内省に移管した内閣文庫について」『北の丸』第一三号
藤田　正　一九九七年　「明治前期の「愛媛県史料」編纂過程」『(愛媛県歴史文化博物館) 研究紀要』第二号
宮地正人　一九八七年　「政治と歴史学―明治期の維新史研究を手掛りとして―」『現代歴史学入門』　東京大学出版会
同　一九九一年　「『復古記』原史料の基礎的研究」『東京大学史料編纂所研究紀要』第一号
同　一九九一年　「幕末・明治前期における歴史認識の構造」『日本近代思想大系一三　歴史認識』　岩波書店
同　一九九八年　「『維新史料聚芳』解題」『維新史料聚芳』（復刊）　東京大学出版会
森田美比　一九九七年　「野口勝一の『維新史料』編纂前後」『日本歴史』第593号　吉川弘文館

山口静子　一九七七年「『郡村誌』と『大日本国誌』」『東京大学史料編纂所報』第一二号
早稲田大学図書館史編集委員会編　一九九〇年『早稲田大学図書館史』早稲田大学図書館

二　史料保存運動とその課題

二―(1)　近世庶民史料の保存運動

林　英夫

はじめに

本稿では、戦後の「近世庶民資料」の保存運動（ことに戦後の文書館創設運動）を語るべきであろうが、同様な運動はいろいろな方たちによって記されているため、ここでは私的な戦中・戦後体験のなかでの私のかかわりに限定して述べさせていただく、つまり私的な体験記に終始させていただくことのお許しを得ておきたい。

1　戦時下と地方史編さん

一九四〇（昭和十五）年は皇紀「紀元二六〇〇年」に当たるため、政府はそれより五年前の一九三五年十月二日の官報をもって「紀元二千六百年祝典準備委員会規程」を定め、この委員会で三九（昭和十四）年に発足させる祝典行事の内容について協議し、次の六つの行事を中心として実施することをきめた。

1　橿原神宮境域並ニ畝傍山東北陵参道の拡張整備。

2　宮崎神宮境域の拡張整備。

3　神武天皇聖蹟の調査保存顕彰。

4　御陵参拝道路の改良。

5　国史館の建設。

6　日本文化大観の編さん出版。

このほか、各省庁団体を勧奨して献木・紀念植樹・記年造林・記念郵便切手発行・正倉院御物特別展覧・奉祝美術展・特別観艦式（十月十一日横浜沖にて）などを計画した。

「紀元二千六百年」の正月の三か日間、橿原神宮（神武天皇と皇后を祀る）は一二五万人の参拝者があり、神社創設以来、最高の人出で、前年の参拝者の二〇倍に達したと当時の新聞は伝えている。三越デパートは「皇軍慰問品売り場」を設けて初売りを行なった。同じ月十一日、東京の空は晴天であったが、この日、津田左右吉は東京帝大講師と早大教授の職を右翼からの攻撃によって辞任するに至った。

この年の夏には築地小劇場とよぶ、築地にあった小さな劇場を中心に演劇活動を展開していた新協劇団・新築地劇団の団員百余名が検挙されて、両劇団は解散に至った。この劇場の観客席の後方には警察官の席があり、客席にも緊張感が漂よい、それが心よいインパクトを覚えたことを筆者は記憶している。なお劇団解散後、劇場名を国民新劇場と改称したことを『国史大辞典』の項目で知った。それを覚えていないのは改称名は、通称されることがあまりなかったせいであろうか。

さらに九月には日独伊三国同盟の調印、十月東京のダンスホールの閉鎖をへて十一月十日「神武天皇」即位いらい「紀元二千六百年」の「記念式典」が「宮城外苑二重橋前」で四万九〇一七人が参列して挙行されたのである。翌年の暮には太平洋に戦線は拡大し絶望は深まっていった。なお参加人数は政府の発表によった。この祭典から敗戦に至る五年間は、もっとも神国史観の盛んな狂的展開の季節であった。

こうした時代を背景として企画された記念事業の国史館の造建について「公文類聚第六十三編」によると「昭和十三年（一九三八）十二月二十日文部大臣請議国史館造営委員会官制　閣議決定　裁可三月八日」とあり、この官制の最後の箇所に「制定ノ理由」として、次のように記している。なお、戦争の深刻化にともない、国史館は未完に終わったため、国史館にふれるような建設の具体的プランや論稿を見ることがなかったのでここでやや長文の引用をしておきたい。

「紀元二千六百年祝典準備委員会ノ委嘱ニ依リ、文部省ニ於テ国史館ノ造営スルコトト為リタルニ付テハ、同館ガ我ガ尊厳ナル国体ノ精華ト光輝アル国史ノ成蹟トヲ認識セシメ、国民精神ノ作興ト国民教育ノ振興トニ資スルヲ目的トスル永久的施設ナルニ鑑ミ、之ガ造営ニ関スル重要事項ヲ調査、審議セシムル為、国史館造営委員会ヲ設置セントス」

さらに「国史館造営委員会の会長一人、委員二〇人内」とあり、特別の調査審議の必要のある時は臨時委員を置くことがあると定めている。この委員は一九三九年四月一日の「勅令一〇五号」によると委員は文部事務官・理事官・社会教育官・図書監修官・同官補などから構成したように推測される。

上掲の国史館造営の「理由」を基にしたと思われる『朝日年鑑』（昭和十五年版、朝日新聞社）の「国史館の建設」（五八ページ）とある記事には、次のように記録されている。

「我が尊貴なる国体の精華と我が光輝ある国史の成迹とを認識せしめるため、荘厳鞏固にして後世に誇るに足る建築物を建造し、神祇皇室関係を中心に国史に関する各種の資料、実物を陳列し付属講堂等を設備し、もって国民精神の作興と国史教育の振興に資せんとするもの（中略）建設費三百万円の予定で帝都の中央に建設せんと計画中である。」

以上の引用から「神武天皇」二六〇〇年をもって「一億同胞の心を挙げて肇《ちょうこく》国の昔に立ちかへる佳き日」（『朝日年鑑』・昭和十五年版）を記念して「尊厳」「光輝」「精華」ある国体を認識させ、また国史の資料・実物を陳列して「国史教育」と「国民精神と国史教育」の「作興」「振興」に当てようとした。つまり、歴史という学問を教育を通して国体を認識させ、国民精神の作興に寄与する手段としようとしたのである。

紀元二千六百年祭は、太平洋戦争開始の前年で、神道国教主義とする大日本帝国の教義を確立するための無気味な一大イベントであった。

この年十一月九日内務省の神社局を神祇院に昇格させて政府中央の官庁とし、天皇の絶体主義体制を補強していったのである（この祭典から敗戦までが、狂化した皇国史観の最盛期であった）。

2　二千六百年祭の地方的展開

この二六〇〇年を「紀」として各自治体でも同様な事業が企画された。この事業の中に展示館、自治体史編さんを盛り込む市町村も少なくない。そこで『朝日年鑑』の昭和十五年版と十六年版の記載を照合しながら、歴史に関係のある事業を一瞥しておきたい。

埼玉県　「西南戦後以来の殉国者並ニ本県古來の偉人英雄を祀り、郷土資料を陳列して郷土愛を強調するする記念館」建設

茨城県　「神社誌」の出版

栃木県　「下野文化会館」建設（武道場・博物館・図書館をふくむ）

岩手県　「郷土館」建設

山形県鶴岡市　「市史並に郷土読本の編さん」

山梨県　「明治天皇御巡幸記公刊」

長野県　「郷土博物館の建設」

愛知県　「綜合博物館建設」
岐阜県　「郷土文化調査会設置」
京都府　「府神社誌編纂」
京都市　「市史編纂」（全二五巻）
山口県　「時局博物館建設」（『年鑑』十六年版には「興亜館」とあり名称変更か）
島根県　「神社祭神史料編纂」
鳥取県　「県郷土資料図書目録」の編刊
愛媛県　「市史の編纂」（市名不詳）
香川県　「郷土博物館の建設」
長崎県　「県史編纂」
宮崎県　「上代日向研究所の設立」
延岡市　「郷土史の編纂」

ここに、地方事業のすべてが記載されているのではない。市の自治体史編さん事業が、かなり脱けているし、町村は全欠である。筆者はこの一九四〇年の夏、帰郷（当時学生）のさい、家人から町史編さん委員の方から史料はないかとたずねられたが、ないと応えたという話を聞き、家の中に古い帳面などが長持ちや木箱、たんすなどに詰められていることを知っていたので、どんなことが記されているか、これを取出して読み始めた。読解力はまったくなかったが、近所の古老（明治初年ごろの生まれで、当時六〇代後半の年齢）たちに聞くと、わけもなく教え、解読された。

この古老たちは、格別の学歴があるわけではなく、織物業者や商家であったり、役場や代用教員を勤めたことのある人々で、生活の手段として年配の目上の人たちから教えられて修得していたのである。明治末ごろから大正の初年ごろまで、社会的な学習環境が、生活の周辺に存在していたことが知られる。

なお、この町は、宿場町であったから農業戸数は、きわめて少なかったが、近在の上層農家の古老も読み書きは、自由にできたように思っている。これは近世から当時（昭和戦前まで）の文書の場合であって、それ以前のものではない。中世以前の文書は、まったく残されていないので、これを古老に聞くことはなかったが、おそらく読めたとしても意味は正確にはとれなかったと思ってよいだろう。

この古老たちから、わけもなく

噯（あつかう）、穴賢（あなかしこ）、五十集（いさば）、尓今（いまに）、浦山敷（うらやましく）、挊（かせぐ）、屹度（きっと）、口入（くにゅう）、唀（さばく）、加之（しかのみならず）、刁（とら）、抔（など）、間敷（まじく）、余荷（よない）、

抔々《などなど》の読み方を教えられた。

なお、当時の古老は文字を声を出して読む習慣があり、声を出さない場合には、唇が動き黙読していた。文字は声を出して読むものという慣習は、かなり長い間、あったにちがいない。それは、文字を読む以前に、気の遠くなるほどの遠い昔から知識や情報は口から耳へ、耳から口へと伝えられるものという動かしがたい時代があったから、文字は声で感応したのである。大正のころまでまだ昔話・口伝が村のなかに生きていたと思われるが、祖父母の口伝は孫には伝わらないというより、孫が伝えなくなったのである。情報は史料・文書・記録（新聞・雑誌・印刷物）だけではなかったはずであったが、公教育とともにお家流は遠くなっていった。当時、柳田国男は、民間伝承を学問として定着させていったが、これは郷土にあった史家たちに共鳴された。町史編さんには関係されなかったが、加賀治雄（紫水）は同じ町に土俗趣味社を起し「土の香」を謄写版で、自からガリを切って発刊し、この雑誌に柳田国男・中山太郎・出口米吉・東条操・能田多代子・宮良当壮らが稿を寄せている。おそらく加賀が、原稿を依頼し、原稿料も支払っていなかったと思われる（なお最盛期には全国に会員三〇〇人という。加賀

の「尾張の方言」は一九七五年に図書刊行会から復刊）。

いずれにしろ、加賀のような「土俗趣味」の人たちは、口伝で知っていたり体験したことを伝承し、記録して残すという仕事に生き甲斐を感じていたことが思い出される。

当時の古老たちはお家流の文字を読むことは、日常的にも容易であったから、この古老の一人から「大学生で、これが読めないのか」と叱られたことを強く記憶している。

当代の老人から見れば、大学生が読めないことの意味が、不可解であったのである。半世紀弱の年齢差が学習空間のあり方を変え、さらには歴史継承の断絶を示すものであったことを知らされた。

まもなく、この町の町史編さん委員会の嘱託をうけ、徳川林政史研究所（東京）・鶴舞図書館（名古屋市立）・東洋文庫（東京）などで関係史料の筆写や村方文書などの採訪という下級「下士官」的仕事を受持つに至り、大学の学科も史学科を選んだ。そのことを小学校時代の先生にいったところ、「いい学問を選んだ、国史をやれば精神もよくなり、指導者として将来に役立つ」といわれた。この先生は誠実で温厚な普通の人で、偏狭な方ではなかった。普通の人たちが紀元二六〇〇年のころには、国史は国体を学び敬神崇祖、国民精神作興の「学問」と観じていたことを物語っている。

この編さんに関係して森徳一郎・尾崎久弥・市橋鐸・若山善三郎・片野温・坂谷俊作・（鶴舞図書館館長）・所三男の愛知県史研究に関係する研究者の方々に接する機会を与えられ、ことに主筆者であった森先生に親近したが、「郷土史家」の存在感に圧倒される思いであった。尾崎は江戸軟文学、市橋は江戸俳諧、若山は日本史、さらに記名しなかったが、考古学・植物史・絵画・庭園などの研究者が一体化して名古屋史談会（若山がリーダー）を形成していた。ここに名古屋学の色彩が、濃厚に伝えられていた。狂的とも思われる皇国史観の時代であったが、研究者としては、実証的史観を尊重し着実ではあったが、表面的には皇国史観的な本の序文、あとがきなどで時代に迎合していた。これは当時の緊張した空気に満ちていた時代に生きるための方法として、人によってホンネとタテマエの温度差はあった。きびしくホンネで実践した人は入獄を避けられない時代であったからである。これが二六〇〇年記念事業としての町史編さんの姿勢でもあった。

まず、庄屋文書。農商の経営（私的）文書から書状などに至るまで採訪に専念したが、当時は全文書を目録化するという発想は乏しく、史料少数の場合は必要と思われる史料だけを写し、何々家文書と題して綴じ、表紙を付して一冊の書籍とした。量が多く内容が多岐にわたる場合、こういう家は三軒だけであったが、大まかな分類をした目録を作成、重要と思われる史料は筆耕（二人の方に依頼）して表紙を付して保存、古文書目録（村方文書）を公刊する発想はなかった。なお、この時の写本を現在の学生層の方たちは、古文書を読むのと同じような苦心をされるようである。ここでも文字解読の伝習は跡絶えている。

当時、文書保存を公的機関に託すという発想はこの町ではまったくなかった。なお、当時採訪のさい、小学校や役場に寄付したという家があったが、残されて保存されていた例はない。例外はなく消滅していたからである。執筆者の森徳一郎の展開の仕方は、『名古屋市史』のように「誌」的（沿革編・行政編・司法及警備編・教育編などなど）な記述であったから、森徳一郎は構想の中の編別に従って史料を選別していった。ハガキ大のカードに聞いたことはメモし、このカードも編別し、前後にまとめるという仕法であった。森は日ごろ、県史で（「愛知県史」編さん員として）鍛えられたといっていたが、実証を教えられたのであろうか。しかし構造的な捉え方や、分析的仕法は不得手で、やはり、英雄豪傑史観を出ていなかったが、狂的な皇国史観ではなかった。敬神崇祖は時代の風潮に従ったまでのことにすぎない。多くの郷土史家たちが、偏狭な郷土愛、独善的な見方、さらには中央指向型の人たちが多かったという批判を第二次世界大戦の敗戦とともに受けた。しかし、中央（アカデミズム）から影響をうけることは、研究者として当然のことであり、偏狭と独善のすべてを郷土史家たちだけで背うべきものではない。郷土史家に負の責任を押しつけて巧みに身をかわしていった人たちに問題があったのではなかろうか。

「紀元二六〇〇年」から敬神崇祖史観が、記念事業（自治体史編さん事業・郷土館建設事業）の地方展開にともない急速に戦場の暗雲とともに拡大したように思われる。また、そうした風潮に迎合する歴史系の雑誌も出されたが、なによりも当代の『文藝春秋』『中央公論』『改造』などの総合雑誌のバックナンバーを一覧すれば明瞭であるが、ここでは取りあげない。

私が関係した『起町史』(現愛知県尾西市)の編さん委員会は四三(昭和十八)年九月までは熱心に進められていた。この月の始め委員の方々で一夜、私の海軍「入団壮行会」を催していただいたことを覚えているのを最後に、四六年春ごろまで軍隊という異界に徴発されたため、この委員会の動向を関知していない。

しかし、森の編述した『起町史』二冊と尾崎久弥の編述した交通関係史料集は刊行された。前者上巻は昭和二十九年、下巻は三十年に起町役場から刊行された。『尾西市史資料　起宿交通編』は昭和五十年に「愛知県郷土資料刊行会」から出され、町史とは無関係に出されたようである。中味は戦中に書かれ若干の手入れをして刊行されたようであるが大幅な書き替えはなかったと聞いている。

3　敗戦後の古文書

筆者はかつて『地方史の思想と視点』(「地方史マニュアル一巻」。柏書房、一九七六年九月刊)所収拙稿「敗戦直後の地方史」で次のように述べた(人名の増補と二か所表現を変えた)。

「一九四五年の敗戦を境として、地方史研究の方向はどのようなものとして展開していったかという課題をすすめるためには、まず、敗戦前における郷土史研究の状況から検討してかからねばならない。

典拠は示さないが、戦前の郷土史研究に共通する負の面を指摘した文章は、かなりの数にのぼる。そこで、それを整理すると、

一、偏狭なお国自慢
二、独善的解釈（無方法）
三、敬神崇祖、英雄物語史観
四、縄張り意識（狭いセクショナリズム）

この四項目に、ほぼ集約される。これらの指摘は、戦後の地方史研究において克服されるべきものとして強調されてきた。しかし、この四つは、必ずしも郷土史家だけが背おうべき個有の犯罪性ではない。天壌無窮・万邦無比という偏狭にして独善のお国自慢から、縄張りという学閥を固守し、排他してきたのは郷土史家だけではなく、すぐれて明治いらいの官学アカデミズムに連なる学者たちが生みだしたものである。糺弾さるべき対象は官学アカデミズムの体質にあったのではなかったか。郷土史家たちに責任を転嫁することによって、免罪符を手に入れるか、または共犯者を数多く作りあげて免罪を得ようとしたと解釈してもいいように思われる。郷土史家側の反論のないまま、これまで是認されてきたようである。

戦前における数多くの在野史家たちによるすぐれた研究業績や地方史研究・地方教育運動をあげることも容易である。ことに柳田民俗学を支えてきた無数の郷土史家たちの業績を無視して柳田国男を考えることはできないし、近来の民俗学の目ざましい展開も、戦前の郷土史家たちの業績を無視しては成りたたない。

昭和三十年（一九五五）代ごろまで、地方の第一線で指導的活動をした地方史家の多くは、戦前からの足跡を持つ人々であり、こうした人たちの力によって、戦後の地方史研究の盛行を招いたことを考えれば、戦前・戦後を一貫して発展させたもののあったことは疑いないところである。京都で刊行されていた『経済史研究』（戦後未刊）のバックナンバーを見ると数多くの在野の郷土史家の名前を見出すことができるし、田村栄太郎・三田村鳶魚・一志茂樹・小野武夫・所三男・金沢春友・樋畑雪湖・小林平左衛門・後藤捷一等の在野的研究は、今日もなお高く評価される内容を具えている。戦後の在野・郷土史研究の否定的側面のみを強調するだけでなく肯定的側面の評価も、地方史研究を位置づける上で逸してはならない。」

これに加えるような言葉はあまりない。変えた部分は「三、皇国史観」をとり敬神崇祖・英雄物語史観と変え、「在野の郷土史家」に小野武夫・所三男・金沢春友・森徳一郎を加えたこと、「等の研究は」を「等の在野的研究」に変えて意味を取りやすいように変えただけで、二十数年後の今日、基本的に視角をかえるところはないのである。

金沢春友によると、

「多分昭和十七、八年頃と思う。当時先生（小野武夫）は本件（近世庶民史料調査）に対して、堅い決意もあったらしく、又筆者（金沢）としても、当地方（福島地方）の旧家に保存されてあった文書類が、障子紙に張られ、渋紙に使われている事実、且つ経師屋に一貫匁金二百円前後で売り払われている事実、これらの事を見、且つ聞いても、実に遺憾千万であると思った。（中略）先生（小野）は最初は同志と語らい、団体組織かで、これが保存事業は成さんと思へたらしいが、この事業たるや、決行する際には全国的な広範囲であり、個人や団体などでは、到底これに要する経費の捻出が容易でない。寧ろこれは、国の事業として、国の予算で行うべきであると確信し、これを文部省当局に訴え、大蔵省より予算の交付を受けて遂行する事に成さんとしたものである。」（金沢春友『八十七年の夢』）

とあり、さらに金沢は一九四三年ごろに旧家所蔵の古文書目録を作製して小野に送り、小野は、この目録のほか陳情書をそえて「昭和二十一、二年頃（中略）先生始め同志数十名の署名を得、文部省に提出、文部省は更に大蔵省に回布して予算化せられん事を要求した」（金沢前掲書）。

これによると小野武夫（昭和前期の日本農村史を代表する学者）は戦中の一九四二〜四三年ごろ、同志と語らい村方史料保存のための団体を結成し、国家事業としようとしたという。湮滅が急速に進んでいることを目の当たりにしたせいであろうが、小野の文部省へ請願も太平洋戦争末期に入っては、国史館が着手されずに終わったことと同様、庶民史料も手のつけようもなかったが、とにかく庶民史料を守る動きがあったことを伝えておきたい。私の関係した町村では、旧村役人の家で史料のないのは、それ以前、史料を図書として売却したのであれば図書としてどこかで生き残ったかもしれないが、故紙として処分され、一部は経師屋の下張りか、個人の家の茶碗や飾り物・ひな人形などの包み紙として消えていった。筆者の家でも故紙として売ったものはなく、ごく一部は障子の下張りと仏具や雛人形の保存の包み用や紙が柔かいために包み紙とされていたり、江戸時代の文書を裏書や包紙用として使用したりしていた。それを知って、あらゆる家蔵の什器の保存紙を点検して元の姿に生きるように直した文書も少なくなかった。明治か大正のころに故紙として売却した家が多かったように思う。村のあり方が変わり村文書の引継の必要少なくなったからであろう。また庶民の歴史は「豚に歴史がないように」(平泉澄の言葉)「百姓に歴史がないと」思われていた時代が、長く続き、国史は敬神崇祖・天皇神格化の精神的道徳教材とされ、これは少なくとも教育の面ではそうであったが、学問の世界では必ずしもそうではなかった。真摯に史料に実証的科学として取りくんでいる方たち(多くは本庄栄次郎門下の経済史の方たちの著述や、史料編さん所の多くの先生方)から、直接、教室で教えられた。

小野武夫の戦前からの活動が、戦後四七年に文部省の人文科学研究課長の肝煎で小野・渋沢敬三・辻善之助・渡辺世祐らの参集を求め「如何にして散逸しつつある史料を防ぐべきかについて討議された」(『近世庶民史料所在目録』第一輯野村兼太郎の序文)。その翌年、四八年に「学術研究会議」(後の日本学術会議)に特別委員会が設置され、その構成は次のようである。しかし、これだけ多くの人材を整えて史料保存の対策をたてたのは、明治いらい初めての事であろう。その構成は次の通りである。

委員長　小野武夫・副委員長　野村兼太郎・幹事　所　三男、鳥羽正雄、犬丸秀雄

第一科会(北海道・東北地方の調査研究)

科会長　有賀喜左衛門・幹事　高倉新一郎、中田易直

1北海道地方の調査　委員　高倉、鈴木栄太郎
2東北地方の調査　委員　有賀、中村吉治・古田良一、豊田武、藤田五郎
第二科会（関東・中部地方の調査）
科会長　羽原又吉・幹事　所、荻野博
1関東地方の調査　委員　野村、小野、羽原、伊木寿一、伊東多三郎
2中部地方の調査　委員　所、森末義彰、児玉幸多、古島敏雄
第三科会（近畿・中四国・九州地方の調査）
科会長　渡辺・幹事　宝月圭吾、鳥羽、杉原荘介
1近畿地方の調査　委員　宝月、藤直幹、宇野脩平
2中四国の調査　委員　渡辺、魚澄惣五郎、入交好脩
3九州地方の調査　委員　鳥羽、森克己、金田平一郎、沼田次郎、小西四郎

（『近世庶民史料所在目録』第三輯）

私は敗戦によって故郷に戻ってから、東京に行き何人かの方々に無事「復員」したことを報告に参上したさい、所三男・伊東三郎の両先生から「文部省学術資料地方調査員」（当初はそうした肩書はなかった。後にこの肩書を許されてから、調査は順調に進み〝文部省〟なる名称が、それほど「偉」なる存在であったことを知った）。それから一年半あまりの間、私はこの肩書で愛知県内尾張部を中心として採訪に廻ったが「近世庶民史料調査書」を提出したのは、ちょうど五〇軒であったことは丸善で刊行した目録によって知ったが、これは史料が多少にかかわらず在った家だけであるから、史料のない、または拝見できなかったお家をふくめると参上した家数は、その倍をこすと思われる。

この採訪経験で今まで図書館の本か、村方文書以外に知るところが少なかった私に、広大な史料群に眼を開か

せていただいたばかりでなく採訪にさいし応対の仕方、史料（所蔵者史料ではわからないので、書きつけのような、古い紙に書かれた資料などと表現した）の説明の仕方など、無駄なく効率的に文書所在の家を訪ねるために時によって親戚の紹介、さらにはそれに拘わる人脈関係から史料の残っていそうな家を紹介してもらう手を踏んだ。まったく手がかりを得られない場合は役場に行き、そこで旧家をお聞きすることも効果的で、たいていの場合、その旧家の方か、または縁につらなる方が役場に勤めている場合が多かった（ここでは文部省の肩書はことに効果的であったことを五〇年を過ぎた今でも覚えている）。訪問した家で史料を売却するか寄付したいという家があった場合は所三男を通じて中田易直氏に連絡し、いくつかの文書群を国立史料館（現名称）に入れたこともあった。支給される手当はまったく乏しく、自分の生活を支える資とはならなかったが、故郷は空襲にも会わず、ガチャ万景気でもあったので、この短期間の間に近世の地方文書や農家の地主文書・宿駅の文書から家の日常、非日常の生活史料や商家文書などに接する事が多かった。ただ心残りは大量の史料の場合は概略を記したのみで目録を作ることはなかったことである。そうでなければ五〇軒という家文書の報告は一年あまりではできなかった。

「郷土史家」、当時こういう用語は負のタームであったが、地方史研究者という用語が短期間に一般化し、郷土史家の時代から地方史家の時代に変わったといわれるほど戦後の一時期は「地方史」という言葉は輝いていた。

一九五〇（昭和二十五）年五月二十七日歴史学研究会の総会の議題に「地方史に関する会議」が次の議題のもとに進められた。

1　研究の方法
2　史料の保存蒐集
3　研究の組織

が討論され、地方史研究団体をもって協議会を設ける方向でまとまり、「地方史研究連絡協議会」は十一月十日、東大において発足大会を行なった。一九九九年は五〇年目に当たる。

さて、地方史研究連絡協議会（会結成後、連絡の二字をとる）の結成が、庶民史料調査の結果をうけて促進され、この学会結成については在京の社会経済史学会・土地制度史学会・農業経済学会・歴史学研究会・民科歴史部会の各世話人の糾合のもとに、「新時代」に対応して各郷土史団体の参加を得て結成された。

ここに問題の一つとして指摘しておいていいことは、この「近世庶民史料調査委員会」を表面には出さなかったが、積極的に「地方史研究協議会」の育成に当たったのは、当時の森戸辰男文相が官僚の表に出ることを極力抑制するという配慮によるところがあったと仄聞していることである。民主的学術制確立への支援的配慮であった。別の見方からすれば、敗戦直後という情報交換や交通不便の情況の中ではやむをえなかったことであるが、郷土を背景とする史家たちの下からの運動の中から生まれてきたものではなく「有能で明敏」な官僚やアカデミズムの研究者たちが、表面に目立つことなく、この学会を育成し民主主義的研究体制を作り上げたことである。

述べたことからも理解されるように、協議会と調査会は事実上は密接な関係で生まれたにも恂らず、そうしたことを表面化せず、あくまで在地の声を背景として地方史研究協議会が結成されていった。その後、同会が史料保存運動の主張を一貫して唱えてきたことは周知の通りであるが、その背景からも当然のことであった。

ここでいう「史料」の多くは、村方文書、村方や町方（庄屋、本陣、問屋、町年寄、地主、網元、商家などの）文書や私文書であり、近現代の官庁文書は視野には入れていなかった（少なくとも筆者に関しては）。保存運動に弾みをつけ、やがて展開する旧帝国大学を史料（資料）センターとする案が日本学術会議に上提通過した事への反対運動が全国的に展開、これに成功して撤回に至ったこと、さらには文書館法の制定をみたことは地方史の運動のいちおうの成果ではあるが、上述のように筆者らの念頭にあった文書は庶民文書であったが、文書館の多くは「官公庁」の公文書の保存を一義とし官僚部門・官僚体制の強化にむけられ、「民」史料の保護、「民」の歴史の尊重に向けられていないように感じられる文書館も存在し、釈然としない印象を捨て切れない。

戦後、間もないころから一九五〇年代にかけて「学術文献普及会」のもとで「近世史料抄影」（古文書学習テキスト)が刊行され、近世文書を読解する層と地方史を研究する底辺を拡大していった。この抄影が出なくなった一九六五年ごろ、教材の不便を感じた筆者は売れない本と予測した上で『近世古文書演習』(柏書房)の刊行を依頼したところ予想をこす販売量で、地方《ちかた》史料を読解する人々の拡大の認識を新たにしたことを記憶している。

さらに数年後、同じ書房の社長から古文書解読のための辞典を作ってほしいとの話があったが、辞(字)の読めない方にひいていただく辞典はできないと断ったが、たっての依頼であったので、読むための辞典として『近世古文書解読辞典』を刊行したところ、これも今日までなお同社の代表的ベストセラーとして続いている。他社でも同種の本が瀕出しているが、新しい工夫がなく亜流以上のものが刊行されないのは残念である。この二つの事実から、地域の歴史への関心が国民的規模で高まっていることを痛感せざるを得ない。

ところが、多くの市町村の段階では郷土資料館建設までが財政的限界(九九年現在)で、公文書館まで手は伸びていない。もしあったとしても、こういう時に村のA家の古文書は文書館に、書画・骨董は美術館に、生活道具(民具)は郷土資料館にという分け方は正しい分類とは思えないのである。しかも支配者側の「公文書」だけを大事に保存し、民の生き様を示す史料が、軽視されたりしては後世に大きなしこりを残すことはまちがいない。

史料保存問題のいちばん大事なことは、今、生きている一人一人が自分の記録(家計簿・日記・メモ・来信・履歴書など書類等々から衣食住に至る史資料など)をどう伝えるかということと、どのように記録保存し、誰がそれをうけつぐかということにつきるように思われる。史料保存に関心をもつ方の第一歩は自分の史資料を誰がどのように伝えるか、から最初の一歩が始まるのである。なお筆者はそれを人に語りうるほどの自己の史資料の保存継承の手だてを語る自信を持たないことをつけ加えておきたい。だから史資料保存は大量消費の現代を考えることから始めなければならない。その起点から過去を遡及すべきではなかろうか。

二―(2) 文化財の保存運動――文化財保護制度の変遷を通して

湯山　賢一

はじめに

文化財を文化の遺産としてとらえるならば、それは少なくとも文化の持つ個別性に基づくものであり、今日いわれているところの客観性や所謂平等性とは相容れない歴史的性格を有するもの、ということができる。文化財をこうした文化の結実として考えるならば、それらは多くの場合、文化を生み出した人々の立場を反映した遺産として定義づけることが可能である。換言すれば、前近代の文化財とは、身分＝身分制社会のなせる遺品で、上は天皇から下は職人に至るまで、身分そのものの反映といえよう。こうした文化財を現代の人々が保存していくためには、文化財のもつ意義やその保存の重要性について、別隔なく広く国民共通の財産としての理解を提供する努力が、それぞれの立場から必要となってくる。

さて、文化財の保存運動というと、多くの人々は、昭和三十年代以降におけるわが国の高度経済成長下の埋蔵文化財をめぐる所謂文化財保存運動を想起されることであろう。昭和三十七年（一九六二）に平城宮跡の一角に私鉄の車庫を造成することに端を発した平城宮跡保存運動が、その後、全国の遺跡保存運動に与えた影響は多大なものがあり、この方面での出来事は枚挙にいとまがないものがあるが、ここでは、一般に歴史史料としてとらえられている有形文化財、とくに古文書・古記録などの文献史料を中心にした、文化財の指定保存の歴史と現状、課題といったことについてふれてみることにする。埋蔵文化財をめぐって保存のための多様な努力や調整が図られていたこの時代は、一方で、わが国に伝存した古文書・古記録類の過半を占める近世文書が所在する農村に大きな変化をもたらした。とくに、古文書類の散佚などの点からみれば、その影響は農地解放をはるかにしのぐものがあったといってよい。このような状況の下で、昭和四十四年(一九六九)十一月、日本学術会議は、こうした古文書・記録類の保存のため、「歴史資料保存法の制定について」という勧告を政府に行なっている。この勧告は、歴史資料保存法と現行の文化財保護法との関係についてふれながら、「文化財保護法は歴史資料の中心たる古文書・記録類を保存する様には作られていない」点を指適している。こうした勧告が昭和六十二年(一九八七)の公文書館法の成立に結びつくのであるが、それはさておき、現行の文化財保護法が、多数の関係文化財の中から学術的価値の高いものに焦点を当てた、所謂選択保存の手続をとり、歴史資料全体の保存という性格を持ち合わせていないことは事実である。こうした側面をもつ文化財保護法の性質を考えるためには、明治維新以降、わが国が近代国家となってからの国家行政による文化財保存制度の変遷をみる必要がある。なぜならば、これらの諸施策が収斂されたのが現行の文化財保護法だからである。

1　文化財保護制度の歩み

わが国の文化財は、明治以前においては、かなりの部分が寺社を中核とした信仰対象として、伝統的に大切に保存されてきた。こうした「文化財」を、美術や建築などの学問対象としてとらえるようになる契機は、明治維新後に起きた廃仏棄釈運動である。明治政府による神仏分離政策は、全国各地で数多の仏教文化財を中心とした破壊をもたらした。

「古器旧物保存方」の太政官布告

かかる歴史的伝統的なものに対する破壊風潮の行過ぎを憂慮した政府は、明治四年（一八七一）、大学による西洋各国にある歴史や制度文物の考証のための「集古館」と同様の施設の必要を説いた献言を受け、

古器旧物ノ類ハ、古今時勢之変遷、制度・風俗ノ沿革ヲ考証シ候為メ、其裨益不レ少候処、自然厭レ旧競レ新候流弊ヨリ、追々遺失毀壊ニ及候テハ、実ニ可二愛惜一事ニ候条、各地方ニ於テ、歴世蔵貯致居候古器旧物類、別紙品目之通、細大ヲ不レ論、厚保全可レ致事、

但、品目並ニ所蔵人名委詳記載シ、其官庁ヨリ可二差出一事、

（中略）

右品物ハ、上ハ神代ヨリ近世ニ至ル迄、和名舶齎ニ不レ拘、

との太政官布告を発し、「祭器」「古玉宝石」以下「化石」に至る三一項目を掲げ、所管官庁を通した品物と所蔵者リストの提出を命じた。これが、わが国が近代国家となっての初めての文化財保護施策となったものである。しかし、ここには古文書史料という概念はなく、「古書画」「古書籍並古経文」「扁額」などの項目の中に、名物的な書跡遺品としてとらえられていたに過ぎない。

帝室博物館の成立

近代における文化財保存の歴史の中で、帝室博物館（現国立三博物館）の存在を抜きにして語ることはできない。前近代において各寺社や公家・大名・商家などの宝蔵に収められていた文化財が、維新後の変革の過程で巷間に流失したこの時代、帝室博物館がこうした文化財の蒐集・保管や公開研究に果たした足跡は少なくないものがあり、それらを含めた評価は今後の研究にまちたい。

明治新政府は、勧業・貿易の促進政策の一環として、当時欧州で盛んであった万国博覧会への積極的な参加を図った。このため、明治四年十月、わが国最初の博覧会が京都西本願寺書院を会場に、新古の文物を陳列する形式で開催され、翌五年三月には、東京の湯島大成殿を会場に文部省博物局による博覧会が開かれた。この博覧会

は、オーストリアのウィーン万国博への参加を考慮したものであったが、同時に「古器旧物ニ至テハ、時勢ノ推遷、制度ノ沿革ヲ追徴ス可キ要物ナルニ因リ、嚮者御布告ノ意ニ原《モトヅ》キ、之ヲ羅列シテ、世人ノ放観ニ供セント欲ス」（同年二月十四日文部省布達）と、古器旧物の蒐集、公開を意図したものであり、湯島会場では皇室御物についで、倭奴国王印や豊臣秀吉文書、平頼盛筆紺紙金泥経などが出陳されている。こうした公開活動の中心となったのが博物局長の町田久成である。そして、これを契機に博物館設置の構想が出され、東京上野公園の地に、明治十年第一回内国勧業博覧会の美術館が建てられ、同十四年の第二回博覧会の時に現在の東京国立博物館の地にコンドル設計の本館が建設され、今の国立博物館の原型が作られたのである。博物館はその後、内務省・農商務省所管から明治二十一年宮内省図書寮附属博物館を経て、同二十二年の帝室博物館への改組により、併せて京都帝室博物館・奈良帝室博物館の設置をみるに至る。この帝室博物館の成立に重要な役割を果したのが九鬼隆一である。九鬼は博物館構想に並行して、その基礎となる寺社宝物の調査に着手するが、ここにわが国の博物館が古美術品を対象とした「文化財」保存を主目的とする機関としての明確な位置付けがなされたのである。

臨時全国宝物取調局の設置

明治二十一年（一八八八）九月、九鬼を委員長とする臨時全国宝物取調局が宮内省に設置され、川田剛・岡倉覚三・重野安繹らによって、わが国初の全国的な「文化財」調査が行なわれた。

しかし、この調査は「宝物取調」の名称のごとく、美術的価値の高いものを対象としたもので、とくに九鬼や岡倉らの調査はその傾向が顕著であった。明治二十一年の京都・奈良調査では、「京阪地方古美術取調員一行中に一人の歴史家なきは大手落」（「時事新聞」八月十六日付）との批判がでたほどで、文献史料保存の面からみれば、むしろ九鬼一行とは別に古器物古書の調査を行なった重野らの働きのほうが大きいものがある。

この調査は、明治三十年の古社寺保存法制定まで八年間にわたって行なわれ、およそ二一万五千余件の宝物類が調査鑑定された。この調査対象となった物件が、後の古社寺保存法によるわが国の文化財の指定保存の嚆矢となったことはいうまでもなく、こうした九鬼らの足跡は現在も各地に遺る宝物鑑査状によって知ることができる。

この宮内省による宝物調査に並行して、内務省による特定社寺の維持管理のための保存金交付制度(明治二十七年度までに全国五三九の社寺を対象に一二万一〇〇〇円を交付)が設けられ、現在の国庫補助事業による文化財修理事業の出発点となったのも、この時である。

古社寺保存法　こうした宮内省・内務省の二本立て行政を、内務省(後、大正二年以降は文部省)に一本化して、明治三十年(一八九七)六月「古社寺保存法」が公布された。古社寺保存法はその名称の通り対象を、わが国文化財の大半を占め、かつその保存に緊急性のあった社寺所有の建造物、宝物類に限定して、保存金の下付制度、国宝とみなす制度の法制化を図ったもので、昭和三年まで、国宝、美術工芸品三七〇五件、建造物八四五件を計上した。指定にあたっての基本理念は「古社寺保存法施行細則」に、

第六条　国宝ハ分ツテ左ノ三種トス、但シ神社ノ祭神、若ハ寺ノ本尊ハ此ノ限ニ在ラス、

甲種　製作ノ優秀ナルモノ

乙種　由緒ノ特殊ナルモノ、

丙種　歴史ノ証徴トナルモノ、

甲種ハ製作優秀ノ程度ニ依リ、一等乃至四等ノ四等ニ分ツ、

とあるように、美術工芸品を選別、選択保存するという考え方に立脚したものであった。

この法律による第一回(明治三十年十二月)の「指定」(国宝とみなす)となったものは、東大寺の盧舎那仏坐像や法隆寺の百済観音、王蟲厨子などの巷間に知られた名品ばかりで、「歴史ノ証徴」としての古文書関係では、弘法大師請来目録・弘法大師尺牘(風信帖)・弘法大師遺告(教王護国寺)、伝教大師請来目録(延暦寺)、伝教大師度縁案並僧綱牒(来迎院)、越中国官倉納穀交替記残巻(石山寺)などである(以上のうち、弘法大師遺告を除き現国宝指定)。

いずれもが京畿の社寺の開基や草創縁起に関わるものを中心に指定が行なわれていたことがわかり、これが臨時宝物取調局による調査の成果に基づいたものであることが知られる。

また古社寺保存法では、

第七条　社寺ハ内務大臣ノ命ニ依リ、官立又ハ公立ノ博物館ニ国宝ヲ出陳スルノ義務アルモノトス、但シ、
祭典法用ニ必要ナルモノハ、此ノ限ニ在ラス、

第八条　前条ニ依リ国宝ヲ出陳シタル社寺ニハ、命令ニ定メタル標準ニ従ヒ、国庫ヨリ補給金ヲ支給スルモノトス、

第九条　神職・住職其ノ他ノ監守者ニシテ、内務大臣ノ命ニ違背シ、国宝ヲ出陳セサルトキハ、内務大臣ハ、
其ノ出陳ヲ強要スルコトヲ得、

のように、内務大臣の強い権限によって、国宝を博物館へ出品させることを想定している点に特徴があり、この条項は博物館による文化財の公開活用に大きな意味をもったのである。たとえば、東京帝室博物館では明治三十三年に内務省の出陳命令により一八件の国宝の出陳を受けたが、この中には古文書として定額寺官符(円覚寺)の名がみえている。ちなみに、帝室博物館への公開出陳に対する補給金(月割)は、甲種一等が五〇円〜三五円、同二等が三五円〜二五円、同三等が二〇円〜一〇円、同四等が一〇円〜二円、乙種が二〇円〜二円、丙種が六円〜二円であった。

古社寺保存法と京都帝室博物館

明治三十年(一八九七)に開館を迎えるに至った京都帝室博物館の場合は、京都府を通じて各郡区役所・市町村役場に対し、管内社寺の宝物の寄託を誘導するとともに、修理費用の負担や分配金などの保護対策方の説明会を開くなどして、積極的に出品を促す方法をとった。また館員を京都・滋賀に派遣して文化財調査を行なう外、個人での出陳を望む者について鑑査の道を開いている。

ここでおもしろい話がある。明治二十八年に公布された「社寺什宝受託規則」の第三条に「帝国京都奈良博物館ニ於

テ、収入スル通券料ノ内、通券制造費及通券売下手数料ヲ除キ、其他ハ悉皆什宝ヲ寄託シタル社寺へ分与スベシ」とある受託分与金の交付について、京都の某寺が実利を考慮して分配の基となる入館者数の多い東京のほうへの寄託を申し出たことがあった。これは社寺の文化財保存のために造られた施設である京都・奈良の両館にとっては大きな問題で、これが「外社寺へ相聞へ候ハヽ、勢ヒ両館ニハ寄託セスシテ、総テ貴館へ寄託願出候ニモ立至リ可ㇾ申歟ニ付、当府下及奈良県下之分ハ、社寺ヨリ懇請候共、奈良・京都両館之内へ寄託候様御指示シ相成度」と、京博側はさっそくに嘆願を行なった。これに答えて東京は、そのような意図はなく、寺に対しても「当館ニ於テハ、未タ社寺什宝受託ニ関スル例規無ㇾ之ニ付、寄託品ニ対シ、入場料分配之儀ハ難ㇾ被ㇾ行」と断ったことにより、案外な解決をみたというのである。

社寺分与金については京都と奈良でも額に差があったが、地域的な縄張により問題となることはなかったという。この逸話は帝室三館の性格の差を如実に示すもので、現代にも示唆する所が少くないが、ともかくこうした努力によって、開館時には一八九社寺から一〇六〇点の文化財を受入れている。さらに、明治三十一年四月から五月にかけて行なわれた最初の特別展である「豊臣時代品展」では、出品目録の外に、古文書の謄写本（翻刻）九冊、臨模本三冊を作成している。古文書保存の面からみると、このような作業が古文書のもつ価値を人々に知らせることに役立っていることもあながち否定できまい。

国宝保存法

その対象を文化財の過半を有する社寺においた古社寺保存法の限界を拡げ、個人や国・地方公共団体などの所有する文化財の保存までを対象に行なわれた指定制度が、昭和四年（一九二九）公布の国宝保存法である。正確にはこの法律によって、初めて宝物・建造物を問わず国宝に指定するという指定制度が確立し、国宝の輸出、移出、社寺所有の国宝の処分及び現状変更の規制制度（主務大臣たる文部大臣の許可）が設けられ、公開の義務及びそれにともなう補助金の交付、国宝の管理及び維持修理に対する国庫補助制度など、旧古社寺保存法を引き継いでの整備がなされた。

国宝保存法による書跡関係の最初の指定物件には、旧華族家伝来になる御堂関白記・後二条殿記・熊野懐紙など（近衛家）、仁和寺御室御物実録・日本書紀・土佐日記など（前田家）や、日本書紀巻第十残巻（田中家）、金剛場陀羅尼経（小川家）などの個人コレクションの優品（いずれも現国宝）がみえ、この法律の性格をよく示している。同法による指定は文化財保護法施行までの二一年間に、美術工芸品五八二四件、建造物一一〇九件の計六九三三件を数えた。同法及び古社寺保存法による指定は、昭和二十五年（一九五〇）八月二十九日の文化財保護法施行段階で、すべて重要文化財として現在に引き継がれたが、一般には現行の国宝と区別して、これらを「旧国宝」と呼ぶことも行なわれている。

重要美術品等ノ保存ニ関スル法律

大正十年（一九二一）吉備大臣入唐絵詞（現ボストン美術館）が米国へ渡ったのに続き、昭和の金融恐慌により貴重な文化財が欧米へ流失する状況が生じた。これに対し、新たに国宝に準ずるものとしての重要美術品の認定と輸出の規制を目的に、昭和八年（一九三三）に公布されたのが「重要美術品ノ保存ニ関スル法律」である。一般に重美と略称されるこの制度は、昭和二十四年までの一六年間で、美術工芸品七九八三件、建造物二九九件の計八二八二件を認定している。ここでは書跡部門が、文書・典籍・書蹟に正確に分類されていることも特筆されるが、その三分の二を占める天皇宸翰が、全体認定件数の一割以上のおよそ九〇〇件を数える点は、その目的のひとつが、宸翰の流失防止にあったことを示している。

重要美術品の認定は、順次国宝に指定していく建前であったが、文化財の海外流失の防止という趣旨から、短期集中的に行なうことを意図したため、国宝保存法の指定とは異なり、写真審査を基本にするなど、やや厳密さを欠く面もあったようで、学術的にもばらつきのあるものが含まれている点は否定できない。そのため、文化財保護法下においても、重要文化財への格上げはその一部が行なわれたにすぎず、所在確認のできない物件もあるなど整理が完了しないとの理由で、法律は廃止されても、当分の間効力を有する（輸出の禁止）ものとされて現在に至っている。

史蹟名勝天然紀念物保存法と未指定遺跡の調査等に関する制度

わが国の近代化は、有形文化財のみならず自然・歴史的景観の変貌という著しい変化をもたらした。明治四十四年（一九一一）三月、貴族院議員徳川宗倫らは「史蹟名勝天然紀念物保存ニ関スル建議案」を同院に提出し可決された。現代にも相通じる状況を憂慮したその文面は、

> 輓近国勢ノ発展ニ伴ヒ、土地ノ開拓、道路ノ新設、鉄道ノ開通、市区の改正、工場ノ設置、水力ノ利用、其ノ他百般ノ人為的原因ニヨリテ、直接或ハ間接ニ破壊湮滅ヲ招クモノ、日ニ其数ヲ加フルニ至レリ

というもので、これが大正八年四月公布の「史蹟名勝天然紀念物保存法」へと結実する。同法は指定（内務大臣、後には文部大臣）、仮指定（地方長官）、現状変更（地方長官の許可）を骨格としたもので、土地の買上げ、修理・整備など、現行の文化財保護法とほぼ同様の旋策をもち、保護法までに史蹟六〇三件、名勝二〇六件、天然紀念物七八一件の計一五九〇件の指定が行なわれている。

また、未指定遺蹟の保護及び考古遺物の取扱いについては、明治七年（一八七四）五月二日付の太政官達第五九号の「古墳発見ノ節届出方」以来、関係機関による数度の通達がなされた。その内容は明治十三年十一月十五日宮内省達乙第三号「人民私有地内古墳等発見ノ節届出方」に、

> 上世以来、御陵墓ノ所在未定ノ分、即今取調中ニ付云々ノ件、去ル七年五月（太政官達）第五十九号ヲ以テ、公達ノ趣有」之、就テハ、古墳ト相見候地ハ人民私有地タリトモ、猥ニ発掘不」致筈ニ候ヘトモ、自然風雨等ノ為メ石槨・土器等露出シ、又ハ開墾中不」図古墳ニ掘当リ候様ノ次第有之候ハヽ、口碑・流伝ノ有無ニ不」拘、凡テ詳細ナル絵図面ヲ製シ、其地名並近傍ノ字等ヲモ取調、当省ヘ可二申出一、此旨相達候事、

とあるように、その基本はまず陵墓の査定を第一に考えられた性格のものであった。また、出土品の取扱いは、明治三十二年（一八九九）の内務省訓令により、古墳関係品や学術技芸は宮内省、石器時代遺物は東京帝国大学の

管轄としたため、統一性を欠くものがあったが、現在の東京国立博物館の考古資料リストなどによって、その歴史的経緯を知ることができる。

2 文化財保護法と古文書の保存

文化財保護法とその問題点

このようにして現代に至ったわが国の文化財保護制度は、建造物や記念物を中心とした欧州の制度とは異なり、近世の寺請制度にみられる公権力による保護が失われた維新後、寺社の宝物の散佚を防止するため国が緊急に調査し、その中の優品を選び指定保存を図るという制度であった。また、これと並行してこれら文化財を収蔵保存し、公開する施設としての帝室博物館が造られたのである。こうした歴史的経緯は、西洋が絵画・彫刻や家具調度などを建築と一体として把え保存したのに対し、文化財自体を、これを伝えた歴史的空間から切り離して保存するという、「博物館行き」の言葉に代表される、本来のもののあるべき姿から遊離した、きわめて日本的特色をもつ保存形態を醸成したのであった。

昭和二十年（一九四五）の敗戦とそれに続く社会経済の混乱は、従来の文化財をとりまく環境を激変させた。そして、昭和二十四年一月二十六日に起きた法隆寺金堂の火災を契機に、議員立法によって現行文化財保護法が翌年五月制定されたことは周知の通りである。現在では広く国民に知られた「文化財」という言葉は、英語の「カルチュラル・プロパティーズ」（Cultural Properties）の訳で、ユネスコ第五回総会（一九五〇）でイタリア政府から出された「武力紛争時の文化財保護の国際条約案」には、この言葉が使われている。これは一九〇七年のハーグ条約にみえる「歴史的記念物、美的・学問的財産」を継承したもので、一九五四年ハーグで成立した「武力紛争の際の文化財保護のための条約」によって定義付が行なわれている。わが国の文化財保護法は、これに、名勝・天然記念物のほか、新たに「無形文化財」という概念を取入れたもっとも総合的な法律として成立したもので、これを施行するため、文化財保護委員会（現文化庁）が文部省の外局として設置されたのである。現在の人間国宝（重要無形文化財保持者）という通称で知られる伝統技術の保存制度などは、当時、世界的にも先行するもので、他国の参考となる点も少なくなく、韓国などの保護法に与えた影響は大きいものがある。ただ、「文化財」という言葉は単に訳語として用いられたのではなく、元東京国立文化財研究所長関野克の「国家総動員法下でよく使われた生産財という物質的な言葉に対して、精神文化的な意味で文化財という言葉が生まれた（『文化財保護の実務』）という話は、戦前すでに文化遺産＝文化財という概念があって、これが基本にカルチュラル・プロパティーズが用いられたことを伝えて貴重な証言といえよう。

文化財保護法は制定以来すでに半世紀を迎えたが、この間、社会状況の変化に応じて、三回にわたる大きな改正が行なわれている。昭和二十九年（一九五四）の第一回の改正では、埋蔵文化財調査の事前届出や無形文化財・民俗文化財の指定制度などの手直しがなされた。第二回、昭和五十年（一九七五）の改正では、開発に対応する埋蔵文化財の保護の強化に併わせ、新たに伝統的建造群の保存などが図られている。とくに伝統的建造物群の保存は、文化財を切離して保存するのではなく、現代の生活空間の中で新しいものと対等の調和を図りつつ保存するという、従来の文化財保存とは性格を異にする新しい発想によるもので、保護法史上画期的なものであった。まさに、点から面への拡大が行なわれるようになったのである。近年の平成八年六月の第三回の改正では、従来の指定制度を補完するものとしての登録文化財制度が導入された。この制度は、現代の生活に密着した形で今に残る近代の文化財などの保存を促進するために考えられたもので、国指定や地方公共団体の指定が及んでいない文化財を登録することにより、文化財所有者の自主性を尊重し、緩やかな保護措置を講ずるものとして、近年とくに緊急性の高い建造物の分野において導入された。

この登録制度は、近代の歴史資料や民俗文化財などの分野については、今後、関連学会との連携や必要に応じた全国調査などを踏まえ検討することとされている。古文書史料の指定保存が、近世文書群の一部にしか及んでいない現状を考えると、いずれ近世・近代文書の登録制度は当然視野に入れた検討がなされるべきものと思われるが、その場合は重要美術品の二の舞にならぬよう、とくに修理保存などに対するいっそうの配慮が必要となろう。また、地方公共団体における条例設置などの保護体制の充実を踏まえ、権限委任事務を指定都市及び中核市の教育委員会に委任することとして、より地域の実情に即した保護体制の充実化と同時に、指定文化財のいっそうの公開活用の促進化のための事務処理の簡素化が図られている。広く国民共有の財産である文化財に親しむ機会の充実は当然のことであるが、公開活用をあまりにも重要視する近年の姿勢には疑問を呈さざるを得ない面がある。

文化財保護の基本は、あくまでも民族の遺産を後世に守り伝えるということが第一である。周知のように、わが国の文化財のかなりの部分を占める絹や紙を素材として作られている絵画・書跡などは、長期間の公開に耐えられる性質のものではない。公開活用の促進にあたっては、その前提として、関係機関による公開・修理歴などの保存管理上の情報の組織化、共有化があって、初めて保存を踏まえた公開活用が可能となるのであり、文化財の質に応じたきめ細かい配慮が必要である。従来は私有財産ゆえに厳重に管理されていた文化財が、公共の所有となったがために逆に疲労するようなことは、決して望ましいことではない。この二〇世紀後半の時代のように、特定の文化財が公開活用の大義名分の下に酷使される状況は、後世の批判を招くことは必至である。

表1　有形文化財（除建造物）指定一覧表

部　門	国宝	重文	小計
書跡・典籍	224	1599	1823
古文書	54	634	688
絵画	154	1749	1903
彫刻	122	2442	2564
工芸品	252	2109	2361
考古資料	39	476	515
歴史史料		102	102
総計	845	9111	9956

（平成11年6月7日現在）

文化財としての古文書の保存

すでに前章でふれたように、古社寺保存法下における指定の対象が、まず京都・奈良を中心とした畿内に滋賀を加えた文化財の集中地域を想定して始まったため、古文書関係の場合も当初は指定対象地域にかなりのばらつきがみられる。畿内方面では、古文書が広隆寺縁起資財帳（明治三十二年指定広隆寺、現国宝）など七五件。古記録は賢俊日記（明治三十五年、三宝院）など一二件。古絵図は高山寺絵図（明治三十七年、神護寺）など一四件を数える。これ以外の地域では、古文書が厳島神社の御判物帖（明治三十二年）以下、狸毛筆奉献表（大正十一年、醍醐寺、現国宝）に至る三一件。古記録は鶴岡社務記録（明治三十八年、鶴岡八幡宮）や光明寺残篇（明治三十九年、光明寺）など六件。古絵図は円覚寺境内図（明治三十八年、円覚寺）・称名寺絵図並結界記（明治四十二年、称名寺）など七件で、数字上からみても、およそ全体の三分の二が畿内社寺の所蔵による重書文書類が対象となっていることがわかる。

国宝保存法下では、近衛・前田家などの旧華族（旧公家・大名家）の伝来文書や、写経料紙充帳（昭和十一年、小川家）などの個人所蔵になる正倉院や寺社の流失文書及び三朝宸翰（昭和十六年、前田家、現国宝）などの天皇宸翰文書が指定対象となり、兵範記（昭和九年、陽明文庫）、高家庄絵図（昭和九年、大徳寺）などの古記録類が引続き指定され、その対象は全国的に広がっていった。とくに昭和十五年（一九四〇）紀元二六〇〇年記念事業として、帝国学士院において開始された歴代天皇の宸筆集である『宸翰英華』（昭和十九年十二月刊）の編纂事業は、古文書の指定にも著しい影響を与え、その範囲も幕末の孝明天皇宸翰徽号勅書（昭和十九年、妙心寺）にまで及ぶなど、現指定の天皇宸翰の七割はこの時期の指定になるものである。

これらはほぼ単独の文書が多く、まとまった古文書群の指定では、明治四十一年の高野山宝簡集が古社寺保存法下における唯一のもので、大正から昭和初期までの二五年間には、まとまった文書群の指定は行なわれていない。これは単独で指定すべき古文書の優品が多くあったことや、古文書群のもつ史料上の重要性があまり認識されなかったことなどによるものである。国宝保存法下では、市河文書（昭和十一年、本間美術館）や五条家文書（昭和十三年）など一一件の指定が行なわれているが、およそ百数十通程度のものがほとんどである、その後、石清水八幡宮文書（昭和五十六年）、東大寺百巻文書（昭和三十四年）など千通を越える古文書群の指定が始まるが、本格的な保存は、昭和五十年の保護法改正にともなう文化財指定基準の改正による書跡部門からの古文書部門の独立以降のことである。

文化庁でも、学術会議勧告などをうけ、公文書館法に代表される史料保存運動に対応して、昭和四十七年（一九七二）から近世文書を中心とした古文書緊急調査や歴史史料調査（昭和五十一年）という国庫補助事業による地方公共団体の古文書調査への支援を行なっている。この古文書調査は「わが国の文化史上重要と認められる文化財のうち、まとまって保存されている古文書（古記録・典籍・聖教類を含む）について、散逸、亡失を防ぐためにすみやかにその実態を把握し、保存対策を講じようとするもの」で、その対象を⑴まとまって一ケ所に存在するもの、⑵村落等特定地域にまとまって保存するもの、⑶県下に散在しているが特定の文化事象に関する史料で、包括的に調査することによって高い価値が明らかにされるもの、などとしている。また歴史資料調査は、歴史上重要な人物、事象に関するものを対象としている。

古文書史料の保存が、現地における現物保存を原則とする共通の理解に立つならば、これら文書の保存母体となるべき行政機関は国よりも県、若しくは市町村であり、具体的には文書館や史料館などの史料保存利用機関である。その意味では、毎年十数件程度実施されている補助事業の成果が、県指定等の形で保存の処置に結びついていることは、着実な成果の一つといえよう。また、その中から東寺観智院聖教文書（昭和六十一年）のような国指定も行なわれてきている。

選択保存ではあるが、国による古文書指定も、中世文書を中心とした従来のものから徐々に近世文書へとその比重を移しつつあり、平成九年には彦根藩井伊家文書（二万七八〇〇通）やお水取りで知られる東大寺修二会の関係記録文書の指定が行なわれている。とくに後者は、今に行なわれる法会の継続性を考えて、平安時代後期から昭和二十一年（一九四六）までを一括して指定保存することとしたもので、文化財を現代に生きるものとしてとらえたという点でも画期的なものである。

結びにかえて

古文書史料は近現代の公文書を除くと、その多くは「家」の文書である。家の文書は本来、家が存続する上に不可欠の存在であり、家の消滅なくしては、個々の所有権も放棄されることのない時代がこれら文書を現在に伝えた。しかし、現代は文書＝家という考えは少数派で、こうした社会意識の変革をもたらしたのが、相続など家族制度の変質である。当然、こうした社会変化に対応した古文書の保存には、行政など公的機関の力が必要であり、その方面への時間、経費の投入を惜しむべきではない。保存のための方法の一つが文化財指定である。指定という行為は、文化財の保存について、私有権を別にすれば、国乃至地方公共団体が全面的に責任を負うということにある。それはまた、研究利用を含む公開活用を別とすれば、古文書原本のもつ法量・形態・料紙・筆蹟・時代など文字情報を含むさまざまな情報を、毀損することなく後世に遺すという行為に尽きるといってよい。

現在に遺る厖大かつ多様な史料を、すべて蒐集、保存する総合的な史料保存機関などというものが現実的でない以上、文書館、資料館や博物館などの関係機関や文化行政機関が協力し、情報を公開しつつその共有化を図る取組みがますます必要となってくる。その意味で史料のデータベース化などは避けて通ることができない課題となってきているといえよう。

参考文献

東京国立博物館編　一九七三年『東京国立博物館百年史』第一法規出版
児玉幸多・仲野浩編　一九七九年『文化財保護の実務』上下　柏書房
京都国立博物館編　一九九七年『京都国立博物館百年史』便利堂
文化庁文化財保護部監修　一九九七年『文化財保護機関係法令集』ぎょうせい

二―(3)　公文書館法と文書館

所　理喜夫

はじめに

いうまでもなく、現在に伝えられた史料の存在なくして歴史学は成立しない。史料の性格そのものは多様であるが、依然として文書史料の重要性は決定的意味をもつ。前代の人々が残してくれた貴重な史料を眼前にしたとき、その収集・保存・活用の重要性を痛感するとともに、現在、国・自治体・企業等の機関や、個人が作成した史料を、後世に残す責務に、思いを致さざるをえない。

各史料保存機関、あるいは公文書館法も右のような研究者の反省から出発した五〇年余の史料保存運動の結実であった。その各史料保存機関と公文書館法は、今新らしい転期に立たされている。西暦二〇〇〇年代の幕明けを一年後に控えた昨年、公文書館法を母法としながらも、「国立公文書館法」が公布された。その公文書館法と「国立公文書館法」を所管する国立公文書館は、国立大学や国立博物館・国立研究所の先頭を切って、独立行政法人化を進めつつある。総理府に所属する国立公文書館は、自分の独立行政法人化を責極的に進めなければならない立場にあるが、いずれにせよそれらの独立行政法人化は全国の史料保存機関に大きな影響を及ぼすであろう。

「敗戦後」という言葉も今や死語に近くなったという感がないでもないが、一九四五年以後の史料保存運動を回顧するとき、二つに分けて考えることができよう。一つは、古文書等を含めた「公文書等」と表現される行政文書等を対象とするものであり、二つ目は平成四年を画期に展開した司法史料の保存運動である。法制化運動を中心にみたとき、その是非はともかく、前者は「公文書館法」、後者は「国立公文書館法」として結実している。

1 「公文書等」の保存運動

敗戦後の史料保存運動と、地方史研究・地方史運動とは密接にかかわり合いながら展開してきた（大石学、一九九〇年）。視角はやや異なるが、戦後の史料保存運動とその成果についての歴史的考察については『日本の文書館運動』（全国歴史資料保存利用機関連絡協議会、一九九六年）、『記録史料の管理と文書館』（安藤正人・青山英幸、一九九六年）、『文書館運動の周辺』（高橋実、一九九六年）が、期せずして一九九六年に公刊されている。

戦後の公文書等保存運動には、大きな三つの波があった（大石学、一九九〇年）。一つの波は敗戦直後の社会変動、とくに地主制崩壊にともなう史料の散佚防止のため、国立の史料保管機関を設置しようとする運動である。一九四九年（昭和二四）の「史料館設置に関する請願および趣意書」は「よろしく国家は、中央・地方に史料館を設置し、緊急に強力な史料蒐集事業を企画せられますよう玆に請願します」と、衆議院議長幣原喜重郎宛に提出された。署名した野村兼太郎他九五名は、歴史学関係者はもちろん、法・文・経の各分野に及び今も私たちの目を見はらせる（安澤秀一、一九八五年）。

その二年後に設置されたのが、文部省史料館である。同館は一九七二年、国文学会の要望と日本学術会議の勧告により、国文学研究資料館が設立されると、「国立史料館」と通称したものの、その附属施設とされた。国文学研究資料館は大学の共同利用機関であるから、館員の身分は文部教官として安定したが、附属施設されたことが後の問題となる。このように設置形態は変化したが、設立以来全国の歴史的史資料を収集・整理・保存・公開し、また近年では全国の史料所在情報センターや、文書館専門職に向けての研修など史料保存運動に多大の貢献をしてきた。後に公文書館法制定運動に大きな役割を果たした全国歴史資料利用保存連絡協議会（以下「全資料協」

と略称）の設立には、同館員有志は、地方史研究協議会会員有志とともに大きな役割りを果したことは私たちの記憶に新らしいところである。今後の公文書等の保存運動を実りあるものにするにも、また歴史学会にとっても、同館のこれまで蓄積したノウハウは不可欠である。国立大学の独立行政法人化が、急速に進められつつある現在、大学の共同研究利用機関の独立行政法人化の方向も、もはや動くまい。しかも、これに加えて同館には立川移転問題がある。国文学研究資料館の独立行政法人化と立川移転を機に、同資料館内には、「国立史料館」の附属施設としての性格をより徹底させようという意向があるやに聞く。むしろ移転を楔機に「国立史料館」の独自の機能を発展させたいものである。

敗戦後の史料保存運動の第二の波は、六四年から六五年にかけての「国立資料センター」問題を画期としておこる。日本学術会議がその要となっているのが時代的特色である。一九五九年、日本学術会議は政府に「公文書散佚防止について」の勧告をし、これを具体化するため、一九六四年日本学術会議の人文社会科学振興特別委員会を中心に「国立資料センター」設立の計画が立てられた。この勧告によって一九七一年に東京北の丸公園に総理府の附属機関として国立公文書館が開館されることになった。しかし「国立資料センター」設立案は、歴史学研究会・地方史研究協議会など関係諸学会から、諸学会とは無関係に計画が進められ、かつ戦後進められてきた史料保存・利用体制とはそぐわないとして、強力な反対運動を受け、実現しなかった。後に木村礎・林英夫の跡を継ぎ、日本学術会議会員として活躍した西垣晴次は、次のように回顧し、総括した（西垣晴次、一九八五年）。

この反対運動のなかで史料の現地保存・公開・利用という原則が学界での共通認識となり、史料保存利用機関は史料のある市町村段階でまず設置さるべきであることが理解された。この点は地方史の研究において、地域、地方・郷土の立場から戦後の地方史研究の在り方を反省していこうとする動きと基底において深く関係するものでもあった。この反対運動の経験から日本学術会議の会員に地方史の研究者を当選させ、その結果、一九六九年に「歴史資料保存法の制定について」、一九八〇年に「文書館法の制定について」の勧告を学術会議は政府に行なった。また一九七六年には歴史資料保存利用機関連絡協議会が発足し、地方文書館の在り方が論議されるようになり、またその設立運動の中心の一つにもなった。ここに史料保存・利用をその大きな柱として展開してきた地方史の研究は新しい局面を迎えたといえよう。

2 公文書館法の成立

こうして史料保存運動・地方史運動の当面の主眼は、日本学術会議の勧告「文書館法の制定について」をいかに具体化するかということに移る。「歴史資料保存法の制定について」、ついで「文書館法の制定について」は、日本学術会議の勧告であるから、その具体化は政府の任務である。しかし政府の動きは鈍く、その担当省庁も決まらない状況だった。そこで議員立法で、その制度化をはかろうとする動きが学会の中でおこる。その運動の中核となったのが全史料協だった。これより先、全史料協は、会長のちには顧問として岩上二郎参議院議員を招く。氏が茨城県知事だったとき、同県立歴史館長を兼任されていたからである。同館資料部長だった佐久間好雄氏の尽力も大きかった。

岩上氏を守り立てて、佐久間氏や高野修氏など全史料協の幹部たちは公文書館法の立法化に執念を燃やす。両氏は日本歴史学協会や学術会議に働きかけ、また岩上議員は、国会内で「ミスター公文書館」と綽名されたという。しかし政権与党に席を置くとはいえ、新人議員にとって、参議院から議員立法を成立させることは容易ではなかった。政界有力者に働きかけた後の群馬県立公文書館長井上貞幸氏の助力もあったやに聞く。この間、岩上議員は、参議院法制局と相談しながら、全史料協等諸学会の有志と法案内容の調整にあたった。こうして公文書館法は一九八七年八月ごろ、ようやく成立の目途が立った。

同年九月四日、参議院議員岩上二郎の署名を以て、つぎのような文書が各党に配布された。

日本の公文書についての整理・調査・保存の実態は、諸外国と較べて著しく立ち遅れており、歴史的に重要な公文書その他の記録が破棄乃至散逸しつつある現状に鑑み、このまま放置することは歴史的国民的共通遺産を守る上からも許されないことであります。

この程、議員立法として、別紙のような成果を得、今国会に提出したいと存じます。各党に於かれては、慎重御審議の上、速やかに共同提案に御賛同頂けますよう特段の御配慮を賜れば幸いであります。

この別紙法案草案は同年一二月八日参議院内閣委員会に提出された。同委員会における岩上二郎議員の説明書によれば、本法案の趣旨は、次の三点につきる。

第一に、国及び地方公共団体は、歴史資料として重要な公文書等の保存及び利用に関し、適切な措置を講ずる責務を有することとしております。

第二に、公文書館は、歴史資料として重要な公文書等を保存し、閲覧に供するとともに、これに関連する調査研究を行うことを目的とする施設とし、国又は地方公共団体が設置するものとしております。

第三に、国は、地方公共団体に対し、公文書館の設置に必要な資金の融通又はあっせんに努めるもの等としております。

趣旨説明の第一点は、公文書館法の

（目的）

第一条　この法律は、公文書等を歴史資料として保存し、利用に供することの重要性にかんがみ、公文書館に関し必要な事項を定めることを目的とする。

（定義）

第二条　この法律において「公文書等」とは、国又は地方公共団体が保管する公文書その他の記録（現用のものを除く。）をいう。

（責務）

第三条　国及び地方公共団体は、歴史資料として重要な公文書等の保存及び利用に関し、適切な措置を講ずる責務を有する。

との第一条、第二条、第三条に対応する。

趣旨説明の第二点は、

（公文書館）

第四条　公文書館は、歴史資料として重要な公文書等を保存し、閲覧に供するとともに、これに関連する調査研究を行うことを目的とする施設とする。

2　公文書館には、館長、歴史資料として重要な公文書等についての調査研究を行う専門職員その他必要な職員を置くものとする。

第五条　公文書館は、国又は地方公共団体が設置する。

2　地方公共団体の設置する公文書館の当該設置に関する事項は、当該地方公共団体の条例で定めなければならない。

の第四条、第五条に、また

趣旨説明の第三点は

（資金の融通等）

第六条　国は、地方公共団体に対し、公文書館の設置に必要な資金の融通又はあっせんに努めるものとする。

の第六条に対応している。

注意すべきは、この説明書に「なお、この際、草案の次の点について、念のため、申し添えさせていただきます」として、さらに次の三点の説明が付されている点である。

第一に、第二条（定義）の「公文書等」には、古文書その他私文書が含まれるものであること。

第二に、付則第二項の専門職員についての特例の規定は、現在、専門職員を養成する体制が整備されていないこと等により、その確保が容易でないために設けたものであること。

第三に、本法は、既存の施設について、新たに、公文書館として位置付けし直すことを義務付けるものではないこと。

公文書館法第二条には「この法律において『公文書等』とは、国又は地方公共団体が保管する公文書その他の記録（現用のものを除く。）を言う」とある。「公文書その他の記録（現用のものを除く。）」とは、歴史資料として重要な公文書の他、文書、地図、図表、フィルム、音声記録等を含むものである。

戦後の史料保存運動の主たる対象となったのは、古文書その他私文書だった。右の第一点は「公文書等」のなかに、とくに古文書その他、私文書が含まれることを強調したものだった。公文書館法が、戦後の史料保存運動の精神を明確に受け継ぐことを宣言した部分といえよう。この「公文書等」の文言が、後に成立する「国立公文書館法」に活用されたのは興味深い。

右の追加説明第二点は、現在まで、もっとも問題とされる点である。周知の問題点であるが、若干の説明を加えよう。公文書館法第四条第二項には「公文書館には、館長、歴史資料として重要な公文書等についての調査研究を行う専門職員その他必要な職員を置くものとする」とあり、公文書の調査研究を行なう専門職員（学術用語としてのアーキビスト）を置くとの規定がある。にもかかわらず附則第二項には

（専門職員についての特例）

2 当分の間、地方公共団体が設置する公文書館には、第四条第二項の専門職員を置かないことができる。

とある。この点の矛盾についての説明である。それに依れば、現在日本では専門職員を養成する体制が整備されていないこと等により、その確保が容易でないために設けたものと説明されている。

ともあれ、一九八七年十二月八日岩上議員の説明後、同法案は参議院内閣委員会で議決され、委員会提出法案として同月九日参議院本会議を通過、衆議院に送付された後、十日の衆議院本会議において成立、同年十二月十五日に公文書館法（法律百十五号）として公布された（昭和六十二年号外、法律第百十五号）。

3　公文書館法の意義と問題点

公文書館法の意義と問題点については、さきに紹介した諸著にふれられているところであるが、それは平成三年五月三十日、日本学術会議が、第一一一回総会の議決に基づき、内閣総理大臣海部俊樹宛提出した「要望」書に凝縮している。以下の叙述はその成果による。同要望書は「幸い、この勧告（「文書館法の制定について」＝筆者註）の趣旨が生かされて、参議院の議員立法として提出された公文書館法が昭和六二年十二月十日第一一一臨時国会で成立し、同月十五日公布され、昭和六十三年六月一日施行された。ユネスコ加盟一二〇ヵ国のうち文書館法がないのは日本だけという、我が国の文化国家としての後進性を克服する第一歩として、同法の成立は画期的な意味をもっている」と評価しながらも、次の四つの問題点があると指摘している。この指摘は、先述した岩上議員による立法の趣旨説明、施行日に同じく立法の趣旨を示した内閣官房副長官の「公文書館法の施行について（通達）」、およびそれに添付された「公文書館法の解釈の要旨」に依拠したものである。

同法の問題点の第一は、「歴史資料として重要な公文書等の保存及び利用に関し」国及び地方公共団体は「適切な措置を講ずる責務を有する」とされただけで、その「義務」が明確にされていないことである。「歴史資料として重要な古文書等の保存および利用」を図ることは、国および地方公共団体の義務であり、どのような「措置を講ずる」かを明確にする必要がある。

第二は、主として現用部局から公文書館への移管を通じて行なわれる公文書等の収集・保存について、公文書館ないしそこで「調査研究を行う専門職員」の権限が明確でないことである。たとえば、国立公文書館の場合、どのような公文書等を移管すべきかは、現用部局の判断に委ねられており、移管された公文書等のなかから「歴史資料として重要な公文書等」を選択しているに過ぎない。移管の前に膨大な資料が廃棄されているのである。移管の手続き、過程に公文書館ないし「専門職員」の権限を強化すべきである。

第三は、先述したように「調査研究を行う専門職員」の資格・地位等について明らかにされていないだけでなく、「専門職員についての特例」規定があることである。現在、国立史料館や国文学研究資料館史料館によって、文書館専門職員の能力を育成する短期研修は行なわれているが、研修の修了証が与えられるだけに過ぎない。その資格・地位をめぐっての関係諸機関、研究者らの研究と論争、さらには国会請願等の運動にもかかわらず、まだ日本では制度化されていない。なぜそれが実現しないのか、もう一度根本的に見直すべきであろう。

第四は、地方公共団体の文書館設立にさいし、国の援助は、必要な「資金の融通又はあっせん」に限られている点である。図書館・博物館に関しては補助金が交付される。少なくとも、その設立にさいし補助金を交付するようにすべきであろう。現在都道府県の公文書館は、二六を数えるまでになった。しかし設備・内容とも、もっとも充実した沖縄県を最後に途絶えている。バブル経済崩壊後、地方公共団体の財政は深刻である。生涯教育の場にも公文書館を位置づけ、早急に財政援助を強化すべきである。

以上のように公文書館法の問題点と改善の方法を指摘し、「公文書館の拡充と公文書等の保存利用体制の確立について（要望）」は、次の四点を内閣総理大臣に要望した。

1、国立公文書館の拡充とその権限の強化
2、地域文書館の設立・整備のための国の支援の強化
3、公文書館専門職員養成制度と資料学・文書館学研究体制の整備
4、公文書館法の整備

同「要望」は、今でも史料保存運動の中核としての「文書館運動」の指針を示すものである。右の四点の要望の一部は、思わぬ側面から実ることとなる。それが「国立公文書館法」の成立である。

4 「国立公文書館法」の成立

「国立公文書館法」とは、現行の公文書館法が、「公文書館」という施設に関する精神的あるいは一般的な事項を規定した法律であるのに対し、「国立公文書館」という具体的な機関に関する法律として新たに制定されたものである。内容は、総理府組織令という政令による機関だった「国立公文書館」を法律による機関とし、また行政に加えて、司法・立法に関する公文書等をも保存・利用することができるようにしたものである。

その成立の発端は、民事判決原本の保存運動に初まる。最高裁判所が五〇年を経過した民事判決原本を廃棄すると決定したのは平成四年一月のことであった。司法資料関係者が組織した「判決原本の会」、地方史研究協議会はじめ諸学会はただちに保存運動を展開した。なかでもその中核となったのは「判決原本の会」であった。日本学術会議も時には最高裁事務局にヒアリングし、平成五年八月には会長名を以て最高裁長官に「民事判決原本の保存について」要望した。幸い最高裁と「判決原本の会」の話し合いによって、民事判決原本は、廃棄をまぬがれ、それぞれの高等裁判所に近い一〇国立大学（北海道大学・東北大学・東京大学・名古屋大学・大阪大学・岡山大学・広島大学・香川大学・九州大学・熊本大学）に一時的に保管されている。右の一〇国立大学に京都大学を加えた一一大学は、法学部長をメンバーとする「判決原本の一時保管に関する連絡会議」をつくり、さらに五分科会からなる「判決原本保存利用研究会」を結成した（林屋礼二、一九九六年）。日本学術会議第五常置委員会は、「判決原本の会」の運動に協力するため、平成一〇年四月二四日、同会事務局長・前東京大学法学部長青山善充、五分科会の一つ「データベース分科会の責任者・専修大学教授梅本吉彦氏を招いて、ヒヤリングを行ない、懇談した。青山氏によれば、民事判決原本の保存のためには、国立司法公文書館の設立が理想的であるが、それは現在の政治・経済的状勢からみれば困難である。次善の策として、公文書館法を修正して国立公文書館に、民事判決原本等の司法史料をも担当できるようにする方向で運動を進めたいとのことであった。

幸いに、国会内でもこれに対応する動きがあり、とくに中心となったのは亀谷博昭参議院議員だった。同議員の努力によって、「判決原本の会」司法資料保存運動の主旨は、「国立公文書館法案」の中に生かされ、法案は四月二十七日の参議院総務委員会に自民党委員が草案として提出、趣旨説明後、「異議なし」で採択され、委員長提案として翌四月二十八日の本会議で可決された。即日衆議院に送付、六月十五日衆議院本会議において成立、同月二十三日に、法律第七十九号「国立公文書館法」として公布された。同日付けの官報に公布された原文を〈資料〉として文末に示す。

同法の目的は、第一条「この法律は、公文書館法（昭和六十二年法律第百十五号）の精神にのっとり、国立公文書館の組織、公文書等の保存のために必要な措置を定める」ものであり、第二条は、

　第二条　この法律において「公文書等」とは、国が保管する公文書その他の記録（現用のものを除く。）をいう。

と「公文書等」を規定している。この場合の「公文書等」とは、「国が保管する公文書その他の記録（現用のものを除く）」であるから、行政の史・資料だけでなく、司法府・立法府の史・資料を含むことになる。そして第三条に国立公文書館の設置を、第四条にその機能を、第五条に、国の機関から国立公文書館に「公文書等」を移管する手続きを、第六条に保存する「公文書等」を公開するときの規則を定めている。

おわりに

「判決原本の会」を中心とする関係諸学会の要望を受けて、議員立法で、「国立公文書館法」が成立したことを、筆者は責極的に評価したい。たとえば、先述したように日本学術会議は平成三年五月三〇日、政府に「公文書館の拡充と公文書等の保存利用体制の確立」について、四点を要望した（一〇九頁参照）。「国立公文書館法」は、その第一点と、第二点の要望に沿うものである。

しかし、依然として右の第二点と第三点の問題は残る。「朝日新聞」も社会部佐藤孝之・久保谷洋の署名を以て、次の四点の欠陥を指摘した。

1、歴史的資料として公文書館で保管すべき文書の判断が、実質的に各省庁にゆだねられている。

2、非開示とされる規定が「個人の秘密の保持その他の合理的な理由」というだけのあいまいな表現になっており、このままでは恣意的な運用が横行しかねない。

3、公開が「閲覧」に限定されていて、情報公開法でも認めている「複写」が明記されていない。

4、もっとも問題なのは、閲覧が拒否された場合、第三者機関による救済の仕組みが一切ない。

そして「膨大な歴史的資料の命運を握るこの法案は、情報公開法に劣らず、民主主義の根底にかかわる重要な意義を持っているといえる。国会はそうした認識のもとで、細部まで詰めた議論をする責任がある」と結んでいる（「朝日新聞」一九九九年六月三日朝刊）。法の運用は人に依る。我々は先人の史料保存・利用運動によって成立した両法を挺子として、さらに運動を深化すべきであろう。

〈資料〉官報　平成十一年六月二十三日　水曜　号外第一一八号

国立公文書館法をここに公布する。

御名　御璽

平成十一年六月二十三日

内閣総理大臣臨時代理
国務大臣　野中　広務

法律第七十九号

国立公文書館法

（目的）

第一条　この法律は、公文書館法（昭和六十二年法律第百十五号）の精神にのっとり、国立公文書館の組織、公文書等の保存のために必要な措置等を定めることにより、歴史資料として重要な公文書等の適切な保存及び利用に資することを目的とする。

（定義）

第二条　この法律において「公文書等」とは、国が保管する公文書その他の記録（現用のものを除く。）をいう。

（国立公文書館）

第三条　総理府に、国立公文書館を置く。

第四条　国立公文書館は、歴史資料として重要な公文書等を保存し、閲覧に供するとともに、歴史資料として重要な公文書等の保存及び利用に関する情報の収集、整理及び提供、専門的技術的な助言、調査研究並びに研修その他の事業を行い、あわせて総理府の所管行政に関し図書の管理を行う機関とする。

2　国立公文書館に、館長を置く。

3 館長は、内閣総理大臣の命を受けて館務を掌理する。
4 国立公文書館の位置及び内部組織は、総理府令で定める。
（公文書等の保存）
第五条 国の機関は、内閣総理大臣と当該国の機関とが協議して定めるところにより、歴史資料として重要な公文書等の適切な保存のために必要な措置を講ずるものとする。
2 内閣総理大臣は、前項の協議による定めに基づき、歴史資料として重要な公文書等について、国立公文書館において保存する必要があると認めるときは、当該公文書等を保存する国の機関との合意により、その移管を受けることができる。
（公文書等の閲覧）
第六条 国立公文書館において保存する公文書等は、一般の閲覧に供するものとする。ただし、個人の秘密の保持その他の合理的な理由により一般の閲覧に供することが適当でない公文書等については、この限りでない。

附 則

（施行期日）
1 この法律は、公布の日から起算して二年を超えない範囲内において政令で定める日から施行する。
（総理府設置法の一部改正）
2 総理府設置法（昭和二十四年法律第百二十七号）の一部を次のように改正する。
目次中「第一節 審議会（第八条）」を
「第一節 審議会（第八条）
第一節の二 施設等機関（第八条の二）」
に改める。
第四条第七号の二の次に次の一号を加える。
七の三 国立公文書館法（平成十一年法律第七十九号）の施行に関すること。

第二章第一節の次に次の一節を加える。
　第一節の二　施設等機関
（国立公文書館）
第八条の二　本府に、国立公文書館を置く。
2　国立公文書館の組織及び所掌事務については、国立公文書館法の定めるところによる。

内閣総理大臣臨時代理
国務大臣　野中　広務

参考文献

安藤正人・青山英幸編　一九九六年『記録史料の管理と文書館』北海道大学図書刊行会
大石　学　一九九〇年「公文書館法の制定と今後の史料保存利用運動―地方史（地域史）研究・運動の視点から」『地方史研究』二二五号
全国歴史資料保存利用機関連絡協議会編　一九九六年『日本の文書館運動』岩田書院
高橋　実　一九九六年『文書館運動の周辺』岩田書院
西垣晴次　一九八五年「史料保存・利用問題」『新版地方史研究必携』岩波書店
林屋礼二　一九九六年「民事判決原本の保存を考える」『学術の動向』第一巻七号
安澤秀一　一九八五年『史料館・文書館への道―記録・文書をどう残すか』吉川弘文館

II 文書・記録の整理・保存

一　収集・整理の現状と視点

一—(1)　古文書調査研究とその方法

吉田　優

はじめに

私たちが地方史研究のために、古文書調査を行なったりすることの目的意識は、最近とみに稀薄になっている。学問の目的にたとえて文書調査の目的を語れば、かつての学問の目的は簡単でわかりやすかった、こんなことをあらためて思い起こしながら、文書調査をしていかなければならない時代に入っている。

たとえば学問・研究について、柳田国男は「我々の学問は結局世のため人のためでなくてはならない。すなわち人間生活の未来を幸福に導くための現在の知識であり、現代の不思議を疑ってみて、それを解決させるために過去の知識を必要とするのである」（柳田国男、一九三五年）、と「過去の知識」の重要性を述べている。それから三〇年後に宮本常一は、柳田国男とかつての民俗学研究のありかたにふれながら、自分にとっての学問・研究とは「それは民俗採訪を目的として旅をつづけた私自身にも問題があったが、今一つ忘れられていることは、今までの民俗誌は柳田国男にみてもらうために書かれたものが多かったのではなかったか。自分自身のためのもの、自分自身の学問的な方法を発見するための民俗誌は少なかったようである。私自身そのことをいちばん強く反省している」（宮本常一、一九六五年）と述べ、宮本常一にとっての学問とは、まず自分自身のためのものでなければならないとし、さらに研究とは、自分独自の考え方や方法を編み出しながら、新たな問題を発見することであると述べている。

こうした柳田・宮本の学問・研究の目的を、まとめたかたちで、社会学者の増田四郎は、研究それ自体を自分の過去の経験と照らし「私自身の問題意識への反省という点では、当然のことながら、いままでのように日進月歩の成果や諸学説を追いかけるだけでなく、何よりもまず、〝何を知ることが私にとって大切なのか〟ということを念じつつ、可能な限り、〝自分で納得のいく理解〟に到達したいものと考えた。ところがそう考えると、面白いことに、その目的のために決定的とはいわないまでも、案外大きな役割を演じ素地を提供してくれるのが、ほかならぬ自分自身の原体験であり、もろもろの史実の意味をそれに関連づけ、精一杯の追体験の努力を試みることによって、そこではじめて歴史的諸事象に対する内在的理解が可能となるのではないかと、と思うようになった」（増田四郎、一九八一年）と、述べている。

柳田国男・宮本常一・増田四郎ら三人の学者の学問・研究にたいする目的と態度は、今日の地方史研究における古文書調査にとって、ときおり反芻しなければならない重要な問い掛けが含まれている。なぜなら、先にも述べたように、今日においては、古文書をなぜ収集し保存・整理し、なんのために活用するかということの目的意識が稀薄化し、混迷化し、古文書を調査していることとそれ自体の意義がわからなくなってしまっているからである。

そうした今日的状況だからこそ、古文書調査の仕事において、ときおり確認すべき言葉として「郷土」という用語を思い出す必要があるのではないかと思う。

たとえば、どこの地方公共団体でも制定されていて、同じような字句で飾られている「市民憲章」を眺めてみるとおもしろい。そこにはかならずといってよいほど、郷土という言葉が使用されており、たとえないにしてもなんらかのニュアンスで郷土という言葉にちかい意味合いの文言がある。試みに二、三の地方公共団体の市町民憲章を取り上げてみよう。

まず千葉県にある市川市の市民憲章（一九七七年十一月三日制定）を読むと、

「わたしたちは、江戸川の流れと松の緑に象徴される郷土市川とその自然を愛し、由緒ある史跡と伝承を守り育て、文教都市にふさわしく教育と文化を重んじ、人間性豊かな調和のとれた明るいまちをつくるために、つぎのことを定めます」、と「郷土市川」の語句が記されている。

また東京都三鷹市の市民憲章（一九八〇年十一月制定）には、

「わたしたちは、郷土三鷹を愛し、平和な、みどり豊かなまちをつくることを願い、この憲章をさだめます」

さらに利根川右岸にある唯一の茨城県の町、五霞町の町民憲章（一九九六年六月一日に村制から町制に移行）には、

「人を愛し　自然を愛し　郷土を愛しましょう」

と記されている。

このように郷土という言葉は現在でも使用され、それは根強く地域に生きている。戦後まもなく郷土という言葉は、戦前にお国自慢的にさかんに使われ皇国史観の支えになったため、戦後は郷土という言葉は使用しないで、地方史といった言葉を使用しよう、といった運動がさかん展開された（木村礎・林英夫、一九六八年。永原慶二、一九九二年）。しかしいぜんとして郷土という言葉は、地域に残りいまなお生きている。このことをどのように理解したらよいのだろうか。

おそらく郷土という言葉がいまなお使われているのは、地域の住民がこの郷土という言葉に長年なれ親しんできたからであろう。また自分の生まれ育った場所は、郷土という言葉によってイメージしやすいからであろう。さらには自己のアイデンティティーのいちばんにこもった、また自己の拠ってたつ場のイメージとして、郷土とい

う言葉がよくなじんだ言葉だからであろう。すなわち郷土とは、あまりにも自分の生まれ育った土地をイメージ化しやすい言葉なのである

さらに、森鷗外と郷土との関係をあらわした有名なエピソードがある。鷗外は死に臨んで、郷土にたいする思いを、友人の賀古鶴所に口述筆記させている。その著名な遺書の話である。

「死ハ一切ヲ打チ切ル重大事件ナリ、奈何ナル官憲威力ト雖此ニ反抗スル事ヲ得スト信ス余ハ石見人森林太郎トシテ死セント欲ス宮内省陸軍皆縁故アレドモ生死別ルル瞬間アラユル外形的取扱ヒヲ辞ス墓ハ森林太郎ノ外一字モホラス」と、東京都三鷹市の黄檗宗禅林寺境内の碑文に残されている。（東京都近代文学博物館、一九九二年。松本清張、一九八五年）

これほどに、郷土という言葉は、一人の人間にとって重い意味をもった言葉なのである。

1　古文書調査を行なうなかで郷土史・地方史・地域史研究を問う

前述した「学問」と「郷土」を前提にし、具体的に古文書調査を押し進めながら、どういったかたちで郷土史・地方史・地域史の研究を実施したらよいのだろうか。従来おこなわれてきた方法であるところの、たんに地方の資料を使用して研究をおこなったから地方史研究であるといった考え方はおかしい気がする。

地方の資料を使用して地域の研究をすることは、なにか或る種の生活体験に根差した深い意味の〝哲学〟が必要なのではないかと常日頃おもっている。たとえば、古島敏雄は、地方史研究者に望む態度として「土地土地の問題を中心にする手掛かりは、研究者自身の生活体験を一つの拠り所として、特定の地域の条件のなかで、明らかになっている事から何が起こりうるか推理していくより途はない」（古島敏雄、一九九二年）と発言している。

地方史研究の具体的方法の概念規定は、地域限定ではなくて内容限定に求めなければならないとしたのが木村

礎である。それと前述した、地方史研究者の研究にあたっての前提的な態度の心構えとして、研究者の生活体験の重要性を求めた古島敏雄の意見は、あわせて重要である。

そうした考え方の具体的な指針を示している、いくつかの考え方を紹介することにする。先に述べた木村礎の地方史研究の内容規定の概念は、地域に住む一般民衆の生活史を描くことだとしている。木村礎の生活史概念は、生活史とはいわゆる風俗史ではない、ということである。もちろん、衣食住等の細部を研究し復原する風俗研究が、生活史に占める割合は決して低くはないが、生活史の領域はもっと広いはずである。たとえば一人の貧しい農民にとっての生活とは、ざっといって、かれの妻子、衣食住、労働、娯楽、信仰、親方百姓や本家百姓、村役人、さらには領主である。生活史は一人のなんでもない人間が生きていくためのさまざまな社会的かかわりあいをも具体的に描かねばならない。どんな人間にとっても、かれの生活はたんなる動物的な生だけではない（木村礎、一九六五年）、という考え方である。

また、V・H・T・スキップが、一九六五年（昭和四〇）、英国の地方史常設会議で強調し、今では多くのイギリス人地方史研究者が同意している地方史研究の定義がある。

「今日の問題は荘園の衰頽や地方豪族の運命についてのみでなく、同じ比重で、数世紀にわたる農民・村の職人・小屋住み農民・貧民の歴史にかかわっており、また場所それ自体―その変化しつつある景観・その耕地・その諸産業・その横町・その建物の歴史にもかかわっている。要するに町や村の全体史を再構成すること、まさにいわゆる地域社会の伝記を書くことなのである」（J・W・サースク、一九七八年）と、述べている。

では古文書調査を通じて地方史研究をすすめるためには、具体的にどのような資料を重視したらよいのだろうか。茨城県結城郡千代川村の或る文書所蔵者の語った言葉が象徴的に、そのことを言いあてている。

「〝握り飯二つにテクシーで調査〟何回か昼休みに等に話しているうちに古文書調査の目的がはっきりしてき

ました。日本の社会は官の歴史であり村社会、集落単位の、一般大衆の歴史は明らかにはなっておりません。調査を側面からみていると、生活の日誌とか、村絵図とか金銭出納帳とかあまり歴史上大切に保存されないものを熱心に調査していました」と、この文書所蔵者は地方史研究における重要な資料群の本質を的確に感じ取っている（飯泉正夫、一九九五年）。

2　古文書調査による地方史研究の具体的方法

古文書調査による地方史研究の独自の方法とは、一定の地域社会内における民衆生活の歴史的モノグラフを具体的にかつ豊かに描くことである。さらに、その地域内に存在する古文書などの文献史料が、資料群の中心になることはいうまでもないが、それだけでは不十分であって、民俗学・社会学・地理学・考古学などの関連諸学の集中的協力が必要になっている。歴史時代の遺物・遺跡などについての研究もまた必須なものになってくる（木村礎、一九六八年）。

そこで地域社会のモノグラフを描くための集中的で具体的な作業方法の提示として、木村礎は千葉県市川市の史料調査にあたって、つぎのような調査表を作成し、多くの学生とともに実施した。

1文書、2寺院（含墓石）、3寺宝類、4鐘・鐘楼、5墓所・墓石類、6位牌、7神社、8鳥居、9灯篭、10狛犬、11御手洗石、12御輿、13絵馬、14奉納額、15芸能、16絵画・仏画類、17祠、18塚、19屋敷神、20庚申塔、21道祖神（道標）、22馬頭観音、23板碑、24帝釈天、25石仏、26石塔類、27石造物、28木彫類、29記念碑、30建築物・同跡、31棟札、32火のみ・消防小屋、33掲示板、34高札、35高札場跡、36馬捨場、37水源、38古井戸、39池、40土塁・堀、41旧道、42樹木（史跡）、43話、44習俗（おびしゃ）、45農具、46民具、47道具類、48武器類、49その他

これら歴史的諸事項をすべてカード(約一五〇〇枚)に書きとって、四九種類の項目に分類したのである。こうすると、たとえば庚申塔や道祖神が市内にいくつあるか、それはいつごろのものか、墓石の年記の上限はいつごろかなどのことが、全体的に判明する。古文書類を中心にすえて、これらの歴史遺物・遺跡をも含めて、民衆の生活を中心に歴史を構成することは、地方史研究の独自の任務たりうるのではないか、と述べている(市川市史編さん委員会、一九六七年)。

なにもこと新しげなことをやることだけがよいのではない、自分たちでおこなってきたことを整理し、さらに将来につなげてゆけばよいのではなかろうか。歴史学の基礎的作業としての資料収集方法を容易に変えたりする必要はない。

われわれに課せられた課題は、古文書調査を観念的な問題として取り扱うことではなく、古文書収集・活用の運動の成果を受け継ぎ、古文書調査の新しい視角でのケーススタディを提示することである。だからこそ「地方史研究は社会経済史等々だけでもないし、民俗学等々だけでもない。それは一種独特な総合の歴史学としての本質をもっているものである。特定の地域を丹念に調べてみると、その歴史を明らかにするための史料は、古文書類だけではなく、さまざまな遺跡や遺物、伝承および各種のものが存在していることに気付かざるを得ない。それらのすべてが、その地域の歴史のそれぞれの局面をわれわれに語りかけてくれるのである。そして地方史研究は本来、それらを総合し得るものであることが望ましい」と言えるのである(木村礎・林英夫、一九六八年)。

こうした考え方が、ある程度の一般性を持ち始めて来ている、しかし、まだまだ少数派である。その流れについて、信濃史学会の大会に参加した木村礎は、以下のような発言をおこなっている

「とにかく、私は『大会』の掲げた第一テーマに深い感銘を受けた。〝文献史料がない場合にどうすればよいか〟〝文献史料がなくともこの程度はアプローチできる〟というようなところに大会テーマの発想がなったようだが、私は、文献史料があっても、こういう作業は必要だと受取った。本来歴史は過去の総体である。過

去の総体の中から人々はそれぞれに意味あるものを引き出す。だから歴史研究というものは、それぞれの個人の差と同じように多様性がある。過去を考察する場合の最大の手掛かりは『文献史料』である。それは年代が書いてあるし、書いてなくても大体のところは判断できる、日時決定性は文献史料の大きな強味である。史料の王といわれるゆえんである。しかし王者にも弱味はある。その弱味は①政府や領主が作ったもの、または作らせたもの、あるいはそれとの関係で作られたもの、という性格を持っている場合が多いこと。②何か事が起った時に書上げられるもの、という性格を持っていることである。また、③無名の民衆は何物をも残さなかった、ということもある。つまり、そこには無数の人間の平々凡々たる生き方は記されていないのである。もちろん研究者は、そうした性質を持つ文献史料から平々凡々を探そうとしてきている。しかし、それでもできないことが多いのである。また、我々には、歴史の中に物珍しいことや、きわ立ったことを求めるという性癖があるようである。歴史年表は、我々人間の歴史の関心を最もよく表現している。そこには平々凡々は全く存在せず、きわ立ったこと、一回限りのことだけが記されている。このような我々の、過去の総体としての歴史の中から何を求めるか、という場合の求め方の中に、きわ立った事柄への欲求というものがあり、このことが、文献史料をこよなく重んじさせる風を作った、とも言えるのである。

　私はこれを否定しているのではない。歴史年表を誰が否定し得るのか。しかし、きわ立ったこと以外にも人間の生活はあったのであり、それを知りたいとも思う。平々凡々たる生活を探求の対象にしたのは、柳田民俗学であった。しかし、民俗学以外にもまだいろいろあるだろう。眼を開き、研究対象を広げ、方法を多様化せねばならないのである」（木村礎、一九七四年）。

ここでは、地方史研究の今後の資料の取扱い方として、古文書をその基本におくが、古文書以外にも地域に残された多様な資料を活用する地方史研究の方法が求められる、との考えを展開している。

以上、地方史研究の今日におけるゆきずまった状況を突き抜けていく方法を追及しながら、その第一歩を、われわれに投げかけているヒントとして、高橋敏の考え方がある。

高橋敏の「地方史のオリジナル―小さな掘り起こしと小さな発見」（高橋敏、一九九四年）では、「本来地方史研究の強味は、理念はともあれ、地方の資料をフィールドワークで発掘し、ディテイルにこだわって事実を蓄積することにあったのではないでしょうか。中央の学界動向から遅れていようが、無関心であろうが、生活者としての問題意識と視角からフィールドワークという生活者でなければ出来ない無限の労力を発揮して小さかろうがひとつの歴史像を摘出することに本領があったように思うのです。ですから、世界史の激動、それらと前後して起こって来た人々の歴史研究への欲求に最も答えなければならなかったのは、地方史研究者であったはずだと思うのです。しかし、そうはならなかったのです」、そして現在の地方史研究の状況は「〝歌を忘れたカナリヤ〟ではありませんが、〝フィールドワークを忘れた地方史〟」になっているのではないのか、と指摘し、「地方史を志し、フィールドワークを実践するものは、そこで得られた小さな掘り起こし、小さな発見の事実を、中央の通説に出来るだけ合わせようとするのではなくして、おかしいと思う直感を大切にして進んでほしいと思うのです」と強調している。

また、歴史研究者ではないが、小説家の沢木耕太郎は、ひとつのある時代に生きた普通の人々、つまり「〝無名〟の人びとをどう文字化していくか」という作業は、「ひとつの時代を手で触れるように認識できないものが、その時代を理解し感得するために不可欠なものは、日常の細部であると私には思われる」と述べている（沢木耕太郎、一九八二年）。すなわちこうした考え方の底を流れているのは、どんなささやかな資料でも丹念に、地域に即して、地域に残された零細な資料をひとつひとつ積み上げながら、帰納法的に〝地域の伝記〟なり地域像をかたちずくっていくことが大切なのではないのか、ということである。

3　現在も、「歌を忘れて」いない古文書調査の具体的方法

現在、茨城県結城郡千代川村の『村史 千代川村生活史』は以下のように、すすめられている（木村礎、一九九五年）。千代川村史編さん事業代表者の木村礎は、「監修にあたって」のなかで、村史をつくる基本的姿勢を述べている。まず「監修者としての私の立場は、基本的な考え方を定めること、具体的な推進策を検討し、その現実化につとめることといった実質的なものです。私は飾り物になるつもりはありません」と、村史の基本的性格と村史をつくるにあたっての基本方針および資料収集の協力を村民にむかって呼びかけている。

さらに、今日において『村史』をつくることの意義を明解に表明している。

図1　村の住民に村の歴史を聞く

図2　村の住民に村の歴史資料の説明をうける

図3　古文書調査するお宅にうかがう

「当然のことながら、どの市町村でも日本全体の持つ問題と全く無関係ということはありません。しかし、どの地域でもそれぞれ個性的な問題を抱えつつ歴史を経過してきたということも厳然たる事実です。市町村史はその個性を書くためにあるべきだと私は確信しています。『村史 千代川村生活史』はあくまでも地域に即し、村民の生活の歴史を描くために存在しています。もちろん天下国家と全く関係を持たない地域生活はないというのも事実ですから、それについての配慮も欠かせませんが、われわれの村史では天下国家をあくまでも遠景に置き

図4　残された文書の数かず

図5　文書整理をおこない段ボール箱に収納する

図6　文書を段ボール箱に収納し分類する

図7　千代川村史編さん室で保管される古文書

ます。天下国家についての諸テーマを千代川村にそのまま下ろしてきたって仕方ないではありませんか。村史にとっての近景はあくまでも千代川村（そしてそれを包み込んでいる県西）にあります。

〝地域に即し、生活に即する〟を理念として唱えているだけでは空文句に終わる恐れがあります。そこで、この理念を実現するための具体的な方策を考えねばなりません。まず村史各巻の題名を変えます。もちろん題名にふさわしい内容をもりこみます。つまり〝名は体をあらわす〟ことをはっきり示すために〝名実共〟に変えるのです。

その第一着手が現在進行中の〝地誌編〟です。現在の千代川村の中には多数の大字があります。これらは江戸時代から明治中期までは〝村〟でした。人々は〝村〟という小地域を社会生活の単位としていました。そしてそれらの〝村〟には長期にわたる生活の歴史の跡が今でもはっきり残っています。これをきちんと調査することが『村史 千代川村生活史』の基礎なのです。〝地誌編〟についての予備調査は平成五年（一九九三）十一月の鯨および村岡を皮切りに、同六年八月の宗道を以て終了しました。この間各大字の区長さんや古老の方々に多大の御教示（図1、図2を参照）をいただきました。また古文書類（図3、図4、図5、図6、図7を参照）も思ったよりずっと多数出てきました。こうした予備調査にもとづき「共通項目」（25項目）を作成し、これを基準として、現在本調査を精力的に推進しています（〝共通項目〟以外に、各大字ごとに〝特別項目〟を立てます）」

と具体的な構想と基本的な考え方および現在の進行状況を述べている。その「地誌・調査項目」は以下のごとくである。

1絵図・地図類　＊近世の村絵図、迅速図、地籍、航空写真、

2起源並びに沿革　＊伝承も含む―「宗道何人衆」、

3石高・反別・年貢・小物成・東西・南北・戸数・人口（男女）・支配・大小区管轄、

4生業・職業構成・生産　＊生産─伝統産業（農業・養蚕・製糸・織布・酒造など）、

5景観（概観）　＊地形、高低、地質、地性／集落、耕地、林野等の配置状況／集落の形（集、散、路、街村）／集落のはずれとその示標など、

6旧址　＊土塁、堀、集落移動址、中世城址など、

7坪　＊機能、共有財産など、

8小字と検地帳の地字、

9村境とその示標　＊小道、小水路、谷、

10河川・沼・池・用排水路・堤防・湧水点、

11林野・入会地・目立つ樹木、

12主要道路・辻・駅・橋　＊通称／行先／辻の機能／旧道／旧橋、

13飛地、

14開発・土地改良・記念碑、

15行屋及び現在の集会所　＊建物と敷地／行屋道具類／建設趣旨碑／機能、

16公共施設（行屋・集会所以外）　＊掲示板（場）、高礼場（跡）、火の見（跡）、消防小屋、農協施設、郵便局、駐在所、郡役所址、村役場址、旧江連用水レンガ堰など、

17寺子屋・私塾・学校　＊筆子塚／教育関係記念碑／学校址、

18古い建築物・築造物　＊寺社を除く民間のもの／母屋、門、

19商店・工場・その他、

20神社　＊由緒、祭神、祭礼、朱印地、除地、神田、氏子、棟札、共有財産／境内諸施設／境内に集められた小祠など、

21寺院　＊由緒、宗派、本尊、朱印地、除地、寺田、檀家、棟札、共有財産／境内諸施設／古い墓石(〜享保)の数／戦没者碑など、
22小祠　＊路傍の小祠、
23墓地・古い墓石・墓制・古墳　＊村墓地、家墓地／古い墓石（〜享保）の数／戦没者碑など、
24石仏類（野仏）、
25その他

こうした項目に、必ずしもすべてを当てはめることはせず、共同調査・共同研究の一つの基準として、お互いが最低限の共通認識を持ち共通討論の可能な基礎としているのである。

おわりに

今後とも、古文書調査を中心に据え、併せてその他の多様な歴史資料をも駆使しながら、細々とではあっても、「歌を忘れず」にフィールドワークを継続し、地域の〝伝記〟と無名の人々を文字化していく作業を、しつづけていけば、その眼前に新たな地域像が浮かびあがるものと考えている。このように地域に即して、地域の生活史を復原してゆく方法を、地方史研究というのではなかろうか。二一世紀にむけて、わが国でも、〝時代専門別〟をとりはらい、地域のあらゆる〝局限〟にまでしっかりと視点を据え、地域の生活史学としての〝地方史学〟の誕生が望まれる。こうした地方史学を中心に据えた「地方史学部」が設置されているのはイギリスのレスター大学（一九四八年に創設）である（安澤秀一、一九七七年）。わが国にも早く望まれる学部である。

地域に入れば、いろいろと困難な問題が絶えず引き起されるが、そこは忍耐と度胸で資料との遭遇戦を乗り切りながら、古文書調査のフィールドワークを、継続してゆくことがますます重要なのではないだろうか。

注

＊ここに述べられた古文書調査のケース・スタディは、いまから一五年前の一九八四年（昭和五十九年）八月に開始された。当時の明治大学木村礎教授の日本史研究室の茨城県結城郡千代川村全域調査合宿と、現在の一九九三年（平成五）九月から開始された、木村礎氏を代表者としてすすめられている茨城県結城郡千代川村村史編さん事業のなかでの具体的方法の一端である。本文中の写真提供は、茨城県結城郡千代川村史編さん室である。

参考文献

柳田国男　一九三五年　『郷土生活の研究法』　刀江書院、後に『柳田国男全集』二八巻　ちくま文庫に収録

宮本常一　一九六五年　「民俗事象の捉え方・調べ方」（原題「旅行のうちに」）河出書房、後に『宮本常一著作集―旅にまなぶ―』第三一巻、未来社に収録

増田四郎　一九八一年　『社会史への道』　日本エディタースクール出版部

木村礎・林英夫編　一九六八年　『地方史研究の方法』　新生社、後に『増訂新版 地方史研究の方法』　一九七〇年　八木書店

永原慶二　一九九二年　「地方史研究協議会の初心」『地方史研究』二三六号

東京都近代文学博物館　一九九二年　展示図録『開館25周年記念　日本文学の巨峰　森鷗外展』

松本清張　一九八五年　「両像・森鷗外」（『文藝春秋』五月号〜十月号に発表された「二醫官傳」に加筆、改題）、後に、『松本清張全集』第六四巻　文藝春秋

古島敏雄　一九九二年　「地方史研究に望むこと」『地方史研究』第二三七号

木村　礎　一九六五年　「まえがき」『体系日本史叢書16　生活史II』　山川出版社

J・W・サースク　一九七八年　「英国の公共図書館と郷土資料室」『地方史研究』一五二号

飯泉正夫　一九九五年「明治がくると夏がくる　夏がくると明治がくる」『村史紀要　千代川村の生活』創刊号
木村　礎　一九六八年「研究の性格と方法」『地方史研究の方法』新生社
市川市史編さん委員会　一九六七年『市川市内歴史資料所在目録』
木村　礎　一九七四年「文献史料のみにあらず―第三回地方史研究全国大会（於　松本市）参加記」『地方史研究』一三二号
高橋　敏　一九九四年「地方史研究のオリジナル」『地方史研究』第二五〇号
木村　礎　一九九五年「監修にあたって」『村史紀要　千代川村の生活』創刊号
安澤秀一　一九七七年「松江大会にイギリスから参加のサースク女史について（紹介）」『地方史研究』第一四八号

一―(2) 文書調査の現段階

高橋　実

はじめに

ここでいう文書調査とは、所在確認調査を含め史料の存在状態の確認からはじまり、整理し、検索手段を作成し、利用し利用に供するまでの一貫した調査過程の中での、いちばん最初の初期調査のことである。具体的には、所在確認からはじまり、現場調査・搬出・取出しの過程を経て文書の塊ごとに形状やおおまかな内容を記録する概要調査までの調査をいう。

1　文書調査法の変遷

従来の文書調査法

これまでの村方文書などの調査法は「要は史料の出納に便利なように番号を与え、文書の総量・内容をつかむのが目的である。（中略）多量な史料の時は第一段階として荒仕分けをする。（中略）荒仕分けの最初の作業として、記録帳簿の冊子類と一紙ものの証文・書付類とに形態的に大別する」というようなやり方であった（児玉幸多ほか編、一九八三年）。「荒仕分け」という言葉に象徴されるこの調査法は、戦後の村方文書などの史料調査の中で考え出されてきたものである。これらの調査法は、膨大な文書を前にして、どうすればすばやく整理ができ、いかにすれば能率的利用が可能かということを前提にした形態分け、年代分けなどの物理的区分けであって、それが現形／原形の破壊をもたらした、といわざるをえない。ただ同じ文節で「史料の保管場所からの搬出には原型をくずさないように特に注意し」云々と、保存されてきた一件文書などの塊の原形保持に特別の注意をうながしているのである。しかし、実際の作業ではこの注意も無視されることが多かった。

なお誤解のないようにいうが、史料の利用において分類が必要でないということではない。利用目的にあわせていくつもの分類があってよいであろう。ただしそれは、カードとかによって分類すべきで、文書そのものの区分けをともなう物理的分類は不可だということである。

文書調査法の源流

戦前、相田二郎は江戸時代の古文書を対象にして「かゝる多量の古文書は、先づ一応整理してから、之が使用の方法を講ずるやうにしなければならない。それにはかゝる文書の目録を作ることが、第一の仕事である。次にその内容に基いて研究項目に照合して分類することも考え得る。然しこれには注意を要する。単に研究項目を主として分類すると、もとのまゝに伝来した姿を壊すことがある。この元の姿が、一つの立派な研究資料となるものである。（中略）根本の史料であるから、元の形を乱さぬやうに心懸けることが肝要である」と述べている（相田二郎、一九四四年）。ここには、現形／原形を尊重することの重要性、および現形／原形を生み出した文書管理史自体の究明の必要性も指摘しているのである（本稿脱稿後知ったために現段階で十分に論述できないが、一九二二年から二三年に欧米の文書館を歴訪した三浦周行が記述した長文の視察記「欧米の古文書館」〈『史林』第九巻第一号ほか〉の中で、史料の整理・修復にあたり「出所の原則」「原形保存の原則」を論じており、注目に値する）。

しかしながら、相田は物理的区分けを明確に否定していないし、どのようにすれば元の形を乱さぬようにできるかということも示していない。戦前のこのような不明確さが、戦後に文書調査法の実務上の問題を生み出すことになったのであろう。ただ、今日議論されているような論点がすでに指摘されていたことに留意しなければならない。

戦後、地方史研究が広範に展開し、それに即応して村方文書などの発掘と活用がはかられた。そのような状況の中で『近世地方史研究入門』が刊行された（地方史研究協議会編、一九五五年）。その中で、先行した近世庶民史料調査委員会や文部省史料館が行なっていた主題分類は「史料作成経緯や所在の原形式を崩」すものであり、「あまり多くの原状への変更を加えることは望ましくない」と警鐘を鳴らしている。かかる警鐘があったにもかかわらず、主題分類法は全国に急速に展開し普及していった。戦後の地方史研究の興隆と地方史研究者の拡大は、この物理的区分けをともなう調査法のさらなる拡大・浸透をもたらしたのである。

戦前からの「元の形」＝現形／原形の尊重という考え方があまり顧みられず、効率的利用のための区分け整理方法が普及していったのには、当時の社会経済状況や、非特権的地方史研究者という存在形態からみてある面で止むを得ない理由があった。多く地方史研究者は、時間や労力が少ない条件の中でも利用者そく整理・保存者でなくてはならないという考えから史料を整理してきたのである。だから、いかに早く簡単に整理・利用できるかという観点から形態分け、年代分けなどの方法を編み出してきたのであった。しかし問題は、近年まで長い間その方法に疑問をもたず無批判に踏襲してきたことである。

従来の文書調査方法への疑問と反省

分類全盛時代、この調査法に疑問を呈する人たちがいた。その一人色川大吉氏は、文書そのものの分類整理は文書群の生体解剖にあたるとして「原／現位置の尊重と記録」を強調し続けてきた（色川大吉、一九七七年）。つまり、「史料というものはどんなに面倒くさくても、どういう情況の中にその史料がおかれていたかをまずおさえておかなくてはならない。（中略）もし抜いて袋に入れてしまっていたら、もうその資料は死んでしまう。（中略）つまり私たちの言葉でいえば、史料発掘の方法として、資料の全体性をまず保存し、その発見時の全情況を記録しようというのである。（中略）資料の発掘の場合の慎重な手続きが必要なわけである。これが最初にいう文献資料を扱う場合の方法と、全体性保存の必要性ということである」と述べているのである。この主張は、文書群との格闘の中から生まれた批判であった。

一九七〇年代に入ると文部省史料館（現在の国文学研究資料館史料館）の中でも、物理的区分けや主題分類に疑問をもち、現形／原形を尊重すべきだという主張が生まれてきたようだ。その一人鎌田永吉は「近世史料の分類は、文書が『家』（『村』）別の文書として存在することを前提に、その家や村のなかでそれぞれの史料が作成された動機や背景にもとづいて、その史料が文書のなかで本来持っていた位置や役割を復原していく作業なのである。あるべき場所にもどすことだ、といっても良い」と強調した（鎌田永吉、一九七七年）。たしかに鎌田は「分類」と題しているが、文書そのものの物理的区分け分類を論じたものではない。史料カードなどによる原秩序再構成を主張しようとしたものであった。しかしその前段階として調査・整理の具体的方法や保存現状の意味などについての考察には到達していなかったのである。

2　新しい文書調査法の提示と試行

文書館学にもとづく整理論

新しい調査法の前提となる整理論の理論的問題提起は、一九八〇年代半ばから安澤秀一氏・大藤修氏や安藤正人氏らが主導してきた（安藤正人、一九八五年①・一九八五年②・一九八八年・一九九三年）。この整理論は文書館学にもとづくもので、それは「出所の原則」「原秩序尊重の原則」「原形保存の原則」を踏まえた段階的史料整理論といえる。これらの原則は、それぞれの文書群は決して無秩序な文書の塊ではなく、それを生んだ機関、団体、家、個人の組織と機能を反映した体系的秩序を内包している、ということを前提にした原則である。したがって、たとえこれまで伝えられてきた間に原秩序・原形の大幅な変更があったとしても、それを破壊せず、保存や利用のために変更するときはできるだけ正確な保存現状の記録をとるべきだ、という主張を生み出すのは当然のことであった。

かかる新しい整理論にもとづいて、新しい調査法への転換の方向を示したのも安藤正人氏であった（安藤正人、一九八六年。なお、ここでの「原形」はその後「現状」と言い換えている）。つまり「最近『文書の立場に立った整理』ということを考えるようになった。（中略）文書の『立場』は単に書かれた内容だけではなく、しばしば、他のどういう文書と一緒に括ってあったとか、どの文書箪笥のどの引き出しのどの辺の順に収納してあったとか、家の中のどの場所――蔵の中か母屋の仏壇の下か――にしまってあったか、というような点にも如実にあらわれていると考えるからである。（中略）史料という観点でなく、もっと普遍的な価値を有した文化財という観点から、独自に、実践的な整理の方法論が立てられなければならない。そこでは、おそらく、文書一点一点の内容や形態や機能より以前に、まずもって文書群の保存形態の原形にあらわれた文書自身の『立場』というものが重視されることになるだろう」と述べている（安藤正人、一九八六年）。かくして、文書群の存在形態の情報を記録する具体的方法を検討する必要性が提起されたのである。

新しい調査法の提示と試行

(a) 房総史料調査会は「より科学的で厳密な史料の調査や保存のための方法を模索」することを会の目的の一つにかかげて結成された（吉田伸之、一九九〇年）。この調査会は、安澤秀一氏や安藤氏らの「文書館学的記録史料整理論」に刺激をうけて、フィールド・ワークの立場から史料群の構造的認識の重要性の問題や、史料調査の方法・理念などについて集団的に検討し、調査の現場で実践を繰り返しながら「現状記録論」として定式化を試みてきたという（吉田伸之、一九九三年・一九九五年）。発足は一九八六年三月で、所属大学や機関の枠をこえたメンバー構成、その自主的な活動形態といい、活動内容といい、注目すべき調査会である。なかでもこの調査会がはじめて実施した「現状記録法」は画期的なものであり、そこで得られた史料調査の知識と技術は、直接・間接に全国の調査法に与えた影響は大きく、その方法の基本的考えは広く継承されている。

(b) 茨城県牛久市史編さん委員会・近世部会が、文書館学的史料整理論にもとづいた本格的な史料調査を開始したのは一九九〇年のはじめである。牛久市史の史料調査に参加した者は、新しい調査・整理論の知見と試行錯誤の経験をもっていた者が多かった。そこで、各自の知見と経験を持ち寄り、編さん活動の場で一緒に検討し、実践を積み重ねてよりよい史料調査・整理方法を築きあげたいという共通認識で史料調査をはじめた。そして、その結果を報告書としてまとめ、未完成ではあるが一つの試みの事例として、とりわけ改善すべき部分を多くもつ検討素材として幅広く取り上げてもらいたいということで刊行したのである（牛久市史編さん委員会・近世部会、一九九三年）。この試みはいくつかの点で波紋を生み出したのではないかと思う。一つは自治体史の編さん事業の一環としてこのような概要調査報告書が刊行されたことと、もう一つは「中間番号方式」とでもいうべき概要調査方法を提示したことではなかろうか。この中間番号方式については、次節「初期調査の実際」のところで述べることにする。

現状記録作業を基軸とするさまざまな調査法は、全国各地で展開している。全国各地の調査会や文書館・資料館、あるいは自治体史編さん部局で実施されている新調査方法には共通した部分はあるが、同時に相違する部分も少なくないようである。今後、それらの知識と技能の交流と論議は必要なことである。

今日にいたる過程でいくつかの論議が展開しているが、その中でも大きな論争とみられているのが吉田伸之・安藤正人両氏の論争である(吉田伸之、一九九三年)。この論議によって認識が深まり、方法上の改善がなされてきたことはたしかである。ただ、両者の違いを強調することは議論としてはおもしろいであろうが、私にはそれほどの違いはないように思う。「文書館派」と「非・文書館派」の区分けに意味はないし、記録史料学と歴史学両者のアプローチの違いに起因するという見解には賛成できない。調査にあたりアプローチの違いによって調査方法に相違があってよいだろうか。どのような立場の人でも、いかなる目的で整理するにせよ、踏まえなくてはならない原則、方法があり、やるべきこと、守るべきことは共有して調査にあたらなくてはならないからである。

受容の諸形態と新調査法の普及状況

新しい文書調査方法に対して、反対から受容まで、そして積極的な導入までいくつかの形態がある。新たな動向に対して、まったくの無知・無関心派から、新動向は知っていても反発派、無視派、言い訳派などがあるようだ。ただし、共通していることは真正面から根拠をあげて反論を展開しないことである。あるいはいちおう理解を示しながらも、状況によっては形態分類も必要だとか、時間的制約などによって完全な実施は不可能であるというような誤解派、条件制約派などがみられる。さらにいまなお分類区分け方式を継続し、かつ奨励している人も皆無ではない。ここに「歴史研究の学説に関してはかりに謙虚であっても、研究の前提としての史料調査の技術論等になると、他者の言説に耳を閉ざしあるいは曲解しつつ自説に固執することがみうけられるのではないか。ここにはある種の古文書フェティシズムの匂いを嗅いでしまう」というような吉田伸之氏の批判が生まれるのは故無しとしない（吉田伸之、一九九五年）。

整理そく一点ごとの目録記述という固定観念から離れて「一歩手前で止める」という段階的精密化の考えが必要であるし、群のもつさまざまな情報の保持に留意し、史料はいまの我々だけのものでないという史料の立場にたつならば「あとひとつの手間をいとわない」姿勢が求められているのである（安藤正人、一九九八年）。

一九九〇年十二月の調査データで古いが、普及の動向を見るために紹介しておく（埼玉県地域史料保存活用連絡協議会、一九九二年）。調査対象は全国および埼玉県内の史料保存機関や自治体史編さん組織である。それによると回答一〇七の内、現状を記録しているところは二〇あり、従来のように現状記録をしないで物理的仕分けをしているところは一六であった。その他は、場合によっては記録したりしなかったりということである。この割合はこの段階で予想していたのよりかなり多い。もちろん調査対象が史料保存機関などであるから実施比率が高いのだといえようが、それでも予想以上の実施率である。これからはますます現状記録を基礎とする新しい文書調査・整理方法を取り入れる方向で推移することは確実であろう。管見の範囲でも新しい方法による調査・整理報告が近年急増しており、そこにも我々の予測推移の根拠がある。

3　初期調査の実際

初期調査の目的

各段階の史料調査は、調査を行なうことそれ自体に目的があるのではない。それぞれは調査・整理の最終目的を達成する「手段」であることに注意していただきたい（もちろん「手段」だからといって、ある段階の調査・整理が、次の段階の調査・整理より低次元なものであるというわけではない。いずれも段階的に踏まえなくてはならないものであって、その間に優劣はない）。ともすれば、現状記録などの調査活動を自己目的化する傾向がなきにしもあらずだからである。いうまでもなく史料調査・整理の目的は、「誰もが自由に」「科学的に」「永続的に」利用できるような条件を整えることである。そのためには、物理的な保存処置を講じ、確実な管理保存を行なうとともに、文書群の出所や構成を明らかにし、それにもとづいて本格的な基本目録や科学的な検索手段をつくることが必要になってくるのである（安藤正人、一九九三年）。この最終的な整理、各種検索手段作成にいたるまでにいくつかの史料調査・整理の段階があるが、ここではその内のいわゆる初期段階の調査の実際について述べることにする（史料と対面したとき、いまにも崩れ落ちそうな文書のかたまりや外れてしまいそうな帳簿などにしばしば出合う。初期調査の目的には、史料劣化要因の除去、簡単な防護措置や必要最小限の応急保存処置を施すことも入っている。これについては廣瀬睦「初期整理段階の史料保存手当」〈牛久市史編さん委員会・近世史部会編、一九九三年〉を参照していただきたい）。

ところで文書記録が作成され保管されていた形すなわち原形が、そのまますべて今日まで伝えられているわけではもちろんない。程度は別にしてこれまでの間に移動や改変の手が加えられてきた場合の方が多いに違いない。それでも今日に伝えられている現状の形態、すなわち現形には多くの原形の痕跡が残されているはずである。その現形に残されている痕跡をも手がかりにして、原形の復元、ひいては「原秩序」の再構成を行なう必要がある。だから、現状を変更しなければならない場合にはまずその現形を記録しなければならないのである。したがって初期調査の目的は、まず文書群の保存現状を記録することである。具体的には、写真や図画や記述などによって文書群がどのような場所に、どのような状態で、どんな容器に入れられて保存されていたのかを記録することである。現状を変更するときは必ずその形状を記録しなければならない。これが「記録の原則」である。

調査の実際

ここでは近世から近代にかけて村役人などを勤めたお宅の場合を想定して調査の実際を述べてみることにする。個人で行なう場合でもグループで行なう場合でも基本は同じである。

①事前調査

あるA家に史料が保存されていることを確認した場合、ただちに史料を取り出して内容調査をするとか、搬出などの措置はとらない。

まず、文書の伝来や保存場所、あるいは過去の調査の有無など文書にかかわる事柄の確認を行なう。さらに地域や家の歴史などにかんする聞き取りや資料の有無を確認することが必要である。

つづいて文書の保存場所の確認と写真撮影(ここではフィルム写真撮影する方法で述べるが、ビデオカメラを用いたり、即時性に強みをもつポラロイドカメラやパソコンに連結したデジタルカメラなどの使用も考えられるし、実際の調査で使用されている)などによる簡単な記録を行ない、保存状態、保存環境などのおおまかな測定と記録を行なう。

調査の準備ができていれば、そのまま保存現場の記録やそれ以降の作業に入っていける。

②事前の検討と準備

グループで調査する場合には、調査に入る前に事前の打ち合せを行なう必要がある。調査・整理は長期にわたって段階的に行なっていくものであるから、まず全体の調査・整理計画を検討し、決めておく必要がある。最終的な計画は、概要調査の結果を踏まえて策定すべきであろう。そして、今回行なおうとしている蔵出しから概要調査の範囲とレベルを確認する。

その上で、まず事前調査者から現場写真や記録などにもとづいて調査報告をしてもらい、A家文書群の保存概要を知る。またA家およびA家文書にかんする情報を確認する。

つぎに、具体的な史料調査の方法について検討を行なう。「調査の手引き」など調査の具体的方法や手順、記録の仕方などのマニュアルが必要であれば作成する。

その上で、日程や役割分担などを確認する。

調査の方法と段取りが決まったならば、必要な道具や消耗品の準備を行なう。

なお、実際の現場では事前に予想できなかった問題が生じやすいし、手引きの変更も必要となることも少なくない。これらは作業を行ないながら臨機応変に話し合って詰めていく必要がある。

③保存現場の現状記録

保存現場の現状記録というのは、たとえば蔵などの保存場所および内部の収納容器の存在状態を記録することである。つまり、史料がどのような場所に、どういう形で、あるいはどのような収納容器にどんな状態、形で保存されていたのかを、写真やスケッチ、あるいは簡単な記述によって記録することをいう。

作業はまず、屋敷内外の写真撮影や配置図などを作成し、蔵の外観を撮影し、スケッチする。史料が保存されていた周辺空間の記録である。

保存されていた場所が蔵であれば、はじめに蔵内部の現状を確認し、写真撮影を行ない、床と東西南北の壁面、場合によっては天井の撮影やスケッチを行ない、蔵内部の大まかな計測を行なう。

つづいて、史料所在の確認を行なう。箱であればふたを開け、形状を乱さないようにして確認する。箱から一度ものを出さなくてはならない場合は、確認したあともとの状態に復元する。

長持や簞笥、行李などの収納容器類はもちろん、内部のすみずみまで点検し、史料の有無を確認する。そのための照明などの準備は必要である。

現場でのスケッチは詳細でなくてもよい。概略をスケッチしておけば、あとで必要なら写真を見ながら精密化できる。スケッチは現状を把握するのに意外と役に立つ。機器の故障や操作ミスのバックアップにもなる。

史料の所在が確認された容器や場所の現状を秩序よく記録するために、番号や記号による特定が必要である。たとえば、壁の東西南北と床や天井をＡＢＣ……と決め、またそれぞれの中を一定の順序で１２３……と番号を決め、史料がある箱や場所にその記号と番号を組合せた札を置いて写真撮影し、スケッチに記入していく。背後や下部にあってわかりにくいときには「↓」などの指示札が有効である。カラー写真なら、札を色分けすればさらに識別しやすい。

同じ蔵の別の階や別棟の場所もたんねんに所在確認して、保存されていたならば同じ方法で保存現場の現状を記録に固定する作業を行なう。

④蔵出し作業

蔵出しとは、蔵などの保存現場から調査や整理する作業場所へ史料を搬出することをいう。調査し整理を行なうのであれば、たとえ同じ蔵内部でその作業を行なうにしても移動や現状変更はさけられない。一般的には蔵から調査場所への搬出をともなうことが多い。

前段までの調査で、史料の保存現場状態、収納容器の存在状態を記録化しているから、番号札をなくさないかぎり、順序にとらわれずに蔵から出しても問題はない。

収納容器自体も記録化が必要なため、できるだけ収納容器を運び出すようにしたいが、大きな簞笥などの場合は史料が入っている引き出しのみを搬出するのもやむをえないであろう。収納容器全体を運び出さないときは、現場で容器本体の撮影を行ない、計測しスケッチをする。

⑤保存状態・収納容器の記録

保存状態の記録とは、個々の史料群が、収納容器の中にどのようにくくられていたのか、あるいはどのような塊としてあったのかなどを記録するために、写真撮影し、スケッチし、その概要を記述することである。

収納容器の記録とは、史料を取り出したあとで各収納容器の外観を撮影し、簡単にスケッチし、それに計測した縦横・深さ・厚さなどの各寸法や特徴、さらには容器の材質や製作・加工方法などにかんする情報を記録していくことである。もちろん「箱書き」「貼り札」などの注記も記録する。

これらの作業は、蔵出し後のいわば第一段階に位置する作業である。ふたつの作業は、別々でも行ないうるが、同時並行的に行なうのが能率的であるし、間違いを防ぎやすい。

この作業は蔵出しと継続して行なうことが多いが、都合により一定の期間をおいてからでも可能である。その場合、当然であるが防虫・防塵処置や保存環境に留意しなければならない。

また、作業は収納容器単位にどこからでも開始することができ、ひとりでも、いくグループに分けてでも作業を行なうことができる。いくつかに別れて作業を行なう場合には、進行管理とその記録化は必要である。

作業の場所であるが、A家内の場合でも、近くの集会所や公民館などの場合でも、あるいは史料保存施設に搬入してでも、一定の作業空間があれば可能である。もちろん所蔵者の了解が前提であるが、さまざまな条件に応じて設定すればよいと思う。この作業場所の設定にはいくつかの議論があり、調査者の現場感の共有や地域との交流・学習などができないという問題はあるが、純作業面でいえば一定の空間と保管の安全・環境が満たされていれば、場所の問題は問わない。

作業は写真撮影担当、スケッチ・計測担当、概要目録担当などと分かれて行なうと作業を進めやすい。

収納容器内の現状記録は、まず収納容器単位ごとに外観を写真撮影し、スケッチする。つづいてあるまとまった収納文書群に便宜的な枝番号（中間番号）を付与し、そのまとまりごとに同じく写真撮影し、収納状態の特徴を記したスケッチをとることである。そのうえで、収納容器内の各塊ごとの収納状態と史料内容の概略を記した概要目録を作成する。

写真撮影は、まず収納容器の外観を容器番号とともに撮影し、つぎに容器内の袋入れとか紐にくくられているとかの、ある程度まとまりのある史料の塊ごとに中間番号（箱の番号と一点ごとの番号の間の番号という意味）を与え、その中間番号札を添付して、この各中間番号ごとに撮影を行なう。この中間番号は、現状を記録し固定するためにえるもので、紐でくくられていたり、布や紙などで包まれた明確な一括文書ばかりでなく、便宜的にくくらざるをえないものもある。

ともかくまとまりの間の位置やまとまりの具合については、この時にしか記録できないから、注意を要するところである。とくに便宜的に区切った所はその理由を注記しておく必要がある。指示札「↓」も適宜使用する。よりわかりやすく画像に取り入れるために、薄葉などの薄い紙で塊を縁取りすることも工夫の一つであろう。

⑥概要目録の作成

概要目録は、収納容器ごとの収納状態と史料群（ある史料の塊、それを史料群とここでいう）のおおまかな内容を記録した簡単な目録のことである。したがって、各史料群ごとに史料概要を的確に表現することが肝要であるが、ひとつの収納容器にある史料が少ないときには臨機応変に内容略目録のように一点ごとに記すこともある。

この作業がすむとまとまりを崩さないような処置を講じて保存する。一点ごと封筒に入れたりするのは次の段階である。塊に付与した番号札や付箋は外れないようにし、元の収納容器が使えるならそのまま収納し、新しい包みや容器が必要ならそれに収納して次の調査段階まで保存する。

この①〜⑥までで初期段階の調査が終わり、つぎに内容調査の段階に入り、一点ごとの史料整理と内容目録（一点一点の史料の個別表題などを記した目録）の作成に入る。

なお、概要目録でも史料のある程度の目安はつけられるし、概要調査の段階でも史料利用は無限定でなければ、またある程度注意して出納するのであれば十分可能である（吉田伸之、一九九八年）。

概要調査法は手間暇がかかり、限定された条件の中での実施は難しいという議論がある。これは誤解である。むしろ限られた日数の中で、史料群の現状をいちはやく凍結・記録しなければならないときにこの方法は威力を発揮する。そして概要調査が終わり、ひとたび現状が凍結・記録されれば時間的な制約から解放される。つぎの内容目録作成の段階では、より丹念に史料のまとまりや個々の史料の内容を検討することができるのである。

中間番号方式の意味

本稿で示した具体的調査手順は、牛久市史の調査において実施したものにもとづいている。この調査手順の特色は、史料群の保存状態を把握し、概要を記録するために、史料群をあるひとつのまとまりごとに捉え、それに中間番号を付すという方式を取り入れたことである。中間番号を用い概略的に史料群を把握することにより、現状記録に要する時間は、史料一点一点ごとの保存状態を厳密に記録することに比較して大幅に短縮されるし、史料群の内容傾向も素早く把握することが可能である。事実、牛久市史の調査では、総点数三〇〇〇点以上におよぶ文書群全体に対し、事前一日、現場記録・蔵出し一日、概要調査二日、計四日で終了した。人員も直接的作業にかかわったものは延べ二五人である。習熟してくれれば、同じ程度の作業ならそうとう時間を短縮できる。そのことからも、中間番号を用いる方式は、時間的制約がある中で文書群の保存状態を記録という形で緊急に凍結・保存するには効果的な方法であるといえよう。

おわりに

史料学・史料論の隆盛は、最近の特長のひとつであろう。それは、史料学自体の学問的要請にもとづくものであろうが、同時に幅広い意味での歴史学からの要請も背景にあるのではあるまいか。組織や団体、個人による文書の作成・授受、管理・保存の歴史の集積である文書群の原形、そして今日までに伝えられてきた過程でさまざまな改変を加えられながらも、その痕跡を残しているであろう現状形態を正確に踏まえることなく、歴史学をはじめとするあらゆる領域での史料利用の科学性を担保することは難しい。史料学と文書調査論の今日的展開は必ずしも軌を一にしたものでないであろうが、奥深いところでは源を一つにしたものではあるまいか。なぜなら、歴史の枠組みは大きく変わりつつあり、これからもさらに大きく変わろうとしている潮流と密接な関係をもっているると考えるからである。狭い歴史学の範囲に限定しないでもらいたいが、「新しい歴史学についての学問は、いつでも史料科学の発展とともに発展した」という黒田俊雄氏の謙虚な発言に我々は耳を傾けるべきであろう（黒田俊雄、一九八五年）。

参考文献

相田二郎　一九四四年「古文書と郷土史の研究」日本歴史地理学会編『郷土史研究の調査と方法』地人書館

安藤正人　一九八五年　①「史料整理と検索手段作成の理論と技法――欧米文書館の経験と現状に学ぶ」『史料館研究紀要』第一七号

同　一九八五年　②「近世・近代地方文書研究と整理論の課題」『日本史研究』第二八〇号、のち①②とも大藤修・安藤正人『史料保存と文書館』吉川弘文館（一九八六年）所収

同　一九八六年「武蔵国多摩郡中野村名主・堀江家文書目録改訂増補版」の新刊案内文『地方史研究』第一九九号

同　一九八八年　③「史料の整理と検索手段の作成」国文学研究資料館史料館編『史料の整理と管理』岩波書店

同　一九九三年　④「記録史料調査の理論と方法――現状と課題」牛久市史編さん委員会・近世史部会編『牛久市小坂・斎藤家文書概要調査報告書』牛久市（なおこの論考で安藤氏は吉田伸之氏の指摘を受けて史料の保存の

「原状」を「現状」とした)。のち③④とも安藤正人『記録史料学と現代――アーカイブズの科学をめざして』吉川弘文館(一九九八年)所収

色川大吉 一九七七年『歴史の方法』大和書房

牛久市史編さん委員会・近世史部会 一九九三年『牛久市小坂・斎藤家文書概要調査報告書』牛久市

鎌田永吉 一九七七年「近世史料の分類」『史料館研究紀要』第九号

黒田俊雄 一九八五年「『歴史が変わる』とき」『歴史地理教育』第三八八号

児玉幸多ほか編 一九八三年『古文書調査ハンドブック』吉川弘文館

埼玉県地域史料保存活用連絡協議会 一九九二年『古文書等の収集と整理に関するアンケート集計結果報告』同会

地方研究協議会編 一九五五年『近世地方史研究入門』岩波書店

吉田伸之 一九九〇年「現状記録の方法について」房総史料調査会『紙魚の友』第九号。のち吉田伸之・渡辺尚志編『近世房総地域史研究』東大出版会(一九九三年)所収

同 一九九三年「〔補論〕現状記録論をめぐって」吉田伸之・渡辺尚志編『近世房総地域史研究』東大出版会

同 一九九五年「現状記録論と調査・研究」『史料館報』第六三号

同 一九九八年「現状記録調査と『フリーズ』方式」『千葉県史編さん資料・千葉地域史料現状記録調査報告書第4集・鴨川市平野仁右衛門家文書』千葉県

一―(3) 文書・記録の評価と移管

松尾　正人

はじめに

昭和三十四年（一九五九）の山口県文書館の設立を初発として、その後に東京都公文書館、京都府立総合資料館などが開設され、昭和四十六年（一九七一）には国立公文書館が設立された。昭和六十二年（一九八七）には公文書館法が制定され、全国の県や市町村で文書館あるいは公文書館の設立が続いている。

しかし、このような我が国の文書館・公文書館についても、それをささえる法的基盤の弱さ、専門職員（アーキビスト）の配置、施設の課題などの指摘が少なくない。そして、文書館・公文書館は行政機関などから移管される膨大な近現代文書と、それらの文書・記録の評価・保存の諸課題に直面している。近現代文書・記録の移管・保存、とりわけその際の評価と選別は、国あるいは都道府県の文書館の根幹に関係する問題であり、各館においても「大綱」「原則」などが作成されてきた。だが、それらも文書館の設置目的、施設の現状、あるいは文書の存在の仕方によって一様ではない。その制度的な検討もまさに緒についたばかりで、評価・選別は近年の重要な課題と認識されるようになっている。

右の問題については、鈴江英一「わが国の文書館における公文書の引継移管手続きと収集基準について」や戸島昭「文書・記録の評価と選別」などが、実務をふまえた実態分析を行なっている。安藤正人「欧米記録史料学における記録評価選別論の展開」などの理論的研究もおおやけにされてきた。全国歴史資料保存利用機関連絡協議会（全史料協）は、平成元年（一九八九）に刊行した『記録遺産を守るために―公文書館法の意義と今後の課題―』で、評価・選別の問題を取り上げ、近年は研修・研究委員会のもとに「公文書の管理・移管・評価選別」の全国的な状況の調査を目的とした依託研究を実施している。また国立史料館は特定研究「記録史料の情報資源化と史料管理学の体系化に関する研究」のなかで、「評価と収集」研究部会を設け、共同研究に着手している。

ここでは、そのような文書・記録の評価・移管・選別をめぐる近年の議論を整理し、その現状と特色を取り上げてみたい。公文書と私文書のそれぞれについての評価・選別の方法を検討し、その問題点を指摘するとともに、あわせて今後のあるべき方向についても論及したい。

1　公文書の評価

「文書管理規定」と行政的評価

一般に公文書は、国または地方公共団体（地方自治体）の公務員が作成した文書、およびそれらが「職務上取扱の対象」とした諸記録を指す。公文書や公的な記録は、本来的にはその主権者に帰属する財産である。国あるいは都道府県などの地方自治体が関係する公共的な業務、事業の資料であり、その内容は行政的な性格と自治体の組織・成員に関する一般的な傾向が強い。

このような公文書は、都道府県では「文書管理規定」の類が定められ、その管理が行なわれている。「文書管理規定」は、「文書規定」「文書取扱規定」などとも称され、法令としての形式はその所管に属する機関や職員に対して発せられる訓令である。内容は概して、文書の収受、文書の処理、文書の浄書・施行、文書の整理・保管、文書の廃棄などの事項で構成されている。「文書ファイル基準表作成要領」「文書編纂保存規定」「文書保存期間基準表」のような関連規定が附される場合が多い（田中康雄、一九九七年）。

公文書は、それを作成した国や地方自治体の各部局において、業務推進の立場から永年に保存する「永久保存文書」、および一〇年・五年といった一定の期間を限って保存する「有期限保存文書」に大別される。一次的な現用価値にもとづく評価区分であり、戦後は「永久」に変えて「永年」「長期」といった名称に変更された事例が多い(水口政次、一九九七年)。

「永年保存文書」を定める基準は国や都道府県によってさまざまであるが、「文書取扱規程」を設けている栃木県を一例にあげると、「永年保存文書」は①皇室・庁中儀式関係の重要文書、②叙位・叙勲・褒賞・表彰関係の文書、③条例・規則・訓令・告示関係の重要文書、④国の重要な達・指令、⑤国や地方公共団体との重要な往復文書、⑥職員の任用・進退・賞罰関係の文書、履歴書、⑦恩給・退職手当裁定関係の文書、⑧予算・決算関係の重要文書、⑨県議会関係の重要文書、⑩不服申立てや訴訟関係の文書、⑪重要施策の計画・経過関係の文書、⑫重要な統計書、研究資料等、⑬国有財産・県有財産関係の重要文書、⑭市町村の廃置分合・境界変更・名称変更関係の文書、⑮許可、認可、特許その他の重要文書、⑯栃木県の沿革関係の文書、⑰文書学事課所掌の官報と栃木県公報、⑱その他永年保存を必要とする文書などである。

文書館への移管とその課題

現在の都道府県の文書館では、「永年保存文書」を自治体各部局から引き継ぎ、優先的に保存している。「永年保存文書」は、それを作成した主務課から文書管理の主管課(文書課)に移管され、さらに一定年限を経過した後に文書館へ引き継がれる。その際、「永年保存文書」をいったん廃棄あつかいとし、文書館がそれをあらためて収集する場合もある。また群馬・埼玉両県などでは、文書館が教育委員会の所轄であることから、地方自治法で定める「管理委任」という手続きを行なって、完結一五年を経た「永年保存文書」を文書館に受け入れるようにしている。文書・記録の文書館への移管については、このような引継ぎ、収集、「管理委任」の措置がとられ、行政的に価値が高い「永年保存文書」が、重要とみなされている。一次的な評価をそのまま継承することで移管を容易に行なうことができるという点、および公文書本来の秩序を継承する点からも、「永年保存文書」を優先するという評価となっている。

また、「有期限保存文書」については、都道府県文書館への移管の方法は一様でない。「有期限保存文書」の一〇年・五年といった年限は、それを作成した部局の一次的な現用価値にもとづく評価区分である。「重要である」とか「軽易なもの」とかで区分され、とくに明確な基準が存在しない場合もみられる。文書館側は、文書主管課が保管している「有期限保存文書」の保存年限を経過した分を対象とし、歴史的・文化的価値を基準とした評価を行ない、そのうちの重要な文書を受け入れている。東京都の場合は、文書館が主務課の作成した文書管理カードを検討し、その上で主務課に重要文書の引継ぎ依頼を行ない、保存期間終了後の当該文書を受け入れているようだ。文書館が設置されていない県では、文書を作成した主務課から文書が主管課に移され、一部が歴史的文書として永年保存とされるが、その他の保存年限を過ぎた文書の多くは廃棄されている。

国の公文書についての評価・保存は、文部省を一例にすると、各課の完結した文書が大臣官房の総務課文書管理班に引き継がれ、同課の記録管理官のもとで「記録文書」とよばれる簿冊となって記録庫に保存される。永久あるいは五年などの保存年限は総務課長が定めるが、文部省全体の文書がすべて記録庫に移されるわけではない。大臣決裁文書、審議会の議事録などは引き継がれるが、人事・会計関係文書などは主務の各課が保管している傾向なようである（鈴江英一、一九九七年）。

国立公文書館への移管については、文部省の「文部省文書処理規定」の第六〇条が、「永久保管とされた記録文書で保管の開始後二〇年以上を経過したもの、及び永久保管とされたもの以外の記録文書で当該記録文書の保管年限を経過したもの」と、定めている。移管に際しては、「記録文書移管簿」が作成される。移管の決定は総務課長が当該文書の主管課長と協議の上で、決定しているという（鈴江英一、一九九七年）。法務省の場合は、「法務省文書保存規定」に、「部局長は、保存文書を国立公文書館に移管することが適当であると認めるときは、秘書課長に協議の上、当該保存文書を国立公文書館に移管することができる」とあり、同省の判断にもとづく任意なかたちとされている（安藤正人、一九九八年）。

これに対して、国立公文書館側の受入れの実務は図1の方策をとる。国立公文書館は、各省庁の協力をえて、移管計画策定のための実態調査を五年毎に行なっているようだ。その調査では、現用・非現用の区別を行ない、非現行のものについて公開の可否を区別し、移管可能な公文書等の数量を把握する。国立公文書館は、各省庁が作成した移管計画をまとめて移管計画案を作成し、毎年度開催される「各省庁事務連絡会議」にはかり、当該年度の移管計画を決定する。移管の当日は、国立公文書館の職員がその省庁に出向き、関係職員の協力をえて国立公文書館への移管作業を行ない、当該省庁は送付目録を添付した移管の依頼文書を提出している。

これらの実務は、昭和五十五年（一九八〇）の「各省庁連絡会議申合せ」である「公文書等の国立公文書館への移管及び国立公文書館における公開措置の促進について」にもとづく方策である。当該省庁の文書管理規則等で「永年保存」と定められたものの移管完了の時期は作成後三〇年とされている。同様に「有期限保存文書」で国立公文書館に移管の必要があると認められるものは、移管完了の時期が保存期限の満了後一年、ただし作成後三〇年を越えない時期とされている。もっとも、そこには、各省庁が移管を不適当とする理由のあるものを、各省庁がその理由がなくなるまで移管を保留できるというただし書が記されており、移管にともなう国立公文書館側の権限の弱さは明白である。また「閲覧業務を行う独自の保存公開施設を有する省庁」は、「別段の取扱い」とされている。防衛や警察に関する公文書の移管は容易でない。国立公文書館側の公開も、「各省庁から移管を受けた公文書等で作成後三〇年以上経過したものを公開するもの」としながらも、「公開を不適当とする理由のあるものはこの限りでない」としている。その上、作成後三〇年未満の公文書等は、「当該省庁と協議の上公開する」とされているのである。

ところで、「文書管理規定」とそれにもとづく公文書の評価・移管については、多くが現用文書の管理を重視し、その管理はあくまで保存年限が終了するまでの期間とみなされている(水口政次、一九九七年)。また自治体の各部局の一次的な評価は、行政を執行した結果を実績として残すことあるいはその業務を円滑に継承することが

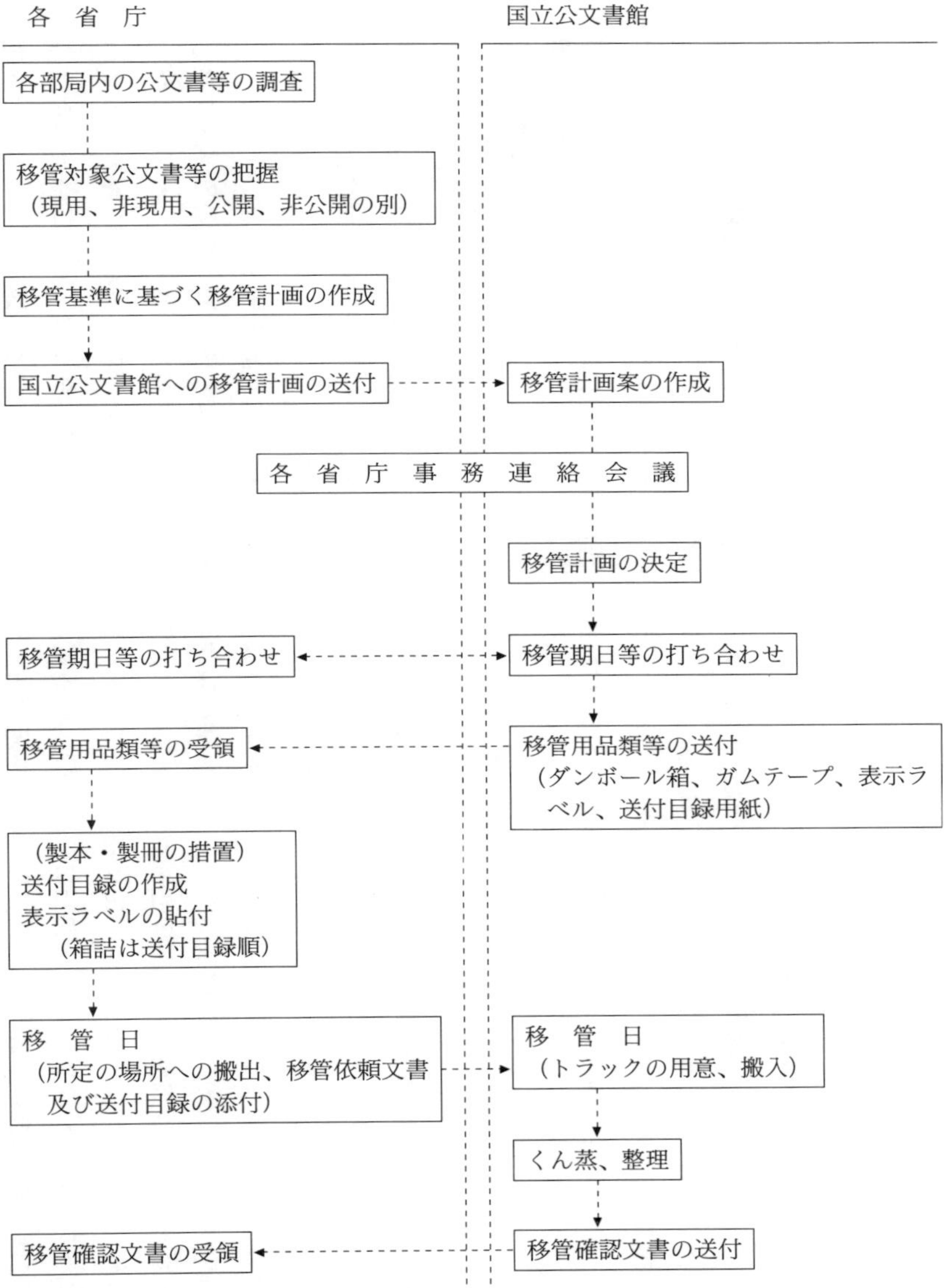

出典　『第２回公文書館等職員研修会受講資料』（国立公文書館、1989年）

図１　国立公文書館における公文書等の移管手順

重視され、それらの行政の意志を形成する過程の公文書や関係記録は軽視される場合が多い。行政の執行結果が永続的な効力を持つ文書は「永年保存文書」として残るが、政策立案の過程で作成された文書は概して不要とされる。それらは一定期間を限った「有期限保存文書」あるいは非現用文書として処理されてしまう。また「有期限保存文書」は、保存期間が短い文書が自動的に廃棄されるとか、知事引継書、財務関係文書、人事関係文書といった秘密性の高い公文書が、移管されないまま主務課に残されているといった課題も多いようである。主務課から主管課への移管が確実に行なわれないままに処分される事例、主務課の「常時利用」や文書館に対する理解不足にともなう引継ぎ拒否なども存在する（水口政次、一九九六年）。さらに、権利・義務関係にもとづく情報公開制度による「公開」と、広く一般を対象とした文書館の「公開」は、おのずと異なる性格を持つ。情報公開段階における利用とその後の文書館での保存・利用には格差があり、移管・閲覧体制整備と利用者のための橋渡しが近年の課題となっている。

公文書の歴史的評価

公文書の移管については、文書館がその文書・記録の現用段階から把握しておくことが重要である。自治体の部局の主務課から文書主管課を経て文書館へ移管するに際しても、「分掌事務一覧」、あるいは公文書を主題別に分類して各分類項目に簿冊名とその保存期間を示した「文書分類表」の準備が必要となる。あらかじめ各機関や組織の業務を把握し、そこで作成される文書・記録に精通して、的確な収集作業を進めることが求められている。そこでは、文書館側と文書主管課の職員間の適切な人事交流なども望まれる。文書館を持たない自治体の場合は、文書課などの主管課の役割が重要である。

近年は、文書・記録の作成段階からその保管や保管期間終了までの管理（record management, レコード・マネジメント）が重視され、一覧表（retention schedule, リテンション・スケジュール）を作成することが求められるようになっている（石原一則、一九九六年）。後者は、文書・記録について、タイトル名、重要かどうかの判断、現用としての保管期間、半現用としての保管期間、トータルな保管期間、保管期間終了後の処置などをあらかじめ作成しておくもので、文書・記録の段階的な選別を容易にし、合理的・効率的な管理を可能にする。

また、この移管については、主務課や主管課から文書・記録が円滑に引き継がれない事態の克服、さらには一次的な現用価値に限定されない歴史的・文化的評価を加味した移管が重要で、文書廃棄の権限を文書館に持たせることが肝要である。現段階で文書館が設置されている都道府県においても、廃棄権限が文書館にある例は一部であり、その権限の拡大が必要である。前述の文部省文書の場合も、移管の主体は文部省側にあり、国立公文書館側が移管についての強制力を持たない点が課題といえる。

昭和六十二年（一九八七）十二月公布の公文書館法でも、第三条で「国及び地方公共団体は、歴史資料として重要な公文書等の保存及び利用に関し、適切な措置を講ずる責務を有する」という文言が明記されており、公文書等の歴史的価値があらためて注目されている。この公文書の歴史的価値については、それが行政上の現用文書の段階から発生し、「本質的な価値で恒久的な価値として意味を持っている」ことが強調されている（津田秀夫、一九八五年）。その意味で、行政基準をあらためて再検討し、歴史的価値を加味した評価・保存を決定することが欠かせない。行政文書についても、文書館が主体的に評価・保存するという原則の確立が重要なのである。

移管にともなう整理については、紙幅の関係で省略するが、これらの整理の過程で行政的価値を再検討し、あらためて歴史的・文化的価値を加味した保存措置が求められることが少なくない。また、数次の整理の過程では、いったんは禁閲覧と評価した公文書も、一定の年月の経過にともなって再検討が必要となる。閲覧禁止は国家的配慮あるいは個人のプライバシーに関係することが多いが、年月の経過のともなってそれらの配慮を弛めることが可能となり、禁閲覧を閲覧用にあらためる作業が必要となるのである。

2　公文書の選別

評価・選別とその困難

文書館の国民的社会的基盤形成計画を論じたフランス国立文書館のブルーノ・デルマ（Bruno Delmas）は、社会の発展とあらゆる種類の記録の増殖にともなって、文書館に評価・選択という新しい役割が加わったことを強調している。行政部局によって組織的に作成される記録の量が増えれば増えるほど、歴史的な意味合いのない記録の割合が増加し、そのことにともなう「記録の大量破棄」が、「歴史的価値のある記録の破棄」につながるとして、「全てを保存することは不可能」「したがって選択が必要である」と論じた（安澤秀一、一九八八年）。この評価・選択の本格的な理論としては、アメリカでシュレンバーグ（Theodore Roosevelt Schellenberg）が、記録の評価を業務上の一次的価値と歴史研究などの利用上の二次的価値に分け、とくに後者について組織の機能を明らかにする「証拠的価値」と、有用な情報をふくむ「情報的価値」を重視する評価・選択論を提起している。またドイツのハンス・ブームス（Hans Booms）は、その時期の社会の価値体系を反映したかたちで記録遺産を形成することが必要とし、「能動的記録評価選別論」を説いて、大きな影響をあたえた（安藤正人、一九九六年）。

この移管と選択については、公文書等の場合、主務課あるいは主管課から文書・記録を受け入れる文書館側が、歴史的価値を加味した上で公文書等を整理・選別し、新たに保存年限などを決定することが重要である。この場合、選別の基準が問われることとなり、都道府県文書館は「公文書等選別基準」「公文書等選別のための細目基準」（石原一則、一九九七年）など、それぞれの設置目的にそった選別基準を設けている。だが、多種・多様な文書・記録の的確な選別は困難が多く、それらが抽象的な大綱・基準にとどまり、有効な選別基準となりえていないのが現状といえる。

評価・選別の基準 評価・選別の基準となる項目、あるいは細目の作成については、全国的な視野と、各文書館の公文書のあり方に適応した指標を組み入れることが重要となる。北海道立文書館の場合は、その設立準備過程の昭和五十七年（一九八二）から評価のための調査および選別の視点を設定し、「引継事務の試行」を行なった。結果は、文書課で一九八一年度に保存期間満了となったいわゆる廃棄文書の選別対象三四七三冊のうち、一三・六％の四六六冊が選別され、翌一九八二年度分は選別対象三九七六冊のうち一三・七％の五四六冊が選別されたという（鈴江英一、一九九八年）。

その後、同館は昭和六十年（一九八五）に「文書館資料収集基準」を作成している。道関係機関の文書の収集基準としては、知事部局の公文書の場合、①道政の主要な施策および事業に関するもの、②例規等および各種制度の新設、改廃に関するもの、③道の財政状況等に関するもの、④道の組織、機構の変遷または営造物等の設置、改廃に関するもの、⑤道民（個人、団体、法人等）の意向および動向に関するもの、⑥主要な調査および統計に関するもの、⑦道有財産等の取得、管理、処分に関するもの、⑧行政処分および道民の権利義務に関するもの、⑨主要な行事、事件、災害に関するもの、⑩北海道の沿革に関するものなど、将来の参考または例証となるもの、⑪その他、学術研究上、保存の価値があると認められるもの、などをあげている。その他の道関係機関の文書の収集も、知事部局の文書に準じて行なわれている。公文書や私文書・刊行物などについての各般の留意事項も定められている。概して、北海道の行政に関する全体的な把握、その変遷、重大行事・事件などの関係文書の収集が企図されているといえる。昭和六十一年度以降の知事部局廃棄文書の選別は、表1のように実施された。

また、愛知県公文書館を一例にあげると、同館は管理規定で、①保存期間が二〇年を経過した「永年保存文書」、②廃棄決定された「有限保存文書」で歴史的価値ありと思われるもの、③県民サービスセンターを通じて収集した刊行物（三部）などを保存の対象と定めている。「有限保存文書」の選別・廃棄に際しては、廃棄される前に文書課長あるいは主務課長（地方機関もふくむ）が公文書館長あてに廃棄文書目録を提出し、同館で管理規定に

表1　北海道知事部局廃棄文書の選別

	昭和61年度			昭和62年度			昭和63年度			平成元年度		
	廃棄数	選別数	選別率	廃棄数	選別数	選別率	廃棄数	選別数	選別率	廃棄数	選別数	選別率
永年	1,385	914	66.0	804	804	100.0	429	263	61.3	517	432	83.6
10年	693	227	32.3	522	225	43.1	680	427	62.8	884	251	28.4
5年	2,819	289	10.4	2,442	308	12.6	2,396	282	11.8	2,099	163	7.8
3年	132	74	55.3	112	16	14.2	9	0	0.0	2	0	0.0
1年	592	0	0.0	0	0	0.0	526	0	0.0	639	0	0.0
計	5,621	1,504	26.8	3,880	1,353	34.8	4,400	972	22.1	4,141	846	20.4

注　表中の年度は廃棄・選別実施年度であり、廃棄数は本庁保存文書中文書課保存のもの、永年保存文書は文書課実施のマイクロフィルムに撮影されて廃棄されたものである。廃棄・選別数は、簿冊数（青山英幸「対話・都道府県（公）文書館における公文書引継・選別の現状と課題─北海道を中心として─」〈『北海道立文書館研究紀要』第6号、1991年〉より引用）。

則った選別業務を行なうという。経験にもとづく事務的な作業のようであるが、廃棄文書目録のなかから歴史的価値のあるものを選別指定し、引き渡しを求め、公文書館でその文書の利用協議を行なっている。ちなみに、同館の「廃棄決定文書収集基準」には、①条例、規則、訓令等に関する比較的重要なもの、②各種制度および機構の新設、変更および廃止に関するもの、③予算、決算および収支に関する比較的重要なもの、④県の造営物の設置等に関するもの、⑤公有財産等に関するもの、⑥県の重要な計画に関するもの、⑦県勢の沿革に関するもの、⑧県議会に関するもの、⑨県の重要な会議に関するもの、⑩県民の意向および動向に関する重要なもの、⑪重要な調査および統計に関するもの、⑫許可、認可等に関する重要なもの、⑬争訟に関するもの、⑭県史等の編さんに関するもの、⑮県の重要な施策に関するもの、⑯県の重要な行事、事件、災害等に関するもの、⑰その他歴史的価値があると認められるものなど、一七項目が掲げられている。廃棄文書目録のなかから歴史的価値を考慮した一七項目の文書・記録を選別し、それらの引き渡しを受けて保存する方策である。

　なお、国立公文書館も移管の対象となる公文書等の書類を定めている。行政機関の組織、政策、実施等に関するその公文書等は、①閣議関係文書、②大臣決裁等各省庁の局長およびその相当職以上の決裁をえた公文書等並びに課長およびその相当職の決裁、閲覧等をえたもののうち重要なもの、③政務および事務次官会議関係資料、④大臣および次官保管資料、⑤各省庁の文書管理規則等により、永久保存の指定をしたもの、⑥各省庁の大臣官房等（総裁、人事、会計等の各課）が作成、受理したもののうち重要なもの、⑦各省庁の企画担当部門（局、課、係等）が作成、受理したもの、⑧各省庁またはその局、部、課の創設、改廃、統合前後に作成、受理した組織、機能に関するもの、⑨重要な政治的、経済的、社会的、文化的問題に関連して作成、受理したもの、⑩各種法令集、各省庁の関係法規集、職員録（名簿）等、⑪図書、冊子等で当該省庁の組織、機能の理解に役立つもの、⑫その他上記に準ずるものである。特例として、「昭和二十年（終戦の年）以前に作成された公文書等のすべて」が、移管の対象とされている（鈴江英一、一九八九年）。

評価・選別の模索

歴史的評価については、その判断が難しいことはいうまでもない。評価・選別には、たえず客観性が問われ、一貫性を持った判断が必要である。文書館の専門職員であるアーキヴィストにとっては、その責任が問われる作業であり、また状況の変化も見込まれるだけに、不断の努力と柔軟な対応が必要とされる。

それゆえ、選別に際しては現用段階で作成した評価リストをまず最初の参考にすることが必要である。「永年保存」とされた文書・記録を文書館で優先的に引き継ぎ、保存していることがそれにあたる。その前提として、前述のリテンション・スケジュールなどの作成が注目されている。

印刷物などの量産された文書・記録は、おのずと取捨選択が行なわれることとなる。しかし、量産・発行された印刷物は、ともすれば保存管理がおろそかになり、的確に収集・保存されない場合が多い。印刷物は、多くの人々に利用され、社会性を持った資料であるだけに、歴史的価値も小さくない。公報、パンフレット、教科書、地図のような印刷物、写真などの諸記録は、体系的・合理的な保存が不可欠となる。これまでは選別作業の物理的困難あるいは文書館の収蔵能力が課題とされてきたが、近年の電算化で文書の把握・リスト化が進んでいる。

廃棄文書については、マイクロフィルムや光デスクに媒体変換することによる保存が可能であり、それらを活用した処置が重要である。

評価・選別は、短時間で行なわねばならないことが多く、拙速な判断がともすれば貴重な文書・記録類の廃棄につながることから、的確な評価・選別を可能にするために、いわゆる中間保管庫（記録センター）での仮保存措置が重視されるようになった。イギリスのパブリック・レコードオフィス（PRO、国立公文書館）などで実施されている中間保管庫は、一定の年月を経過させることで、その文書・記録の歴史的・文化的価値の判断が容易になり、系統的な収集に成果をあげている。数次にわたる選別を行なうことで、史料の厳選と保存文書の減量化が進み、同時にその文書と関連した諸記録の収集・整理が可能になる。

日本でも、神奈川県立公文書館や久喜市公文書館・八潮市立資料館などの文書館・資料館が中間保管庫を設置している。神奈川県では条例で、公安委員会を除く県の機関の現用でなくなった文書を速やかに神奈川県立公文書館に引き渡さなければならないと定め、公文書館は引き渡しを受けた文書を選別し、歴史資料として重要なものを永久保存としている。公文書館では、県の本庁の一〇年保存および三〇年保存文書のうち、保存期間が五年を経過したものを引き継ぎ、それを一括して中間保管庫で保管している。平成七年（一九九五）二月に開館した大分県公文書館の場合は、公文書の「永年保存文書」で一〇年経過したすべての文書、および「有期限保存文書」で保存期間終了後に選別したものを中間保管庫に保管している。中間保管庫で三〇年を経過した後に再度の歴史的評価を行ない、再選別して永久保存書庫に保存する方式である。教育委員会系列の文書館では、公民館や学校の空いてる部屋・倉庫を一時的に使用することができれば、それも中間保管庫として転用可能に思われる。このような半現用段階から公文書を中間保管庫に移管し、一定の期間を経過させること、さらにリテンション・スケジュールなどを活用することで、アーキビスト（専門職員）などによる再度の評価とそれにもとづく選別がより容易となる。

また、公文書の選別に際しては、現用段階での作成者やアーキビスト（専門職員）だけでなく、必要に応じて学識経験者をふくめた外部評価委員会の審議が望まれる。そして引き継ぎや収集の道筋を制度化するとともに、廃棄を決定した文書については、そのリストを作成して残すことが不可欠である。

なお、国の文書館と都道府県あるいは市町村の文書館では、後述のようにその選別基準が異なるのはいうまでもない。地域に関係した文書は、当該の都道府県あるいは市町村文書館が原文書を所蔵し、国の文書館はそれらのマイクロフィルムおよび目録などで対応することが適切な方策と思われる。都道府県文書館と市町村文書館との関係についても、同様なことがいえる。

3 私文書の評価・収集

私文書の保存と文書館

私文書、とりわけ前近代の私文書については、長い年月を経て残されてきた古文書として、その価値が高く評価され、さらに後世に引き継ぐ遺産とされてきた。それらは希少な価値を有するとともに、概して歴史を明らかにする貴重な史料、地域にとっての不可欠な史料であり、地域や社会が共有する財産として、その整理・保存がはかられてきた。

このような私文書については、文書館は公文書とあわせてその保存が求められている。昭和六十二年（一九八七）制定の公文書館法の第二条において、「公文書等」を「国又は地方公共団体が保管する公文書その他の記録」とし、第三条で古書や私文書などをふくむ「公文書等」の保存についての適切な措置を、責務としていることがそれを示す。それは、翌年六月の内閣官房副長官の「公文書館法の施行について（通達）」に添付された「公文書館法の解釈の要旨」で、「公文書等」の「その他の記録」が「古書、古文書その他私文書も含まれる」と明記されたことに裏づけられる。

文書館での私文書の収集・整理は、一定のまとまりを持った旧家文書がある時期に文書館などでの受入れを必要とした場合、および文書館側が歴史的・文化的な配慮からそれらの計画的な収集を行なった場合が多い。前者については、おもに旧家の改築、あるいは世代替わりや大規模な災害などの際に廃棄・流出の危機に直面し、その保存・救済が急務となった場合である。近年の過疎化のなかで、地域の史料をこれまで保存してきた伝統的機能が、急速に失われている。そのような際、旧来の保存主の手元を離れ、受入れ・整理が行なわれるのが一般的である。受入れ・整理が課題となった私文書については、文書の来歴や性格が多様であるだけに悉皆的な整理が必要となる。文書群は、それを生んだ機関・団体・家・個人の組織と機能を反映した体系的秩序を内包している。したがって、作成・保管してきた団体・家などのひとつの出所を持つ文書群は、他の出所の文書群と混合してはならないとするいわゆる「出所原則」、出所を同じくする文書群のなかで個々の文書がもともとあたえられている原秩序（原配列）を尊重する「原秩序尊重の原則」が欠かせない（安藤正人、一九八六年）。それだけに、評価・選別とりわけ安易な選別・廃棄は避けねばならない。

また、後者のような歴史的・文化的な配慮にもとづく旧家や団体文書の調査では、計画的・段階的な収集が必要である。北海道立文書館の「文書館資料収集基準」の場合、私文書の収集基準として、①政治、経済、社会、文化等の分野において主要な役割をはたした団体、企業、個人の組織、活動等に関するもの、②移民の移住、定着時の実態に関するもの、③地域の特色および生活習慣、伝統文化等の実態に関するもの、④主要な行事、事件、災害等に関するもの、⑤道関係機関の文書および国、道府県、市町村等の文書の散逸部分を補なうことのできるもの、⑥その他、北海道の沿革に関するものなど、学術研究上、保存の価値があると認められる文書があげられている。地域的な特質に則ったはば広い私文書・記録の収集が期待されている。

私文書の文書館での受入れについては、受贈（寄贈）、受託（寄託）、購入などの方法がある。第一の受贈は、古文書や歴史的な写真・新聞・文献などの諸記録を所有者から寄贈される場合である。第二の受託は、個人や団体がその所有する古文書・諸記録の公共機関への寄託を望んだ場合が多い。受託は所有権を移動させることがないことから、個人文書の受入れが容易で、一定期間を限った保存が可能であり、私文書の整理・保存・利用の有効な活用方法として注目される。第三の購入は、古書店や古物商の手に渡った古文書・諸記録、あるいは原蔵者が販売を希望する古文書・諸記録を確保する方法である。古文書・諸記録の売買に関する情報、さらには購入に適正な価格の算定がむずかしいことから、日ごろの情報収集と価格評価委員会などの設定、購入資金の確保が重要である。購入に際しては、史料を譲渡する所蔵者に対する配慮から、実質は購入でありながらも、謝礼という形式を必要とする場合もあるように思われる（浅井潤子、一九八八年）。

なお、私文書の調査・収集に際しては、文書・記録のそのものではなく、マイクロカメラを利用した撮影フィルムその他が有効である。それは古文書・諸記録を所有権や保存場所を移動させないで活用できるかっこうな手段といえる。貴重な原文書の保存、災害や盗難などの事故への対策、豊富な情報の確保といった視点からも、古文書・諸記録のマイクロフィルムなどによる撮影・複写が重要である。文書館が、地域の私文書のマイクロフィルムあるいは目録を備え、地域の文書・記録についての情報センターの役割を求められていることはいうまでもない。

評価・収集の機能分担

近代以降の旧家文書については、とくにその旧家の地域的なあり方、中心となる人物、あるいは職業などについての把握が必要で、それらの文書・記録の体系的な整理と保存が欠かせない。人物や法人は、都道府県や地域の枠組みを越えた活動をともなうことから、地域や年代、文書形態もはば広い。文書だけでなく、写真、書籍、遺物などにおよぶ目録作成も必要で、安易な整理・選別には困難が多い。私文書とりわけ旧家文書の整理に際しては、公文書と異なる旧家ごとの「文書処理規定」の類が必要である。それらの史料整理と検索手段作成にあたっては、概要調査—内容調査—構造分析—多角的検索などといった段階をふまえた作業が行なわれる。

もっとも、近現代の私文書・諸記録については、現用史料が多分にふくまれ、また大量で複数が存在する印刷物などを考慮すると、文書館などの限られた施設での保存を必要とする場合には、対象を絞った史料の整理・保存が避けられない。現用の私文書・諸記録に対しては、一定の歳月を経た段階的な収集が必要で、当初は調査対象をせばめて、散逸が危ぶまれるものを優先的に収集・整理することが求められる。一般的には、当該の旧家や団体が位置する地域的範囲、関係人物や法人の活動状況に対象を絞り、重大事件などを優先し、効率的で的確な史料の収集・整理が必要となる。

私文書については、とくにその評価・選別が難しいが、収集・整理段階において、いかなる私文書に重点を置くかは、都道府県と市町村の文書館で異なるようである。私文書については、概して市町村のいわゆる地域文書館がより身近な範囲にあり、前述のような国や都道府県の文書館とはその収集・評価・選別がおのずと違っている。さらに、大学や民間団体、企業などの文書は、都道府県公文書館や地域文書館などに収蔵される公文書と異なる性格を持っている。団体、学校、企業の資料館などでの文書・記録の選別は、その資料館の性格に応じて、多様な文書・記録の保存が欠かせない。博物館的施設であれば、展示に適した資料の収集・保存が重視される。展示に配慮した写真、絵葉書、ビデオあるいは遺物・民具など、いわゆる「モノ」資料などを中心とした記録の割合が大きくなるのは当然といえる。

市町村文書館などの地域文書館と国あるいは都道府県文書館との間の機能分担は、私文書を効率的に収集・保存するためにその意義が無視できない。市町村文書館には図書館や博物館が合体した複合施設も多いが、それぞれの機関の目的・特質にもとづく文書・記録の評価が存在し、それに対応した整理・選別が可能となる。それぞれの機関に応じた機能分担は、同時にネットワークを生かすことで、文書・記録の広範囲な収集と活用が見込まれる。

4 まとめにかえて

文書・記録の評価・収集に際しては、文書の作成から廃棄に至るライフサイクルを考慮し、作成段階の案文などについても、歴史的価値にもとづく配慮を行なうことが必要である。一次的な現用価値にもとづく「永年保存文書」「有期限保存文書」の評価に対しては、歴史的・文化的価値を加味し、あらためて保存の可否、年限を確定することが望まれる。膨大な公文書のなかから適切な文書を未来に残していく評価・選別の問題を考えると、それらの現用あるいは半現用段階から文書館が関与することが重要といえる。この現用あるいは半現用文書の把握については、各部局の職掌の多様化している傾向が文書の集中管理の障害となっているが、一方で文書管理の電算化の進展が進み、かっての困難な事情がしだいに改善されているように思われる。文書の所在や廃棄時期の明確化、リスト作成のスピード化など、一部の府県などでの電算化の導入がそれをうかがわせる。それゆえ近年は、記録の作成段階からその保管や保管期間終了後の最終措置までのレコード・マネジメントの役割が重視され、リテンション・スケジュールを作成することが注目されている。

それにしても、公文書の移管に際しては、文書館側が永年保存・有期限保存文書の移管・引継ぎに強い権限を持つことが必要である。国立公文書館の場合、国の機関は国立公文書館へ文書を「移管することができる」という規定にとどまっているが、秋田・神奈川・沖縄県などでは、移管・引継ぎを「しなくてはならない」という義務規定が明記されるようになっている。文書館側に文書の選別権がないようでは、歴史的視野に立った公文書の収集・保存が不十分になりかねない。公文書の系統的な保存・利用を可能にするためにも、文書館側の強い権限が必要である。

公文書とその関連文書の保存は分離できない性格を持っている。私文書については、それが地域やそこに生活する人々の諸活動を明らかにするかっこうの史料であり、それ自体の保存に価値があることはいうまでもない。

とくに政治が地域と密着した性格の強い市町村の場合、公文書とあわせて私文書の収集・保存が不可欠である。この点、市町村の文書館をはじめとする地域文書館では、公文書に限らないそれぞれの市町村内の旧家文書の収集・保存が重要といえる。

市町村文書館と都道府県文書館とでは、収集・保存の重点が異ならざるえない。都道府県文書館とより地域性の強い市町村文書館との役割分担を明確にすることで、収集・保存の区分が可能となる。市町村立の保存施設については、遠藤忠「地域の中の文書館の機能分化」が、所属する役所の公文書を保存するとともに、あわせて地域史料の保存を対象にした施設でなければならないと論じているのが正鵠を得ている。地域文書館は、地域の歴史的発展と現況を観察し、その研究が可能な地域史料の保存・利用を第一とし、地域史料センター的性格が重視される。評価・選別は、その目的に応じた基準がおのずと求められ、明確にされると思われる。

もっとも、市町村の地域文書館の整備が不十分で私文書の廃棄が現実化した場合には、それに代わる都道府県文書館のはば広い役割が重視される。その場合、臨機の措置としての私文書の収集・保存は、都道府県文書館にとって行政文書の整理と並ぶ重要な課題といえる。全域を把握した効果的・計画的な収集・保存が求められる。そして、地域文書館の開設に際しては、都道府県文書館からの適宜の業務移管が必要である。私文書を地域文書館へ移管し、同時にそのマイクロフィルムおよび目録などによる閲覧体制を都道府県文書館で整備することが重要と思われる。

公文書の評価・選別にアーキヴィスト（専門職員）が関与すべきかどうかという議論が、文書館職員のなかでも議論されているという。公文書の歴史的価値を考慮すると、アーキヴィストが半現用段階から文書・記録を把握し、その評価・選別に一定の役割を果たすことが望まれる。そこでは、前述のようなリテンション・スケジュール、あるいは情報のネットワーク化が重要であり、中間保管庫の役割が有効と思われる。

それにしても、評価選別の最終判断については、結局のところ文書館あるいはアーキヴィストの力量が問題となる。そこでは行政現場での経験、国や地方自治体が作成する文書のあり方についての十分な理解にもとづいた収集、整理、保存が必要となる。文書を作成する組織への歴史的理解、作成組織の歴史を反映した文書群の構造についての十分な把握が欠かせない。アーキヴィストの力量は、過去・現在をどのようにとらえ、そこからいかなる未来を見通せるのかといった歴史学の認識・方法と、地域的特質をどのように理解していかなる未来を展望できるかといった地域史研究がかなりの部分で共通する。団体や企業・大学の文書館においても、その主体となる組織や集団の実態的・社会的な把握を行なわずにして、正確な史料収集や選別を実行することが不可能である。地域や組織に関係した諸研究者の協力、あるいはさまざまな情報の集積が無くして、史料の評価・選別は十分に行ないえない。この点で、アーキヴィストはまさに行政についての経験と知識、そして歴史や地域史に関するはば広い理解が求められている。おのずとその担当・専門分野も、行政に関する公文書を主担当とする分野と、それ以外の歴史的資料などを主担当とする分野が必要と思われる。

さらに、史料の評価・選別に際しては、それを作成した機関や組織にとってマイナスに作用する文書、あるいは保存・公開にともなって問題を生じる文書をどのように位置づけ、処理するかが課題である。前者は移管そのものが行われないことを生じ、後者はプライバシーなどの人権保護の立場から非公開処置の取られることが危惧される。そのような場合、公文書がそこに属する成員のものだという公共性・社会性についての意識が重要であり、都合の悪い文書の破棄が組織全体の責任につながることを明確にし、世論作りをしていくことが欠かせない。それと同時に、そのような組織の文書破棄あるいは移管拒否をさせないようなアーキヴィストの力量、権限強化が必要であり、プライバシー問題が時間的・歴史的経過で克服されるように説得していくことが重要と思われる。

参考文献

青山英幸　一九八九年「北海道（庁）における公文書の編纂と保存について―公文書保存問題をめぐって―」『地方

史研究』第二一九号
浅井潤子　一九八八年「史料の受入れ」国文学研究資料館史料館編『史料の整理と管理』岩波書店
安藤正人　一九九六年「欧米記録史料学における記録評価選別論の展開」『記録史料の管理と文書館』北海道大学図書刊行会
同　一九九八年『記録史料学と現代―アーカイブズの科学をめざして―』吉川弘文館
安藤正人・大藤修　一九八六年『史料保存と文書館学』吉川弘文館
石原一則　一九九六年「欧米における記録管理」『記録史料の管理と文書館』北海道大学図書刊行会
遠藤　忠　一九九二年「地域の中の文書館の機能分化」『会報』二四　全国歴史資料保存利用機関連絡協議会
北原　進　一九八三年「地域文書館の設立のために」『史誌』第一九号
鈴江英一　一九八九年「わが国の文書館における公文書の引継移管手続きと収集基準について」『北海道立文書館研究紀要』第四号
同　一九九七年「行政文書の管理について―国（文部省）の場合―」『記録史料の情報資源化と史料管理学の体系化に関する研究（一）』国文学研究資料館史料館
同　一九九八年「文書選別の試行について―北海道立文書館準備過程について―」『記録史料の情報資源化と史料管理学の体系化に関する研究』（二）』国文学研究資料館史料館
田中康雄　一九九七年「都道府県における文書管理―文書管理規定にみる―」『記録史料の情報資源化と史料管理学の体系化に関する研究（一）』国文学研究資料館史料館
津田秀夫　一九八五年「歴史学と近代公文書学との関連について」『北の丸』第一七号　国立公文書館
戸島　昭　一九九六年「文書・記録の評価と選別」『記録史料の管理と文書館』北海道大学図書刊行会
水口政次　一九九六年「都道府県における文書保存・利用の現状と課題」『記録史料の管理と文書館』北海道大学図

書刊行会
同　一九九七年「市（区）町村の記録管理の状況」『記録史料の情報資源化と史料管理学の体系化に関する研究（二）』国文学研究資料館史料館
安澤秀一　一九八八年「文書館学を考える」国文学研究資料館史料館編『史料の整理と管理』岩波書店

二　保存・管理の現状と問題点

二―(1)　文書・記録の保存と管理

青木　睦

史料調査から史料の受入れ、整理、保存、利用にいたる史料管理プロセスを一つの流れとして捉えて、史料保存管理＝史料保存活動について整理して述べる。保存管理方法の変遷と保存管理の理論について理解を深めることを目的としている。保存管理をどのように考えるのか、そして実践にうつしていくか、近年の考え方と試みを紹介しつつ、保存の意義、重要性について述べ、同時に現状と課題を提示したい。

1　記録史料の保存管理方法の変遷

本稿では、もっとも大量かつ一般的な記録媒体として残されてきた「紙」の保存修復の問題を、近世史料、近・現代史料を素材として検討する。

第二次大戦の戦災、または戦後の経済的困窮によって全国各地の旧家や役所に保存されていた膨大な古文書・公文書が失われた。このような状況を憂慮し、各地で史料保存利用運動が起こってきた。この運動における史料の調査・整理・保存は、たしかに史料の散逸防止に一定の役割を果たし、史料利用の道を拓き、新たな歴史研究の基礎となった。半面、当時の調査方法は、史料の伝存されてきた原秩序や原形の保存を、かえって妨げてしまったことは否めない。しかし、この調査活動の中から、史料を整理・保存していくにあたって、この方法に過ちはないのかという疑問が生まれ、できるだけ元の形を崩さないで保存すべきではないか、また史料にとって悪影響を与えるべきではない、という認識が広まった。ここに日本における整理と保存・修復の基本となる考え方の始まりをみいだすことができる。

一九八七（昭和六十二）年十二月、「公文書館法」が成立し、ようやく記録史料を保存し公開する文書館・公文書館整備の法的基盤が整った。これを契機に、文書館の設立が各地で相次いだ。これ以前は、「史料を保存する意義を強調し啓蒙することに専念せざるを得ない時期が長く続いて、保存の具体的内容を深化させる余裕をもてなかった」期間であったとすれば、法成立以後、「保存の中味を充実させる努力が必要」な時期を迎えているといえよう（原島陽一、一九九一年）。記録史料保存のための法的根拠が存在することとなった今日、記録史料を保存するため、関係する各分野が共同してどのような具体的な努力をなすべきかが問われることとなった。

一九八〇年代の史料保存の問題は、第一に公文書館法の制定への動きに呼応した文書館・公文書館の設計・建築、第二には収蔵史料の保存に関わる酸性紙問題にあった。後者の問題に対し、図書館界・出版界・製紙業界が反応し、当然、文書館関係者も憂慮されるべき問題として高い関心を示した。紙の劣化による史料の崩壊に対する取り組みは、すでに劣化が進みつつある史料を、どのように保存していくかという問題であり、またどのように劣化しない紙をつくるかという課題であった。前者の問題への対応として、文書館界では史料を包む容器（封筒・箱等）の材質を中性紙にすることに対する関心が寄せられた。そのような中で、一九八三年、国立国会図書館の「紙の劣化と図書館資料の保存」、一九八四年、金沢工業大学での「資料の保存、劣化防止および修復に関する国際セミナー」が開かれた。ここで、安澤氏（安澤秀一、一九八五年）は、世界各国の文書館における保存・修復部門を紹介するとともに、、保存修復のための専門家であるコンサベターや保存科学研究者との協力の重要性を指摘した。その後、史料管理学が提唱され、現代史料も含めた整理・保存管理を体系的に研究する段階へと発展した（安藤正人、一九九八年）。

国文学研究資料館史料館（通称：国立史料館）が一九五一年以来開催してきた「近世史料取扱講習会」（一九八八年より「史料管理学研修会」と改称）は、記録史料の保存修復に対する考え方を普及についても一定の役割を果たしてきた。この講習会では、一九七〇年代から「史料の保存科学」の講義を開設し、史料に携わる人々が、文化財の保存科学、修復に対する基本的考え方についての世界各国の研究の趨勢を、直接的に知ることとなった。

保存・修復の原則の浸透

現在、保存・修復の原則は、次の四つ、①原形保存の原則、②安全性の原則、③可逆性の原則、④記録の原則にまとめられている。一方、図書館界においても、ヨーロッパにおける不適切な保存処置や製本による改装への反省から原形尊重の考え方が生まれた。安江氏は、各国で広く認められつつある原則としてのオリジナリティの尊重を大前提とした三つの原則を紹介している（安江明夫、一九八九年）。酸性紙問題をはじめとする本の劣化は、図書館における蔵書保存を真剣にとらえる契機となり、『IFLA 資料保存の原則』（日本図書館協会発行一九八七年）の発行へと繋がった。文書館と図書館は、基本的機能は異なるが、ここ一〇年は扱っているのが「紙」史（資）料であるということから、保存の問題についての情報交換を積み重ねてきた。その交流を通じて、それぞれの原則が共通することが認知され広く浸透しつつある。

保存のためのネットワークづくり

一九八九年、「記録史料の保存利用に関する日英セミナー」が開催され、このセミナーでは史料保存が大きなテーマとして取り上げられた。ジョン・マキルウェイン氏の「過去五年における保存技術・実行・思考の発展」と題した講演は、イギリスを中心とした経験と活動ではあったが、文書館史料の特質にそった大量保存・段階的保存の考え方に触れ啓発された。このような相互の交流、協力体制の構築、いわゆるネットワークの形成を可能とする環境が整いつつあった。そのような機運の中で「記録史料の保存を考える会」は、一九九一年文書館等の保存修復の研究と実践の成果を広く「発信」するための場として、「記録史料の保存・修復に関する研究集会」を開催した。また図書館界ではすでに、一九八五年より「資料保存研究会」が発足し、一九九〇年には日本図書館協会の専門部会として「資料保存委員会」と改称して、資料保存の普及と確立を目指して組織的に取り組んでいる

日本においても少数であるが紙を対象としたコンサベターが活躍している。坂本勇（東京修復保存センター）・木部徹（キャット）氏は、史料保存の新しい考え方に基づく修復の仕事を通して、文書館や図書館を啓発し続けてきた。欧米を中心に普及している最新の修復技術の一つである漉嵌法（リーフキャスティング）、脱酸技術などの新たな保存技術の導入にあたっては、その技術の可能性とともに、修復の理念を述べ、文書館や図書館の保存の考え方や在り方を問い、関係者の意識を刺激してきた。結果として、現在ではコンサベターの役割について、史料の保存・修復に関わる人々が真剣に将来を見通した意見交換が展開されている。

2 保存管理の理論と実践

記録史料の整理保存管理システムは、その情報価値を「誰もが自由に」「科学的に」「永続的に」活用できるようにすることを目的とする（安藤正人、一九九八年）。そして、モノとしての記録史料自身を含む記録史料群の①物理的原形（紙のセルロースの組成・特性など）と②歴史的原形（材質・折り方 etc.）を保存し、さらに③永続的・耐久的な保存を保証することが、記録史料学における記録史料保存理論の研究領域である。その意味で、単なる技術論としてあるのではなく、歴史学・史料学の科学的分析を裏付けるもっとも基礎的な情報を、保存し提供するという一研究領域として、記録史料学の体系に位置づけられた学問分野ととらえられる。記録史料保存理論とは何なのかということだが、筆者は記録史料群全体の現形を情報源とする組織の機能・管理に関する情報を保存する

ことがいかにあるべきかを問い、どのように保存するかについて合理的方法論を示すことであり、マテリアルライフ（物質としての保存期間・寿命）を考究することと考えている。

記録史料は、絵画や仏像のように展示して「利用」するのではなく、利用者自身が情報へのアクセスのため、史料を直接手にとってページをめくり、モノ自体の情報を得ることを前提とする。保存状態は、それがつくられた時と同じように機能することが求められる。利用の実態に即して保存技術を選択し実践していくプロセスを解明することも課題である。さらに、情報そのものは形はないが、情報を記録している媒体は形を持ったモノである。そして情報を記録したモノ自体が持っている情報を、目視ではわからないモノの情報から、わかる情報へ変換する科学的分野でもある。

保存・修復の原則

記録史料群が整理論における基本原則に基づき分析的・物理的整理（史料館、一九八八年）が進められていくように、記録史料のもつ内容だけでなく形態や材料までも含む全情報を残していかなければならないという視点で、保存・修復の原則として次の4つにまとめられている。

①原形保存の原則
・保存にあたって、史料の原形（束・袋のまとまり、史料の包み方、折り方、結び方）をできる限り変更しない。
・保存手当・修復処置は必要最小限にとどめる。
・できるだけ原形を残す方法・材料を選択する。
②安全性の原則
・史料に影響の少なく、長期的に安定した非破壊的な保存手当て・修復方法や材料を選択する。
③可逆性の原則
・史料を処置前の状態に戻せる保存手当・修復方法・材料を選択する。
④記録の原則

・保存の必要上、やむをえず原秩序や原形を変更する場合は、元の状態がわかるよう、克明な記録をとる。
・保存修復処置の記録をとる。

原形として袋や包みに一括されて保存してきた姿をよく残している例がある（写真1）。このような一括史料の保存にあたっては、原則としてこれまで保ってきた形態を尊重して残さなければならない。しかし、元々の袋類の損傷が甚だしく、利用頻度が高いと予想される場合には、この原形保存の原則を守れないことがあるが、その際には記録をもとに元に戻せる可逆性を備え、つねに原則に従う努力だけは怠るべきではないということである。この原則は、現在適用している保存・修復方法や技術が誤っていないかを見直すのに大変有用なのであって、知らず知らずに史料を破壊することを防ぐ拠り所と理解していただきたい。

写真1　原形を保存し、あらゆる形態に合わせ、中性紙の封筒・帙に収納した状態

記録史料の特徴と保存の問題

記録史料の保存・修復を考える場合、保存・修復の対象となる記録史料とはどういう特徴を持っているのかを把握しなければならない。記録史料とは組織あるいは個人がなんらかの活動を行なう際に作成された記録全体をさすものであり、ここに図書とは異なった特徴がある所以である。ここで記録史料の特徴についてあげると次のようになる。

①一点しか存在しない、②一点の有する原形の全情報が重要、③多種多様な素材の混在、④形態・形状が多様で不均質、⑤一点でなく群が基本

こうした成り立ちの文書館に所蔵される記録史料の保存上の特徴について、「文書館のための紙史料保存の理論と実際」（アラン・カルメス等、一九八八年）のなかで、大量の史料が同程度に劣化しているとみなすことはできず、保存課題の異なった史料が全体にわたってバラバラに分散しており、急速に劣化しつつある史料と良好な状態にある史料とが隣同志に挟まっていることだ、と指摘している。

日本における和紙史料の保存・修復技術はある程度高い水準に達しているといえるが、明治期以降の多様な紙質の史料は触れると崩れていくような酸性紙が多く、その保存・修復の対策が遅れている。極言すれば軽視されているといっても過言ではない状況である。明治以降のものは、量的に厖大であり、同じ紙質のものが大量に存在するのだから、その内容情報の保存を重視すれば事足りるという意見もある。ここに近代史料学の立ち遅れを見ることができる。しかし、たった一〇〇年間だからといって、多様な紙質と各種の書写・印字方法にって作成された記録のもつ豊富な情報を消し去ることが許されるのだろうか。

欧米ではすでに実用化されている厖大な量に対応する大量脱酸技術（鈴木英治、一九九三年）は、一九九八年に日本においてもさまざまな問題を抱えてはいるものの開始されている。記録史料の在り方は、いっきに大量処置をすることを困難にし、よりいっそう保存の問題を深刻にしている。しかし、今問われているのは、保存の対象史料の状態を正確に把握して、その困難さに立ち向かう努力をはらうことである。これからは近世史料（和紙）重視から、近・現代史料（洋紙・酸性紙）に重点を置いた保存方針を掲げる発想の転換が求められている。

記録史料の保存がどのような範囲であるのかの一例として、「記録史料の保存の範囲」（表1）を示しておく。

記録史料の保存範囲

ここで明らかなように、その範囲は、「保存環境・条件の整備」、史料を「維持保存」していくため保存容器へ収納して防護する「予防処置」、急速に劣化が進行している史料のマイクロ化や複製による「代替化」、そしてすでに劣化損傷した史料の「修復」、保存を考えた「利用」のあり方までが含まれる。こうした保存

表1　記録史料の保存の範囲

保存環境・条件	維持保存（予防）		保存修復（対策）	史料の利用
保管条件の整備	史料の防護	史料の代替化	劣化史料の修復	利用条件の整備
物理的環境 ○温度 ○湿度 ○外力 化学的環境 ○酸性 ○アルカリ性 ○酸化物質 ○汚染物質 ○光 生物的環境 ○微生物 ○虫 ○動物 ○人 災害 ○火災 ○水害 ○震災 ○人災（戦災） 収納条件・設備・配架	記録媒体の特定 劣化損傷原因の除去 ○塵埃 ○折れ ○異物 劣化損傷の補整 ○補綴 ○糊さし ○補繕い ○防護・装備 ○収納 ○配架	代替物の種類 ○マイクロフィルム ○コピー ○写真フィルム ○プリント ○光ファイル ○電子ファイル ○出版	外面劣化 ○虫損 ○破損 ○装丁崩れ 内部劣化 ○酸 ○褪色 修復・復元 ○リーフキャスティング ○裏打ち ○ペーパースプリッティング ○相剝ぎ ○再装丁 脱酸・強化	取扱 ○出納 ○閲覧 ○複写 ○返却 利用関連 ○設備 ○備品 利用条件

をめぐる問題は、これまで個別に論じられることが多かったが、総合的観点で記録史料の保存をとらえる必要性がある。史料保存問題の解決を図るには、一つ一つ個別に対策を考えるのではなく、相互の関連のなかでとらえていくことが必要であり、そのことが保存の課題全体を見据えることにつながっていく。なぜなら、記録史料の劣化損傷は、さまざまな複合的な条件、たとえば管理面、経費面、あるいは人の意識の面、すべての影響によって引き起こっているからである。

〝活用を保証する〟ためには、目録をもとに管理し、記録史料群の構造を明らかにした上で、科学的な検索手段を整えておくことが必要である。記録史料管理や文書館や博物館などの保存利用機関システム全体の中での「保存の範囲」であることを強調しておきたい。記録史料の存在意義は、保存環境も保存処置も適確に講じられたとしても、「眠り続ける」ことではなく「生かされる」ことにある。

3 保存管理の新しい考え方と試み

保存というと、史料を裏打ちするなどの修復処置が強調されがちであるが、重要なポイントは、保存環境・条件の整備とともに史料の個性にあわせた保存処置を施すことにある。史料の修復は、最終手段として元の強度に復するか、さらに強化する処置であり、機能の回復のための処置・治療である。史料を維持保存していく、いいかえれば劣化しないよう、いかに劣化を遅らせるよう予防処置をとるかを第一に始めなければならないということも浸透してきた。ここでは、近年の史料保存のキーとなる概念や考え方・試行を整理しておくこととする。

「大量保存」「段階的保存」(Phased Conservation)の考え方

先に述べたように少量を対象とした一点一点への保存から、大量なモノを対象とする保存の考え方への転換が求められる。まず、保存容器に入れ、次に簡単な補修を行い、本格的な修復へと移行するプロセスを踏んでいくのが段階的保存である。この場合、処置の優先順位を全体調査の上で状態データをもとに決定し、保存プログラムを立てる。状態調査の結果によっては、部分的な損傷があっても充分に利用可能な現状ならばそのまま収納するにとどめるというもので、末梢的なこだわりを捨て、全体の保存状態の底上げを重要視するものである。日本でも文書調査の方法論としての段階的整理法とともに採用されている。しかし、現実には、修復対象をまず優先したいのだが、費用面から緊急的に保存容器を採用するという考え方が根底にあり、行為は同じであっても発想に違いがみられる。

「予防的保存」(Preventive Preservasion)の実施

保存・修復の原則における「原形保存」は、保存手当・修復処置を必要最低限に抑えることであり、つきつめれば直すことよりもより悪化させないことになる。治療よりも予防を優先すべきということになる。予防的保存とは、中性(弱アルカリ)保存容器の採用や初期段階の脱酸と代替化である。収蔵庫の環境制御が困難な場合、史料のもっとも身近な微少環境をよりよくすることにより、酸性化による劣化を抑え、大気汚染物質などからの防塵・遮光、温度湿度の急変に対する緩衝効果、取り扱い上の保護に効果的なのが中性(弱アルカリ)保存容器への収納である。劣化してボロボロになる以前の初期時での酸に侵された紙と記録材料に対してアルカリ物質を残留させておくことが脱酸処置である。強化ではなく現状維持としての酸性化対策であるので予防としての役目をはたす。代替化は、写真・マイクロ化による複製で利用を促進して利便性を図り、原史料を保存することである。予防的保存の主眼は、劣化を進行させて重い処置を行なうことからくる人的・財源・時間などの負担を軽減し、現時点で保存向上を図ることにある。経済性も考慮した効果的方法である。

「将来的保存」(Prospective Preservasion)の必要性

将来の記録史料のモノとしての保存を考えていく時、中世・近世史料に代表される「残されたモノの保存」を考えるだけではなく、文書のライフサイクルから記録発生時・作成段階から視野に入れた「残すべき記録の保存」を考えなければならない。永く残る媒体・紙の使用は、保存という面から将来的には低コストである。図書の中性紙本化が進む一方、現用段階の記録紙・記録媒体の保存性に対するを考慮が欠如しているのが現状である。劣化した史料への対処療法から根本的改善への転換を目指すことが求められている。

地球環境とIPM(総合的害虫管理 Integrated Pest Management)の考え方

記録史料を脅かす生物被害、なかでもシバンムシ類等の昆虫による食害やカビによる腐蝕は、全国どのような場所においても発生し、その進行は著しく速い。生物被害の防除は極めて重要な問題であり、修復対象のほとんどが生物被害といっても過言ではない。

臭化メチルはそのすぐれた殺虫力、浸透性などの特徴から、これまで虫害が発生した場合、燻蒸剤として広範に用いられてきた。特に、効果的に殺虫・殺カビが行える臭化メチル（メチルブロマイド）と酸化エチレン（エチレンオキサイド）の混合ガスによる燻蒸は積極的に推奨されてきた。しかし、一九九七年九月にオゾン層を破壊する物質に指定され、日本を含む先進国における臭化メチルの全廃時期が二〇〇五年に決定された。欧米では酸化エチレンは発ガン性物質であるとして使用が規制されている。地球環境問題、特に地球温暖化問題と化学物質による環境汚染への影響が、多くの記録史料保存に関わる人々にとって無縁ではないのである。

化学的薬剤駆除方法についての警鐘は日本および欧米からもたらされたが、これまでの議論は活発とはいえない。その理由は臭化メチル燻蒸にかわる完璧な方法は世界的にみてもなく、新方法および代替薬剤の検討など新たな提案がなされていないことによる。最近の世界的な潮流としては、最初に徹底的な予防体制を整えたうえで、害虫の生態をうまく利用した生態的防除や物理的防除をも取り入れ、適宜有効な防除手段を併用する方向に進んでいる。すなわち、総合的害虫管理（IPM）という考え方の一環として、大規模燻蒸をルーチンワークとして繰り返してきたやり方から、害虫に関する生物学的な知識を活用したきめの細かい対応を行なうやり方に変化してきているといえる。これからは生物的被害対策が保存計画全体の中で適切に位置づけられることが必要であり、実施すれば事足りるといった化学的殺虫への依存から、基本的な生物被害に対する考え方自体の見直しを始めなければならない。

保存計画と保存管理担当者（Preservasion Administrater）

これまで述べてきたことを実行している保存利用施設や文書調査の事例は一部にすぎない。なぜならば、実施にあたって、予算や組織化はもちろん、具体的な方法を理解した上で実践の運びとなるからである。個別の保存対策を総合化し、それぞれの施設や調査組織に適合した総合的な「保存計画」と体系的な整備の進捗を見直し評価する保存管理の担当者が必要なのである。保存管理担当者は、文書館などの施設において収蔵史料・史料群全体の保存管理の望ましいあり方を考え、保存計画を練る。修復専門職（コンサベーター）のような技術は求められない。ただし、保存の「理念」を持ち、保存方針を示して保存計画を立案する能力が求められる。たとえば、段階的保存を実施していくにあたり、保存容器の材質を示すパンフレットを入手して選定にあたり、予算や人員を積算し、実践方法を提示する。日常的に保存環境の観察データをもとに日々の変化に適切に対応する。結局、地道な実践を支える知恵と人が重要なのだということを指摘しておく。

被災史料救助と災害に対する予防対策

一九六六年、イタリアのフィレンツェの大洪水によって、厖大な量の史料や図書が、泥水にまみれ、黴による二次被害を被ったものもあった。当時は、一点、一冊ごとに和紙や吸取紙を挟み、取り替える作業を延々と続けて乾燥させた。この事故によって、手作業での作業の限界から、大量保存システムの重要性と保存修復での科学的技術の重要性が認知されることとなった。その後、火災や漏水事故から史料を救助する方法として、凍結処置、真空凍結乾燥法が注目されるようになり、保存修復に携わる人々の間で適切な救助法として普及した。日本は災害大国である。現在、事故が発生した際、まず凍結、次に真空凍結乾燥法による実践例が増えつつあり、民間所蔵古文書の救助例もある（「記録史料の保存と修復に関する研究集会」実行委員会　一九九五年）。

保存施設の災害対策は最重要課題（小川雄二郎　一九九六年）である。施設としての災害に対する無防備さと災害予防対策の重要性を阪神淡路大震災は教訓として残した。建造物としての災害対策は困難であっても、被害を最小限に抑える予防対策は身近なところから始められることも示唆した。例えば、落下しても保存容器に収納されていたために軽微な影響しか受けなかった事例がある。これらの教訓を風化させることなく、まず保存計画と共に、史料に対する防災計画を立案・実行し、災害予防対策に重点をおくこと、次に施設は組織、個人史料は地域において、それぞれの特性にあった被災史料救助プランを準備しておくことである。

4　保存管理の実際――現状と課題

ここでは、理想的な条件や根本的整備方法を提示するのではなく、施設や個人がおかれている立場で、保存面を少しでも向上できる具体的で実現可能な保存の要件と方法を紹介したい。史料をモノとしての今ある現形を維持し、できる限り劣化の速度を遅くしていくための保存方法・技術は、現に史料を収蔵している施設と、史料調査の現場での条件は大きく異なるし、適用できる技法は自ずと限定される。しかし、その限定された条件での方法があるべきである。ただし、どの場合であっても、基本的原則・考え方や技術は、これまでの研究と実践が十分に応用できると考えている。

これから保存に取り込むという時、なにから手をつけるか、まず保存環境の整備、保存手当て、複製化、修復とにわけ、それぞれの段階をへて、必要であるならば本格的保存へと段階的な道筋を踏むことである。専門家にまず相談することを勧める。いくら時間や予算、人員の制約があるといっても、現状の調査分析、モニタリングは必須であり、問題点を明らかにして判断すべきである。近年の保存科学分野は急速に発展し、保存技術にもさまざまな選択肢がある。適切で効果的なアドバイスを受けることである。そのためには各地域の保存施設では保存活動を担う保存担当者を配置し、修復専門家の養成を働きかけていくことが何より重要である。

保存環境の整備

正倉院西宝庫（昭和三十七年〔一九六三〕竣工）は、空調制御「装置のイニシアル・コストとランニング・コストという経済的配慮と、展示や補修のために庫外へ持ち出す宝物の温度差によるショックを与えない」という方針で設計された（今井隆雄、一九六六年）。保存環境を論ずる場合、最適な収蔵庫建築で恒温・恒湿の空調システムを理想とする事を前提とするのだが、西宝庫の方針では長期的な経済性と宝物の保存と利用の調和の二点をあげている。このことは文書館など紙史料を収蔵する施設は、博物館収蔵庫とは異なった方針で設計されるべきことを示唆している。具体的には、文書館では頻繁な収蔵庫の出入を前提にし、保存に留意した設計・管理・運営が求められる。日中重厚な扉が開けたままであってはならないのであって、病室の扉のように開閉しやすく気密性を保つ設計上の工夫が不可欠なのである。まず、各施設の保存目標を実現するための環境の整備とはなにか、自問することからはじめることが重要なことと思う。

安江（安江明夫、一九九五年）が紹介したR・スミスによる保管温度と紙の寿命の因果関係で示されたように、劣化をもたらす要因である保存環境・条件の整備に最大限の注意が必要なことは明らかである。その最近の成果として、『記録史料の保存と修復』（一九九五年）、『図書館と史料保存』（一九九五年）をあげることができる。次に、保存環境のチェックポイントをあげておく。

温度・湿度　温度と湿度は密接に関わり、目安として保存環境設定の適性範囲を恒常的に温度二〇度±二、相対湿度五五％±五に保つこととされてきた。しかし、日本の環境でいうと、空調システムが完備していない限り、この領域で維持することはできない。近年、空調システムを稼働させる場合、夏の場合は二二度に抑えるのはいいが、冬に加温せずに、四季に応じた緩やかな変化にとどめておくことが肝要であるといわれている。とにかく高温は材質の劣化を早めるので抑え、湿度は八〇％を越えると湿性カビが増殖するので六五％以下になるよう除湿を工夫する。とくに、一日間の激変がもたらすストレスは大きいので日ごろの定期的な測定と観察が不可欠である。できれば長期間の変化を記録する温湿度計を設置してたい。民間所蔵史料の場合、実施が困難だが通風・風入れの励行、雨期の利用厳禁などに留意してあたることである（青木睦、一九九三年）。

光　直射日光は、熱量とともに紫外線が紙の劣化を促進する。虫や黴に対して日光に晒すことは厳禁である。紫外線カット螢光灯・防止フィルターを付けることが望ましい。複写機器の光量も問題がある。

生物　目に見えて喰損・虫損・汚損・フケの著しいのは虫菌・禽獣の仕業である。二〜三ミリの茶褐色の虫であるシバンムシ科フルホシシバンムシは、古文書に多くみられる蟻穴が縦横無尽に這ったような食跡を残し、その被害は開冊できない状態にする（写真2）。ゴキブリ・白蟻にも注意を要する。他に害虫として紙魚（シミ）やイガ

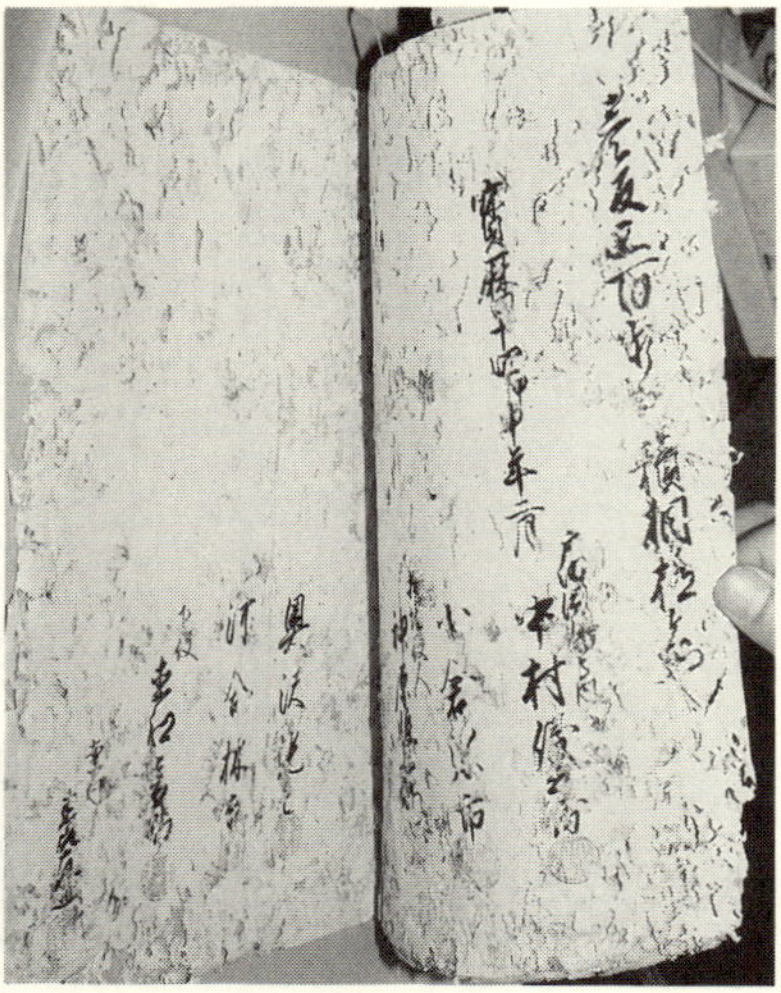

写真２　シバンムシの食害をうけた故書
ボロボロで開くことができない

類が古来から指摘されているが、表面を舐める程度で実際の加害は小さい。初めて史料に触れる際や整理時、白下敷きの上で捕獲して生死を確認し、害虫の進入経路を遮断（網戸の設置等）する。次に、大量に害虫が増殖して他に被害が及ぶ場合は緊急に殺虫を行なう。先に紹介したＩＰＭの考え方を導入や脱酸素・窒素などを用いた代替法への転換が求められている段階でもあり、様々な方法（三浦定利、一九九八年）の検討を心掛けたい。

この他にも大気汚染物質（粉塵、硫黄・窒素酸化物・塩分）の除去が必要である。外気取り入れ空調（湿気は入れない）や風通の際には換気フィルターを設置し、収蔵庫クリーニングを行ない劣化要因の温床をつくらない。以上のように、今後よりいっそう保存環境を総合的に見直していく努力が要求されている。

保存技術の実践

先の予防的保存で触れた中性（弱アルカリ）保存容器の採用は、収蔵環境の制御が困難な場合には微少環境をよりよくできる簡単で効果的な方法である。段ボール箱への収納は、温度湿度の急変に対する緩衝効果が実証され（高瀬亜津子、一九九九年）、酸性化については中性（弱アルカリ）紙を用いればより効果的である。その包材や接着剤の安全性と適性については、史料（和紙・酸性紙）に対する保存包材としての適性試験はまだ未確立であるが、国際規格ISO9706：1994耐久記録用紙の要件は最低限満たすことが求められる。なお、写真印画に対する適否試験を援用して判断材料とすることが可能であると考える（荒井宏子、一九九八年　写真の保存については日本写真学会画像保存研究会、一九九六年が詳しい）。現状では酸性物質の含有率が高くとも「中性紙」として販売しているので、接着剤等の保存関連用具も含めて情報を集め（青木睦、一九九一年・相沢元子、一九九一年)、慎重に選択する必要があるといえよう。

次に保存手当の内容について①劣化原因の除去、②簡単な防護処置、(状態の記録作成)、④容器や棚への収納、の作業手順に沿って説明しておく。

①劣化原因の除去 〈埃取り〉冊子天小口にたまった埃を必ず綴側を下にして払い、綴の虫の死骸等も取り除く。〈折れシワ直し〉折れや皺を延ばす。ただし、アイロンは厳禁である。〈補綴〉結びの解けたものは元の通り結び直す。綴直しをする場合は記録を作成してからにする。現地での整理においては切れたままにし、取扱を慎重にする。〈糊さし〉剝離したものは元の貼ってあった箇所を慎重に確認して糊付けした記録をのこす。〈異物の除去と処理〉輪ゴム・セロテープ・クリップ・ステープラなどは史料を劣化させ有害なので除去する。剝離に有機溶剤を用いる場合は専門家に委ねるべきである。

②簡単な防護処置 史料の防護には封筒に入れるのが一般的である。また、ただ中性紙の薄い紙で包む、または挟むだけの方法もある。この方法のメリットは、収納容器を新たに用いずにそのまま帳箪笥に入れ直すことができるし、現形に近い形で保存できるということである。この方法での保存処置を選択する道を真剣に取り組んでゆく必要があろう。図面やポスター、新聞などの一枚ものは、そのまま透明なフィルムに挟み込む方法(ポリエステルフィルム・エンキャプシュレーション 相沢元子、一九九一年)を採用するとよい。粘着性がないのでいつでも取り出せ、脆くなっていても利用できる。①②の作業では、劣化損傷の状態を記録すると共に、処置の内容を詳細に記録する。

③容器や棚への収納 これまで紹介したように、さまざまな方法が提案され、封筒や定形の箱が市販されている。しかし、史料の保存容器についても、まだまだ改良と開発が必要なのが現状というしかない。近世、近・現代史料の場合は、安価で管理の容易な保存容器が望まれる。実際におかれるさまざまな環境を想定して、保存科学と保存技術の最新の成果と技術による研究が必要な分野である。

簿冊に編綴されることの多い近・現代史料の保存は、綴じ込みの青焼きなど処置に戸惑うものが多い。藁半紙の破れた部分の補強用のシートや、テープを熱接着する市販品について、樹脂層や支持質に対する長期的視点での安全性・耐久性に疑問の余地があるとの報告もある（石井律子、一九九四年）。欧州において、一八〇〇年代後半以降の史料にこのテープを使用しながらも、新しい技術や素材についての信頼性テストを積み重ねている。

近・現代史料の保存問題

あらためて、どこにある史料にも適切な保存手当がとれる方法と技術の研究の必要性を痛感している。

参考文献

相沢元子　一九九一年『容器に入れる』日本図書館協会

青木（廣瀬）睦・山田哲好　一九九一年「史料館における史料保存活動」『史料館紀要第』二二号

青木（廣瀬）睦　一九九三年「初期整理段階の史料保存手当」『牛久市小坂・斉藤家文書概要調査報告書』牛久市史編さん委員会近世史部会編

荒井宏子　一九九八年『東京都写真美術館紀要』No.1

アラン・カルメス等　一九八八年（Alan Calmes, Ralph Schoefer, Keith R. Eberhardt,「文書館のための紙史料保存の理論と実践」『Restaurator』9-3（翻訳、木部徹　一九九六年『文書管理通信』一〇）

安藤正人　一九九八年『記録史料学と現代』吉川弘文館

今井隆雄　一九六六年「正倉院西宝庫の空気調和（その一）（その二）」『空気調和と冷凍』六―一〇、六―一一

石井律子　一九九四年「紙史料修復の効率的な補強方法とその適用の範囲について」『古文化財の科学』第三九号

小川雄二郎　一九九六年『図書館・文書館の防災対策』雄松堂出版

記録史料の保存と修復に関する研究集会実行委員会　一九九五年『記録史料の保存と修復』アグネ技術センター

史料館（国文学研究資料館史料館） 一九八八年『史料の整理と管理』 岩波書店
鈴木英治 一九九三年『紙の劣化と資料保存』 日本図書館協会
高瀬亜津子・青木睦・稲葉政満 一九九九年「史料収蔵環境に対する保存箱の効果」『史料館紀要』第三〇号
日本写真学会画像保存研究会 一九九六年『写真の保存・展示・修復』 武蔵野クリエイト
三浦定利・木川りか・山野勝次 一九九八年「臭化メチルの使用規制と博物館・美術館等における防虫防黴対策の今後」『月刊文化財』 文化庁
原島陽一 一九九一年「史料保存の基本的課題」『記録と史料』二
安江明夫 一九八九年「蔵書の保存―国際的潮流の中で―」『アーキビスト』No.19
同 一九九五年「酸性紙問題から資料保存へ」『図書館と史料保存』 雄松堂出版
安澤秀一 一九八五年『史料館・文書館学への道』 吉川弘文館

二—(2) 文書・記録の修補

吉野　敏武

はじめに

古文書・古書籍の史料は、時代により装幀形態や内容によって、料紙の素材や厚みに相違があり、それぞれの形態に合った料紙が使われている。史料は、汚染や虫害のほか、利用によって損傷したものもある。損傷史料を利用することは、史料をより損傷させる要因となるため、修補を施さなければならない。史料を修補するには、料紙・装幀形態の観察や内容研究をすることによって、その時代を推し量ることができるので、装幀形態及び料紙をよく把握して行なうことが前提であり、史料の形態を変化させない修補が重要である。整理や調査・利用をする必要がある場合、欠落・損傷が大きくなる可能性のある部分を、応急処置方法で対処することも必要である。

史料を修補するには、過剰な修補を避け、最低限の作業で止めるために、どのような方法でどこまで修補するかを判断することが重要である。このためには、修補をする史料の損傷度合や作業方法の基準を設けておく必要がある。しかし、図書館・史料館等には、修補する職員を持たない所が多く、修補技術者に依頼することになるが、この場合に依頼する側の担当者は、装幀形態の特性、料紙にさまざまな紙が使われているということを、充分に認識した業者を選ぶことが必要である。また、修補を依頼する保存担当者や研究者が、史料の装幀形態や料紙の知識を理解し、修補を依頼するときに修補方針を指示する必要もある。

修補を依頼する場合の問題としては、装幀形態と料紙を把握している技術者、作業所が非常に少ないのが現状で、たとえあったとしても修補代金が高額であるため、貴重な史料しか修補に出せないということも出る。そのため、作業を施せると思われる一般の表具師や業者に依頼することとなるが、問題はその表具師や業者が前述した知識を持っているかということになる。

表具師から実際に聞いた例を挙げると、寺院からの依頼で江戸時代の「過去帳」修補を行なった際、裏打ち修補を行なったが製本ができず、おもに洋本を取り扱う製本屋に回したとのことであった。問題はこればかりではなく、過去帳自体が寺の重要なものであり、大半のものが厚葉で袋綴がされ、原装状態のままでも開きが困難なのに、裏打ちを施して製本した場合、修補前より見開きが困難なものになることは明白である。表具師は、掛軸を仕立てる時に裏打ちをすることが多く、古文書等の料紙のことを考えずに掛軸同様に裏打ち修補を施すことで、丈夫で長持ちすると考えてしまっているのである。依頼する側は、裏打修補を施すことは史料の形態・料紙を変化させる方法であると考え、依頼時に形状を変えることが少ない最低限の修補、または補助作業で止めてもらうように技術者に依頼することも必要である。

なお、考えていただきたいことは、図書館・史料館等では史料の整理、取扱い方と修補技術の講習会に職員を派遣し、受講させている館が多く見受けられ、その受講者の中には修補技術の講習で裏打ちなどを経験し、自館に戻り所蔵史料の裏打ちを行なっている館もあるが、修補作業の技術は長年の経験が必要とされ、一朝一夕にできるものではないことを認識していただきたい。安易な考えで修補してしまうと、装幀形態のみではなく料紙の素材まで変化させ、史料に問題が生じる結果となるので自重していただきたい。

次に保存・取扱い担当者が、利用等で緊急に応急的な修補を行なう必要が生じる場合も考えられるので、損傷した史料の作業方法も挙げておく。

1　おもな修補作業の呼称と方法

個々の装幀の修補作業を説明するにあたり、依頼者側がどのような作業方法で行なった方がよいかを知っていただくため、作業の呼称と方法を挙げるが、修補作業の呼称は各々の作業所・作業者によって、呼び方や作業方法も多少相違があるが、主として書陵部で称している呼称で説明することにした。この中には、民間や表具師ではない呼称もあるので、表具師が称している呼称も付記する。

①虫損直し《ちゅうそんなお》（表具師は、虫繕い《むしつくろ》・繕いと称している）

虫害・損傷部分の穴埋め作業。

作業方法は、修補用紙の周りの繊維を出し、虫穴や損傷部分の周囲に繊維部分を掛けるように貼り込む方法であり、余分に掛かりすぎないようにすることが肝要で、装幀形態や書写方法によって作業方法の相違もある。

紙背面が表に出るものは、本紙損傷部分の穴にギリギリに繊維を掛け、浮かないように密着させる。これは、紙背面が擦れた場合、剥がれが起きないようにするためである。

線装本袋綴のように紙背面が表に出ないものは、糊付け部分より多少大きめにすることで、つれと皺が出にくくなる。しかし、あまり危険のない細かな部分まで穴埋めすると、穴埋め部分が厚くなるので、適度の修補で止めることも必要である。

②両面虫損直し《りょうめんちゅうそんなお》（表具師は、虫繕い・繕いと称している）

表裏両面に書写したものを修補する作業名で、表裏面より虫害・損傷部分を穴埋めすること。

修補方法は、紙背が表に出る虫損直し同様に行なうが、表裏の文字が虫害の穴に重なっている場合が多いので、多少埋めても文字が判読できる面より、繊維をギリギリに掛け埋めること。

③裏打ち（表具師は、肌裏《はだうら》打《う》ち・肌裏《はだうら》と称している）

本紙補強のために裏に補強紙を貼ること。薄様の薄美濃紙で補強することが多い。

裏打ち方法には二つの方法があり、本紙に直接糊を付けて裏紙を貼る方法、本紙に水分を与え伸ばし裏打紙に糊を付けて貼り付ける方法がある。本紙に直接糊を付ける方法は、直裏《じきうら》打《う》ちと称され、別称は本紙を損傷させるような危険な方法であるため、地獄《じごく》打《う》ちとも称される。裏打紙に糊を付けて貼る方法は、投裏《なげうら》打《う》ちと称し、別称は本紙に危険が少ないため、極楽《ごくらく》打《う》ちとも称される。

④虫損裏打ち（表具師は、虫繕いと肌裏打ちの二種が使われる）

この作業は、とくに虫害・損傷の激しい袋綴のものに行なう方法で、虫損直しと裏打ちを合体した修補作業である。

作業方法には、裏打ちと同様に二種の方法があり、本紙直接に水糊（再修補時に剝がれる極薄の糊）を付け、穴埋めしてから補強紙を裏打つ方法と、損傷部分を事前に虫損直しをした後、裏打紙に糊を付け貼り付ける方法とがある。前者の方法は、書陵部で行なっている方法で丁数の多い袋綴に用いる。しかし、料紙を見極めないとできない方法で、漢籍などの料紙が酸化していたり脆いものは、よほど料紙の状態把握がされていないと行なえない危険な作業である。表具師は、裏打紙に糊を付ける投裏打方法を取っている。

書陵部では、料紙素材をよく把握しているため、本紙直接に糊を付け虫害部分を埋める方法を取っており、乾燥は二ミリ厚の紙のボードの間に入れ上に重しを載せる。水分を含んだボードは乾燥したものと取り替え、完全乾燥をさせている。表具師が行なっている仮張りに貼る乾燥方法より、ボード乾燥の方が多少柔らかめに仕上がる。

⑤糊差し（表具師も同称である）

糊継ぎや裏打紙の小さな剝がれのほか、裏打紙や表紙などの剝がれを糊を差して止めること。

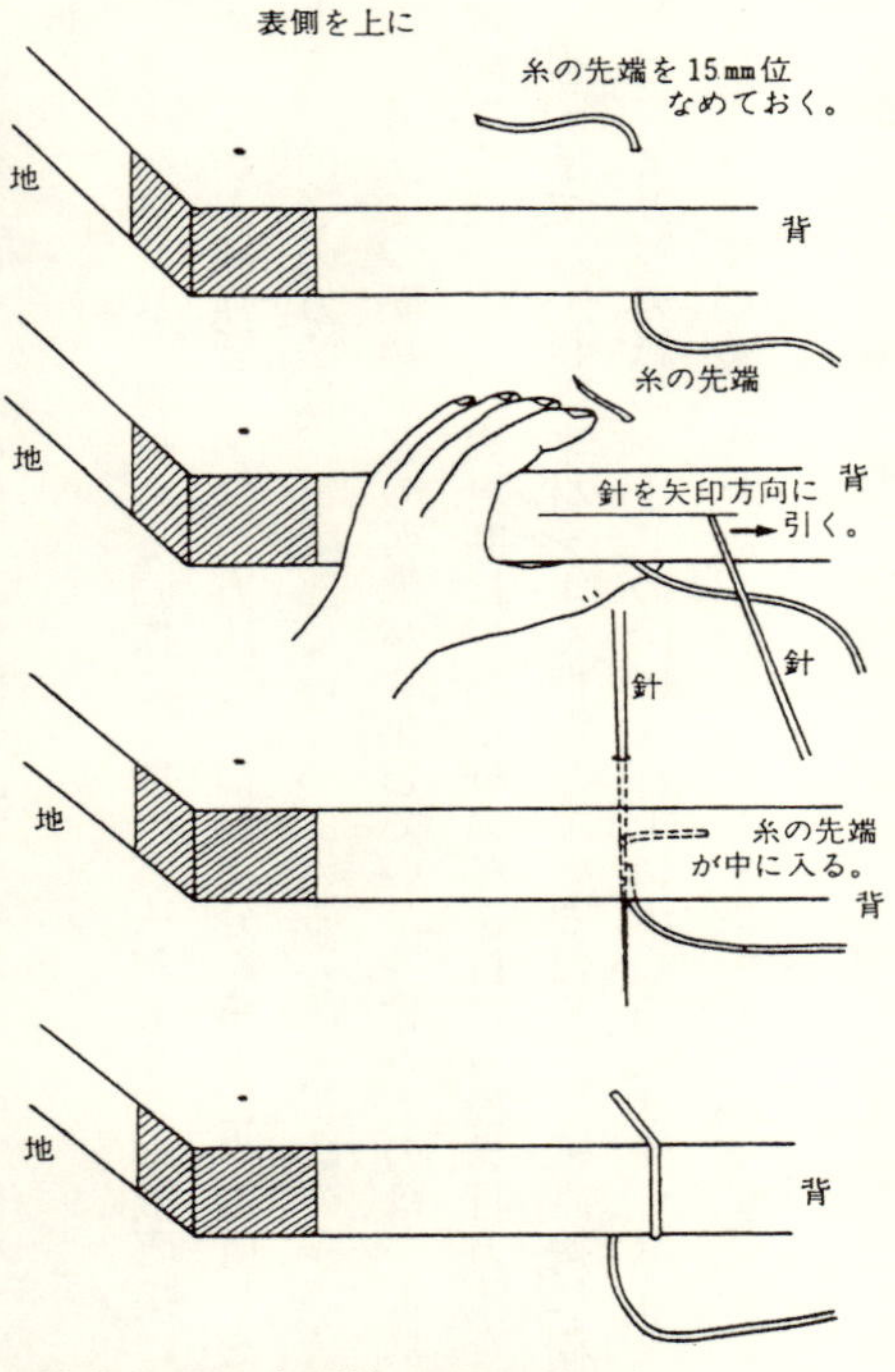

図1　線装本袋綴（漢籍）の綴じ始め方

料紙によって糊染みを起こすため、糊差しには細心の注意を要する。とくに雁皮系や唐紙などは、染みになりやすい紙なので、糊の濃度や付け方に注意を要する。

⑥綴直し（表具師は、綴直し・綴じと称す）　糸で綴じられたものを綴じ直すこと。綴直し方には、形態によってそれぞれの綴じ方がされており、糸の太さにも相違があるので、原装幀にあった綴糸と綴じ方をすること。糸切れのあるものは、早目に綴直すことにより史料の損傷をおさえることができる。

線装本袋綴の和書は、太めの一本糸であるが、漢籍は細目の二本糸で綴じられているものが多い。これらの大半は白糸であるが、史料の大きさと内容によって色糸や太さの違いも見られる。

大和綴装《やまととじそう》（列帖装《れっちょうそう》・綴葉装《てつようそう》と称される）は、大半は細目数本の色糸で綴じられおり、とくに綴じ終わり部分が特徴のある種々の結び方がされている。

結び綴装（大和綴じと称される）は、太糸数本で結び綴じされているものと、平紐などが使われているものとがある。

綴じ方は、漢籍袋綴の綴じ始め方・線装本袋綴の綴じ方・大和綴の綴じ方図を参照。

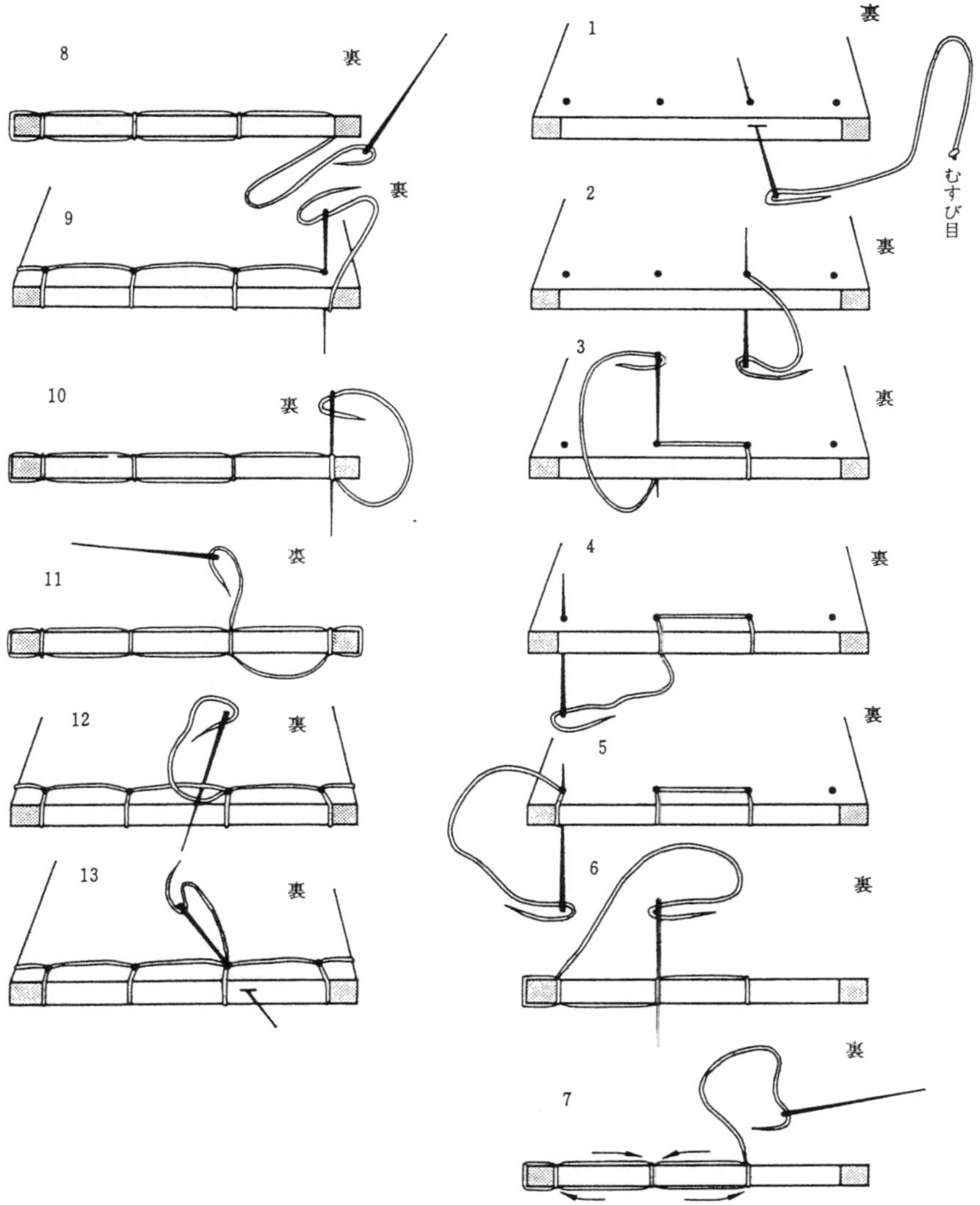

図 2 線装本袋綴装（和書）の綴じ方

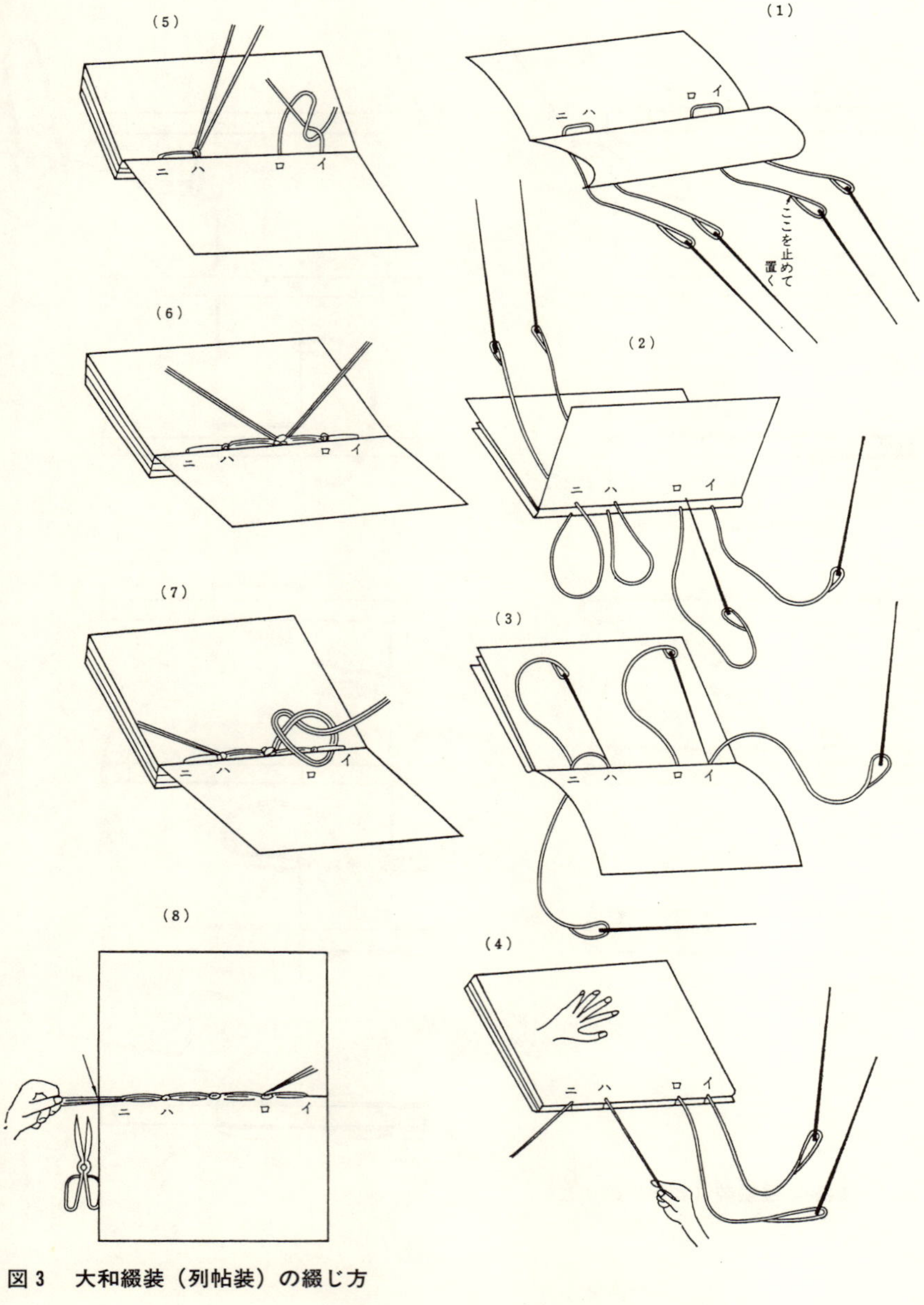

図 3　大和綴装（列帖装）の綴じ方

⑦仕立て直し

装幀されていたものを原装通りに戻すこと。冊子形態の和漢籍の袋綴・大和綴・結綴などは、元通りの綴穴を使って綴じること。中綴じも同様である。

仕立て直す場合の冊子形態・帖装形態などは、原装に戻すことはできる。しかし、巻子本は戻せるものと天地に手を加えないと戻せないものとがあり、とくに史料の墨付きがぎりぎりのもの、天地の損傷が酷く補う必要のあるもの、本紙継ぎが曲がって天地に凹凸が出ているものなどは、本紙の天地に余白紙（手紙とも称される）を付けて原装に戻すこともある。このような場合は、原装通りとはならないが必要な作業である。この作業の重要点は、手を加えすぎて改装しないようにすることが基本である。

⑧本仕立て

未装幀のものを表紙を付け製本することや、表紙・軸を付け成巻すること。ただし、史料研究のためにその形態が重要である場合、本仕立てをせずに、そのまま保存することも考慮する必要がある。

史料の取り扱いなどから危険と思われるもの、史料の内容が貴重で損傷の危険のあるものなど、未装幀であった状況が把握できるものは、装幀しておくことも考慮する必要がある。

⑨史料のクリーニング

経年保存利用されていた損傷史料は、埃などにより汚染したものが多く、その汚れを水のみで洗い流すこと。

このクリーニングは、史料の料紙を原装時に戻すためではなく、史料を修補するときに汚染させないためである。あまり薬品を使い洗いすぎると、史料の経過してきた課程もなくなってしまうため、水だけでクリーニングすることが、史料のためではないかと考える。

修補の基本作業は、穴埋め作業の虫損直しであり、この作業を応用して他の作業が行なわれていくのである。

2　装幀形態による修補作業

史料が損傷する要因として、経年の保存での汚染・虫害・糊継ぎの剝がれなどのほか、利用によって損傷したものが見られる。とくに巻子本などは、巻き開きで天地を触りすぎて傷めたり、巻き弛みのあるものをそのまま巻緒を巻いたため、本紙に皺を作って損傷させてしまったものもある。糸綴じのものは、糸切れや綴じの弛みによって表紙や本紙が動くことにより、表紙・見返し・綴穴などが凹凸して損傷する要因となっている。このような糸切れを起こしたものは、糸切れを早めに綴直しておくことによって、損傷を防ぐことができる重要なことなので、綴じ方をマスターして早めに綴じ直すことが損傷させないこととなる。しかし、一カ所くらいの糸切れがあっても、表紙・本紙が動かず弛みが出ないものは、無理に元糸を切って綴じ直す必要はない。原装のままで扱い方を注意保存していくことも重要なことである。

題簽の貼付場所であるが、装幀当初の時代から貼る場所に決まりがあり、物語・畳み物・手鑑帖《てかがみじょう》・書画帖《しょがじょう》のほか経典などは中央に貼られており、和歌集・記録史料・碑法帖《ひほうじょう》・線装本袋綴などは左端に貼っているものが多い。後の時代には乱れたものも見られるが、その部分を順守すべきと考える。このように装幀されたものは、内容によって決められているのである。

史料は、装幀形態や書写方法のほか、料紙の素材や厚薄も考えられているので、その装幀形態に合った修補方法を考える必要がある。また、史料を修補することばかりを考えず、史料の損傷頻度を観察し、修補するか否かもよく考慮することが重要である。

①巻子形態

巻子形態には和漢籍があり、巻物・巻子・軸などとも称され、中国では巻軸《けんじく》と称されている。

この形態は、巻子本・往来軸《おうらいじく》（軸の頭に角形や駒形などが付いたもの）、表紙・軸のない未装幀のもののほか、とくに近年の中国で書誌学者の多くが旋風葉装《せんぷうようそう》と唱えている、龍鱗装《りゅうりんそう》・魚鱗装《ぎょくりんそう》とも称される形態も存在する。この旋風葉装は、中国の唐代のもの一点が残存する貴重な史料で、龍鱗装・魚鱗装・旋風葉装と称されており、巻物形状となっているために、巻子形態として形態のみを記す。

ア　巻子本装・往来軸・表紙・軸のない未装幀のもの

巻子形態は、巻物といわれるように巻紙状態のものをいう。形態は料紙一紙一紙が継ぎ合わされ、表紙・軸を付けて巻かれたものである。室町時代くらいまでは、表紙に紙が多く使われていたが、その後裂表紙も付けられるようになった。軸は、軸頭を付けたものと杉材のみの軸も多く使われている。

料紙は、中国では麻紙・藤紙・穀紙・宣紙、及び楮紙と繊維を混ぜた混合紙などの種々のものが使用されている。わが国でも麻紙・穀紙《こくし》（梶・楮繊維）・斐紙・鳥の子紙・間似合紙・檀紙・奉書紙・杉原紙・楮紙のほか、斐楮《ひちょ》混漉合紙《まぜすきし》などが使われている。このような料紙は、打紙加工が施されたものが多く使われている。

修補方法は、損傷頻度の度合いにもよるが、大半は料紙が巻き開きに充分に耐えうる厚みを持っているので、修補作業は料紙同質・同色・同厚を使い、できる限り虫損直しでの修補を薦める。しかし、往来軸の料紙や写本などは、薄葉・中葉を使ったものも多く、取り扱いに損傷をきたさないものは同様の修補方法を取るが、損傷が酷く危険なものは裏打修補もやむをえない方法である。また、本紙の天地が傷んでいる場合、または墨付きが天地ギリギリとなっていたり曲がりのあるものは、天地に手紙（余白紙）を付け曲がりを修正して保護をする。

未装幀のものは、修補方法は同様であるが、表紙を付けるかそのまま保存利用するかは検討すること。

表紙の修補は、損傷頻度により修補方法を考えるが、裂表紙は天地が折り込まれているため、本紙修補で手紙を付けたときには、折りを伸ばして再裏打ちを施し、天地を折らずに覆輪《ふくりん》を取って仕上げる。紙表紙の場合は、表紙同質の用紙で修補を施し手紙を付けることもある。

見返しは、再利用できるものは修補して使うが、再利用できないものは新規の同様のものを使い、元の見返しは別置保存をする。

イ　旋風葉装の装幀

わが国では、経典を折ったものに表紙がまわされて付けられ、その本紙が回転するところから旋風葉装と称されている。しかし、中国の李《り》致忠《ちちゅう》氏著『中国古代書籍史』の紙の項で、同氏は史書を調査研究し、龍鱗装・魚鱗装と称される巻子本と冊子本の中間的なもので、北京の故宮博物院にただ一巻だけ残存する、唐写本『王仁《おうじん》昫刊《くかん》謬補《びゅうほ》缺切韻《けっせついん》』（『唐韻《とういん》』『切韻《せついん》』とも称し、詩歌の辞書）を旋風葉装であると論説している。

装幀形態は、『中国古代書籍史』によると、厚い台紙に一丁目は片面書写のものが貼られ、二丁目以降は両面書写のものを一丁目の後部より、台紙に丁前部をずらして縫い止めるか貼り込まれ、最終丁は片面書写が台紙に貼られているとある。両面書写のものが、丁を冊子のようにめくるようになっており、巻子形態となって軸が巻頭部分の一丁目側に付き、巻末側に表紙が付いている形態となっているため、通常の巻子本とは逆の表紙・軸となっている。料紙は、中国科技史話叢書『造紙史話』によると、表面に蝋《ろう》塗り加工した硬白紙《こうはくし》と記されている。

このような装幀が、現在でも残存していることを考えると、現在称している装幀名を見直す必要があり、装幀形態を充分に研究する必要があるのではないかと思われる。

②冊子形態

この形態には、糊で貼られたもの・糸で綴じたもの・糸や紐などで結ばれたものや、未装幀の糸・紙縒で綴じたものなどがある。

糊で貼られた糊綴じ形式には、胡蝶装《こちょうそう》（片面印刷の漢籍、蝶装とも称す）と粘葉装《でっちょうそう》（両面書写本の和漢籍）とがある。

糸綴じ形式には、大和綴装（両面書写本の和書、列帖装《れっちょうそう》・綴葉装《てつようそう》と称される）、線装本の袋綴装（袋形態の和漢籍）、及び金鑲玉装《きんじょうぎょくそう》（入紙製本の漢籍）がある。

糸・紐で結ばれたものには、結び綴装（大和綴と称されている）がある。

未装幀のものには、糸で結んで綴じられた毛装《もうそう》と称す漢籍と、わが国では紙縒で綴じたものや紙を折り畳んで結ばれたものがある。また、表紙は付けられていないが、綴じられた背が紙で包まれて貼られており、その境界に割り印を押した検地帳などは完成本と考えられる。製本方法であるが、包背装《ほうはいそう》（和漢籍）という表紙を本紙に包み込んで糊で止めたものもある。

ア　両面書写された粘葉装・大和綴装

粘葉装は、雁皮紙や楮紙及び斐楮混漉紙が使われており、大和綴装には雁皮系の斐紙・鳥の子紙・間似合紙などで、これらは厚葉が主であるが中葉の薄目のものまで使われ、打紙加工が施されている。経典印刷されたものには雲母《きらら》加工が施されたものもある。

粘葉装は、二つ折りにした料紙の背の折目側を、幅広く（九ミリ前後）貼ったものであり、表紙は二種の付け方がされている。日記などは、表紙を包み込んだものもあるが、経典の場合には背側に薄裂が貼られ、前後に独立した紙表紙が付けられているのが大半である。

大和綴は、料紙数枚を一括に折り数括を連結して綴じたもので、表紙には紙・裂が前後の括に付けられている。裂表紙には、本紙と別の金箔押しなどの見返しが付けられているものも多く見られる。

修補方法は、両面書写されているため、表裏両面より虫害・損傷した部分を、文字が判読しにくくならないように虫損直しをするが、文字部分にあまり修補用紙が掛かりすぎないようにすることが重要である。この作業は、表裏より虫損直しを行なうため両面虫損直しと称している。

表紙・見返しは、巻子本装同様に修補して元装に戻す。

イ　漢籍の胡蝶装・線装本袋綴・金鑲玉装・毛装

本紙は、竹繊維が使われた毛辺紙《もうべんし》と称される竹紙の薄葉であるため、裂けやすく脆いものであり、酸化して茶色を呈したものもある。

修補は、同質・同色・同厚のもので虫損直しをするが、修補用紙が同質であると損傷しやすいため、版心の折目の裂けや小さな損傷は、薄美濃紙を本紙同色に染色したもので修補を施すとよい。

酸化して赤褐色化したものは、劣化が激しいため折り曲げると折れて取れてしまうので、裏打ち補強を施すこととなる。損傷部分は、本紙同質のもので損傷部分を虫損直しをし、補強用紙は古色に染色した薄美濃紙で裏打ちをする。

表紙修補は、本紙同様にして旧装同様の厚みにすること。

ウ　和書の線装本袋綴装・結び綴装・紙縒綴じ

本紙は、楮紙・雁皮紙・斐楮混漉紙などの中葉・薄葉が使われており、その上打紙加工をしたものもあり、本紙同質・同色・同厚の修補用紙で、紙背面より虫損直しをする。ただし、本紙に薄葉が使われ丁数も多く、修補を加え過ぎるとその部分のみが厚くなるため、史料の状態を判断して行なうこと。

修補方法は、紙背面が表に出る方法とは違い、損傷部分の穴の周りに付けた糊より繊維を多少大きめに出すことにより、本紙のつれや皺ができにくくなる。

損傷が激しくものは、裏打修補を施すこととなるが、補強用の裏打用紙はなるべく薄目の薄美濃紙を使用する方がよい。その理由は、本紙に薄美濃紙の厚みが加わると同時に堅くなるからである。

表紙修補は、表紙厚も原装状態を変えないように注意すること。

修補後の製本は、必ず表紙折りや綴穴も元穴を使うこと。

③折装・帖装形態

折装形態には、経折装《きょうせっそう》（経摺装《きょうしゅうそう》とも称す）と折本があり、帖装形態には手鑑帖装・書画帖装・碑法帖装がある。

経折装は、大半が経典を印刷したものが主であるが、折本装には書写・印刷されたもののほか、巻子本を改装したものなどがある。経典以外に道中図・雅楽譜ほか種々のものが見られ、料紙は厚葉のほか裏打ちしたものなど、経典は黄蘗《きはだ》染め・雲母《きら》引き加工したものなどがある。

手鑑帖装・書画帖装は、台紙は厚く裏打ちしたものが使用され、碑法帖装は拓本を採ったものなどを頁の大きさに整え、二頁を繋ぎ裏打ちをして多少厚くしたものであり、碑文などを摹刻して作ったものもある。一般的には法帖装と称されているが、法帖装とはせずに碑法帖装と称させていただく。

ア　経折装・折本装

巻子本同様に料紙の紙背が表に出る形となっており、巻子本修補同様の虫損直しで行なう。とくに折り畳んで保存利用されていたため、折目のずれが生じているものがあるので、その部分を細長く喰裂《くいさき》(水分を与え繊維を出すこと)した用紙で修補を施し、元の折りの形状に戻すこと。損傷の激しいものは、裏打修補もやむをえない。

表紙修補は、他と同様に元の厚みにすること。

イ　手鑑帖装・書画帖装（伸帖《のびじょう》形式）

手鑑帖は、台紙を伸ばすと全頁が展開して見られる形態となっており、台紙が厚いために損傷は少ないが、表面に塗られた雲母引きが剝落している程度である。しかし、台紙を繋ぎ合わせたものは、継ぎ合わせた部分が裂けて離れてしまったものがあるので、継ぎ部分を先に和紙で補強をし、表は同質のもので直すこと。

書画帖装は、厚葉を二つ折りにしたものを折目を交互にして重ね、折目の背の両側を貼り継いだもので、あまり古いものはないので修補の必要はないが、表紙の縁や角などの損傷が見られる。損傷は少ないので、そのまま保存することが望ましい。

ウ　碑法帖装

この装幀には、拓本面を外側にした線装本袋綴にされたものもあるが、多く残存しているのは本紙を厚く裏打ちし、文字面を内側に折ったものである。小口側の紙背を糊止めしているため、手鑑帖装・書画帖装のようには伸ばすことができない装幀である。

虫害は少ないが、折目の裂けや本紙継ぎの剝がれのほか、裏打ちの間剝《あいは》ぎ（二層漉きのものや裏打ちされた間が剝がれること）したものが見られる。

間剝ぎしたものは、原装時の用紙を再利用するのが望ましいが、裏打ちに使用している竹紙や宣紙が脆いため、同質素材の新規の用紙で裏打ち直しをすることも考慮する必要がある。とくに表に出ない部分の修補には、染色した楮紙などを使用してもよいのではないかと思う。

本紙面の継ぎや丁の糊止めの剝がれなどは、染みにならないように糊止めし、折目の裂けは紙背面に類似した同色の用紙で直す。

表紙は、紙・裂・板などが使われており、紙や裂は表紙の周りが擦り切れたり間剝ぎも多いため、修補を施し再使用すること。

線装本袋綴にされたものは、糸切れのものは綴じ直しをし、継ぎの剝がれは糊止めする。

④畳み物形態

絵図・指図《さしず》など、大きなものを折り畳んだ装幀であり、指図などは墨書きのみと色付けや色紙を貼ったもののほか、附箋を貼付したものがある。これらには、表紙が付けられたものと未表紙のものとがある。未表紙のものには、折り畳まれた表側に打ち付け書きの表題があるので、修補後には表紙を付けずにおくことである。料紙には、楮紙・雁皮紙・斐楮混漉紙の厚葉・中葉が主であるが、薄葉が使われているものは、そのままのものと裏打ちがされたものとがある。

墨付きや絵の部分の折目部分に損傷が多いので、貴重なものは掛軸とする所蔵館が増えているが、改装することになり原装保持をする考えから外れるのではないかと考える。

損傷には、虫害や折目の裂けと継ぎの剝がれ、裏打ちの間剝ぎのほか、貼付された色紙《いろがみ》・附箋の剝がれが見られる。継ぎや色紙・附箋の剝がれは、染みにならないように貼り直す。

修補作業は、同質・同色・同厚の用紙で虫損直しをするが、折目の裂けのほか虫害損傷部分は虫損直しをした後、折目部分は喰裂した鎹《かすがい》（横紙を喰裂した細いもの）を貼り、折目を補強しておくこと。鎹に喰裂をするのは、凹凸を出さないようにするためである。

間剝ぎしているものは、糊差しで止まるものは糊差しをし、大きく間剝ぎしたものは旧裏打紙を再使用できるものは使用し、再使用できないものは新規のもので裏打ちをする。旧裏打紙は、保存も考慮する。

表紙は、冊子本同様に修補して付け直す。

⑤一枚・一通物形態

懐紙・消息・判物類ほか、短冊・色紙などの単一的なものである。

懐紙・消息・判物類の料紙には、檀紙・奉書紙・杉原紙ほかが使われており、本紙は貴重なものであるため保存がよく、損傷していないものが多い。しかし、本紙を包んでいる包紙が傷んだものがある。館によって保存方法に相違があるが、包み方・折り方に特殊な方法を取られている場合があるため、単一に保存をすることが最良の方法ではないかと考える。保存方法として、折りをあまり伸ばさずに平らにするか、旧状の折り方かを検討して保存する。

短冊・色紙は虫害などは少なく、間剝ぎ・摩損などが見られる程度である。

ア　懐紙・消息・判物類ほか

料紙に厚いものが使われており、現状と折りなど変えない虫損直しをすること。

イ　短冊・色紙

損傷の激しいものはないが、裏打ち素材が悪くホクシングなどの斑点が出たものがある。摩損が起こったものは、むりやり間剝ぎして修補は施さずに、現状のままでもよいが、間剝ぎの起こったものは糊差し、または元の裏打紙を再利用して裏打ち直すことが、原装保存となる。ただし、本紙に影響をおよぼすと思われるホクシングの出たものは、剝がし本紙のみとして旧状に戻すか、他の保存方法を考えること。

⑥掛軸形態

掛軸は、本紙内容や使われ方によって表装されており、時代裂・金襴緞子等のほか、揉みから紙などのような紙も使われている。

修補依頼する際は、安易に新しい裂などに取り替えるのではなく、その掛軸が持っている原装を崩さずに再使用することが望ましい。とくに、揉みから紙などのように具加工したものは、紙表面の具が剝落したり軸紙背に汚染を起こしているため、改装されてしまうことが多いが、剝落した景色もその軸に味を出すということもいわれており、状況をよく判断することが必要である。

掛軸の損傷には、継ぎの剝がれや裏打ちの間剝ぎ、八双や軸の付いてる両端の裂け、軸両縁の摩損、掛緒の切れ、軸の外れなどがある。このような修補は、損傷状況によっても相違があるが、最低限の修補でできるものは補助的な作業を行ない、仕立て直す場合には原装時のものを使って仕立て直すこと。

補助的作業で補えるものとして、八双側や軸側の両端の小さな裂けなどは、紙背面から喰裂した古色紙などを使い、裂け目を塞ぐことにより利用することができる。また、切れた掛緒は新規か古色に染めた紐に取り替え、軸の外れは元通りに付け直すことで利用できる。

掛軸は、軸を収納するときに巻緒の下に軸の保護のため、幅広の厚葉の楮紙や鳥の子紙が差し込まれ、巻緒が巻き止められている。これは、巻緒を止めるときに絞めるため、その部分を傷めないようにするものであり、この保護紙を外してしまうことのないようにすること。また、保護紙が消失しているものは、新たに作って差し込むことが軸の保護になる。

⑦保存容器

貴重史料を所蔵している文庫・美術館・博物館などでは、単一の箱・倹頓箱・戸棚などのほか、巻子本や掛軸は軸箱などに収納されている。しかし、大学図書館などでは、とくに貴重な史料は特殊収納箱や施設を持っているが、大半の史料は既存の書庫に懸架利用されているケースが多く、箱などに収納されずに裸のままで書架に立て配架されているケースが多く見られる。このような書架に立てた史料は冊子本が多く、書籍の大小の中に配架されているため、隣が小さな書籍であった場合に冊子本の上部が垂れ、歪んでしまったものや汚染してしまったものがある。このような状態にさせない方法として、カバーをして寝かせて保存するか書帙に入れ立てることで、汚染や歪みを出さないことができる。史料のためを考えるなら、冊子形態のものは横にして保存することが望ましい。史料を未来永劫に残すためにも保存容器は必要である。

保存容器には、冊子形態を入れる書帙、同一の物語を収納する漆器箱、数種の文書を収納する倹頓箱、巻子本・掛軸を入れる軸箱や簞笥式などと多くのものがあるが、大きな木製戸棚を作り収納しているところもある。ぜひ、それぞれにあった保存容器を作製して保存を行なっていただきたい。

⑧原装幀を崩さずに行なえる応急処置方法

史料が、多く残存している近世史料・線装本袋綴などのほかに、損傷部分に文字の落字しそうな部分や、破れなどが起きそうなところがあり、その一部分を修補すれば緊急的な調査研究及び整理や、閲覧に供することができるようにするため、簡易的な応急処置をする必要がでる。この場合には、大がかりな修補を行なうと時間もかかるため、装幀を壊さずに後に再修補ができるように、危険な部分のみを修補する応急処置法であり、その方法を述べる。

応急処置は、糊離れの起こったもの、文字の欠落の起こりそうなもの、綴糸の切れの起こったものなどの場合があり、これらを早めに処置しておくことにより、損傷を大きくしないことになる。糊離れしている場合は糊止めし、綴切れの場合には早めに綴じ直すことによって、本紙・表紙などの損傷が防げる。また、文字の欠落部分のみを穴埋めする場合には、再修補時に問題が生じる可能性があるものは使わず、必ず和紙と澱粉素材の糊を使用することである。ただ、史料を所蔵している館などでは、これらの応急処置をする修補材料の綴糸・糊のほか、和紙などを所持していないと思われるので、なるべく綴糸や中厚か薄葉の和紙を多少用意しておく必要がある。とくに、応急処置に使用する糊は、科学糊ではなく生麩糊で行なうほうがよいが、ない場合は澱粉素材で作った市販の「大和糊」を使用することもやむをえない。この糊を使用する場合には、粘度が濃いためにそのまま使用すると、再修補時に問題を生じる可能性があるので、多少水で溶き柔らかくして使用することが必要である。付け方は、本紙に染みにならないよう修補用紙に、水分が付き過ぎないような糊の付け方をすること。本紙が薄葉の場合には、染みになりやすいので、かすれる程度の糊付け方をして本紙に貼り込む。厚葉の場合は、あまりかすれさせなくてもよいが、糊を厚めに付けると同様の染みと再修補の問題が出る恐れがあるので、付けすぎないようにすること。和紙は、応急処置に使用できるとともに、貴重書の汚染の保護のために包んだり、表紙のカバーとしても使えるために必要なものである。これらの修補材料は、大和糊以外は市販されているところが少ないので、修補を依頼している出入りの職人に尋ね、少量を手に入れておく必要がある。なお、大和糊は、子供が使用することが多く、なめても危険がないものが使用されているとのことで、使用してもよいと思う。

線装本や紙縒綴じの袋状になった史料の応急処置法には、二つの方法があり、袋状の内側から直す方法と表から直す方法である。袋状の内側から直す方法は、折目側や天地のほか文字部分だけを糊止めする場合、損傷部分より大きめに修補用紙の廻りを繊維を出したもの（図4）を、糊が剥がれないようにかすれた糊付け（図5）をした後、袋となった本紙を開き（図6）、袋内部に手を入れられないために定規を使い、糊付けした用紙を乗せて（図7）損傷部分の下に差し込み（図8）、本紙を用紙に合わせて押さえ付け（図9）て定規を取り出し、本紙を折らないように用紙をよく貼り込む（図10）。一枚の作業が終了した後、すぐに次頁を行なうのではなく、乾燥させるた

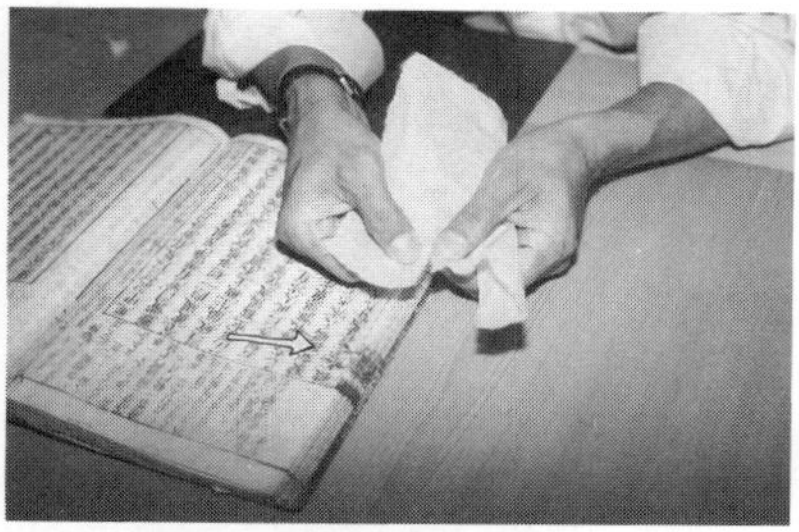

図 4　傷より大きめに繊維を出す

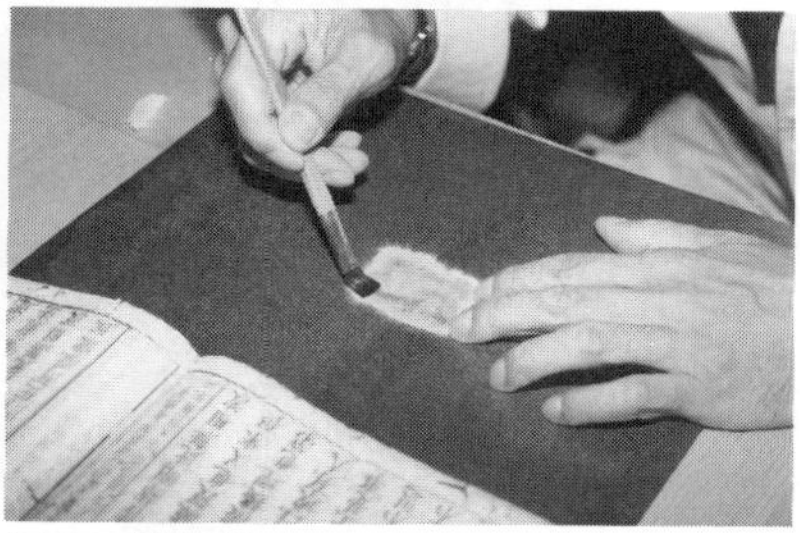

図 5　糊付け

図 6　損傷部分の本紙を開く

図 7　定規に糊付けした用紙を乗せる

図 8　損傷部分の下に差し込む

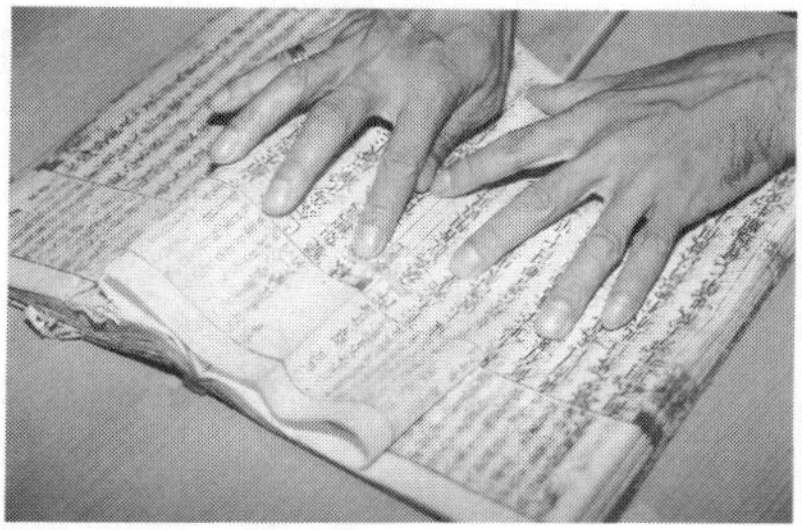

図 9　押さえ付ける

図10　定規を外し用紙をよく押す

図11　乾燥のための紙を入れる

めに他の丁に影響しないよう間に多めに紙を入れ（図11）、離れた丁を行なうか、数冊ある場合には他の冊を行なうようにし、部分修補を終了させる。終了後の冊は、糊の水分で本紙に湿りがあるので、間の紙を取り替えて本の上に重石などをおいて完全乾燥させる。

表から直す方法は、ブロックとなって取れそうな部分は上から貼った上で、一枚ずつブロックを外しながら行なうとよい。この時の用紙は、なるべく薄葉の紙を用いると文字の判読ができるし、危険部分のみとしないと見苦しくなる。また、この時の糊は、修補時に剝がせる濃さの薄糊を用いるようにすること。

紙背が表に出る巻子本ほかは、損傷で危険な部分のみを修補用紙で糊止めしておくが、再修補の必要のないものは本紙に類似した同質・同色・同厚のもので、完全修補をしておくことであるが、応急処置であるため本紙に類似したものを使わず、本紙より薄いもので処置してもよい。

おわりに

史料は、原装を変えずに保存利用することが重要なことで、修補を施すことは原装を変化させるという結果になるため、修補は慎重に行なうことが必要である。また、修補に関わるには、装幀形態と料紙の知識は重要なことであり、装幀を勉強するためにはわが国や中国の書誌学書を研究すると共に、原装幀を見る機会を多く持つことが大切である。しかし、史料の時代がさかのぼるほど史料は修補されており、原装を推し計ることができないものが多く、装幀研究ができない状況となってしまっている。このような問題が生じないようにするためには、史料に関わる関係者が原装をよく考え、修補を控えていくことを考慮していただきたい。また、大きな畳み物であるが、貴重だからといって改装して掛軸にすることは、史料の原装を改装してしまうという結果となり、その史料が保存され利用されてきた経緯が失われる結果となってしまうのである。このようなことが起きないようにするため、史料は写真撮影をして紙焼で閲覧をさせ、原本利用を最低限にするべきではないかと考える。

　史料は、保存利用する者と修補に携わる者が、史料のためを考えた行動をとらない限り、原装は残らないと考え、史料の取り扱いとともに安易な修補作業を行なわないことが必要である。依頼するときには、最低限の修補方法を取ってもらうようにしていただきたい。また、職員が安易に修補することのないようにすることが、史料を守ることになることであると考慮し、安易に手を下さないようにしていただきたい。

二―(3)　記録史料論と保存・利用問題

冨善　一敏

はじめに

本章では、古文書を含む記録史料の保存と利用の問題について、近年急速に発展し、古文書学にも少なからぬ影響を与えている記録史料学（アーカイバル・サイエンス）の立場から考えてみたい。まず最初に、これまで文書館学あるいは史料管理学と呼ばれてきた記録史料学の性格と、日本におけるその発展の過程を概括する。次に、記録史料学に基づく古文書の整理・利用・保存のあり方の理論について述べる。最後に、世界の文書館界における記録史料学の新しい動向の一つである記録史料記述の標準化の動きを紹介する。

1　記録史料学（アーカイバル・サイエンス）

記録史料とその構造的認識

「記録史料」（archives）という、歴史研究者にとって耳慣れない用語はいったい何であろうか。本章で取り上げる記録史料学という学問分野を提唱した安藤正人は、「史料となる記録、つまり記録化された一次的な情報物のうち歴史認識のもとになる素材としての価値を有するもの」であり、「媒体や時代の如何は問わない」とする（安藤正人、一九九八年）。古文書はもちろん、現代の公文書・私文書、インタビューのテープやスナップ写真といった音声映像記録、フロッピーのような電子記録もすべて含まれるものであり、非常に幅広い概念である。

こうした記録史料の本質は、それが行政、企業、団体、学校といった社会的存在としての組織体、あるいは個人が、その活動を遂行する過程で、特定の目的で作成・授受・蓄積し記録化した一次的な記録情報である点にある。ゆえに通常それは、単独ではなく一連の記録群として存在する。また、組織体はピラミッド型の機能分担システムのもとで活動を行なうのが一般的であるから、その過程で発生する記録群及びその残存物である記録史料群は、その内部に発生母体である組織体の機構と機能を反映した体系的な秩序や有機的な構造をもつことになる。個人についても、たとえば自分の衣食住から、仕事や趣味に至るまでの活動の多様性の中での、自分なりの秩序や価値判断の大小を考えると、同様のことがいえよう。これがいわゆる記録史料群の構造的認識である。

日本における文書館学・史料管理学の導入と記録史料学の提唱

欧米のアーカイバル・サイエンスは、一九六〇年代に欧米の文書館制度と共に「公文書館学」として紹介されたが、その本格的な導入は一九八〇年代半ばである。まず国文学研究資料館史料館（国立史料館）の安澤秀一により、欧米の文書館界の動向やアーキビストの養成課程が紹介された（安澤秀一、一九八五年）。その翌年には、同館の安藤正人・大藤修の両名により、欧米の記録史料の編成・記述論の本格的な紹介と、日本の近世文書整理への適用の実際例が詳細に報告され、大きな反響を呼んだ（大藤修・安藤正人、一九八六年）。さらに、一九八八年に国立史料館は、同館に蓄積されてきた近世史料取り扱いの方法をまとめ、一方で欧米の文書館学及び記録史料の整理と検索手段の方法論を摂取した『史料の整理と管理』を刊行した。また、同年には国立史料館により史料管理学研修会が開講され、アーカイバル・サイエンスに基づいたアーキビスト養成の端緒が開かれた（青山英幸、一九九九年）。

一九九〇年代に至り、安藤は、これまで「文書館学」あるいは「史料管理学」と呼ばれてきたアーカイバル・サイエンスの訳語を「記録史料学」に改めることを提唱し、「記録史料を歴史研究をはじめとする人間のさまざまな創造的文化的活動の素材として活かすため、必要な知識と技術の体系化をめざす学問分野」と定義した（安藤正人、一九九八年）。一九九六年には、青山英幸をはじめとする都道府県文書館の現場で勤務するアーキビストが、記録史料保存の歴史的背景、記録史料保存の現状と課題、欧米における記録史料管理の理論と実態の三つの部分からなる『記録史料の管理と文書館』を刊行し、現時点における記録史料学の水準を示した。また安藤は、一九九八年に『記録史料学と現代』を刊行し、記録史料学の理論的かつ実践的な深化を図っている。

記録史料学の領域

記録史料学は、大きく二つの分野に分けられる。第一は、記録史料作成・利用・保管の歴史的経緯やその構造分析、及び記録史料の様式・媒体の分析などを行なう記録史料認識論である。第二は、史料管理の目的を達成するための作業プロセスである①調査収集、②編成記述、③保存管理、④利用提供と、その各段階全体にかかわる⑤管理体制を含めた五つの分野からなる記録史料管理論である。具体的には①記録管理理論、記録史料調査論、評価・選別論、②目録編成論・記述論、検索システム論、③記録媒体論、環境管理理論、保存修復論、④公開制度論、情報提供論、教育普及論、⑤記録史料管理機関論、記録史料管理制度論、専門職論などの各課題が存在する。前者は歴史学との共通領域であり、歴史研究者によっても担われるべき課題である。これに対し後者はアーキビストの中核的研究領域であり、組織管理学、図書館情報学や保存科学などの隣接諸科学との関係が深く、それとの連携が必要であることから、学際的性格が強い（1）。それゆえ、記録史料学はいまだ発展途上の若い学問であると評価されている。（安藤正人、一九九八年。青山英幸、一九九九年）。

2　記録史料学に基づいた史料の整理・保存・利用

整理の原則

記録史料学の立場から行なわれる史料整理は、記録史料を「誰もが自由に」「科学的に」「永続的に」利用できるようにすることを目的とする（安藤正人、一九九八年）。本論に入る前に、まず記録史料学の諸原則のうち、史料整理と保存にかかわる部分を、次の四点にまとめておこう。

まず第一は、出所原則である。出所（記録を作成・蓄積し、保管・活用してきた組織や個人）が同一の記録史料を他の出所のものと混在させてはならないというものである（『文書館用語集』、一九九七年。以下『用語集』と略す）。従来の古文書学でいわれてきた「家分け原則」に相当すると考えてよい。

第二は、原秩序尊重の原則である。これは、史料相互の関連性や意味、あるいは出所において作られた検索手段の有効性を保つために、単一の出所を持つ記録史料の、その出所によって作られた秩序（整理番号を含む）は、保存しなければならないというものである（『用語集』）。これは、記録史料の発生母体において取られていた記録の配列方式は、記録史料群の体系的構造を解明する重要な手がかりになるので、これをむやみに変更してはならないという理由による。

第三は、原形保存の原則である。これは、史料の保存措置にあたって、簿冊・束・袋などのまとまりや、史料の包み方、折り方、結び方といった原形をできる限り変更しないこと、史料を改変するような保存手当・修復措置は必要最小限にとどめ、できるだけ原形を残す方法・材料を選択することである（『用語集』）。これは、こうした史料の物理的な原形も、記録史料の内容と同様に重要な歴史的情報源となる場合があることによる。

第四は、段階的整理と段階的保存である。前者は、記録史料の整理に際し、次項で述べる概要調査から多角的検索手段の作成に至る各プロセスの作業を、長期的かつ段階的な計画の下で行なうことであり、その過程で作成される目録類も、簡単なものから順次高度で多様なものにレベルアップしていくものである。ゆえに、各段階の序列を飛び越してはならないという「追い越し禁止の序列」が提唱されている。この方法は、整理の各段階で分析の深度をしだいに高めながら、記録史料群の内的構造の解明を行ないうるという点で、実務的に採用しやすいという長所が存在する一方、記録史料群の理解に有用な諸情報を、各段階での整理の過程で抜かりなく引き出し記録化し、利用者に提供していくための合理的な方法でもある。この考え方は、史料のクリーニング（埃や金属の留め具の除去)、封筒入れや保存箱への収納、応急あるいは本格的な補修といった物理的整理についても同様であり、段階的保存と呼ばれている(安藤正人、一九九八年)。

記録史料管理プログラムと目録記述・記録階層

ここでは、上記の原則に基づいた記録史料の保存管理プログラムについて、その各段階で作成される目録記述のあり方と関連させて、①概要調査、②保存管理、③整理利用の三段階に分けて述べよう(安藤正人、一九九八年)。図1は、その概略を示したものである。

第一段階は概要調査である。ここでの課題は、記録史料群の存在と保存状態の現況を確認し、必要最小限の応急保存措置を取り、それをふまえて長期的な保存管理プログラムを立案するための基本情報を収集し、記録化することである。この段階では、概要目録が作成される(2)。

第二段階は保存管理である。概要調査を終えた記録史料群を、原蔵者宅の蔵などの保存施設に、あるいは原蔵地からの遠近を問わず、史料保存機関に移した場合に行なう作業である。ここでの課題は、物理的意味での記録史料群の保全であり、受入目録・配架目録などの目録が作成され、受け入れの経緯、書庫内の配架位置、劣化損傷状況と修復記録など、記録史料群の物理的管理に必要な情報が記述される。

第三段階は整理利用である。ここでの課題は、いかに多角的かつ科学的に記録史料を活用するかということである。まず個々の記録史料一点一点について詳細な内容調査を行ない、内容目録を作成する。それをふまえて構造分析を行ない、記録史料群の内的構造に関する情報を提示し再構成した基本目録が作成される。

基本目録の記述と編成には、記録階層モデルが使用される。記録史料群の内的構造の再構成の作業は、まず母体である組織体の機構・機能と、文書収受のあり方をを歴史的に分析して、当該組織体の記録体系の全体を明らかにし、個々の残存史料をその中に位置付けるという演繹的な考え方で行なわれる。その際に有効なのが記録階層(レコード・レベル)の考え方であり、おおむね次の四つのレベルが設定される(安藤正人、一九九八年)。

①グループ・レベル……共通の出所を持つ記録史料群の全体である。

②サブグループ・レベル……①の中での、部局など内部組織単位の史料群である。組織がさらに細かく分かれる場合は、副次レベルとしてサブ・サブグループが設けられる。

記録史料保存管理プログラム		目録システム	役割	記述情報
概要調査	現況の調査 ↓ 応急保存処置 ↓ 長期管理計画の立案	概要目録	現状記録 概要把握	保存経緯 保存現況 処置記録 全体概要
↓				
保存管理	保存施設への収蔵 ↓ 保存管理計画の立案 ↓ 保存管理処置の実施	受入目録 配架目録	管理台帳	受入経緯 形態数量 配架位置 劣化状況 修復記録
↓				
整理利用	整理利用計画の立案 ↓ 調査研究の実施 ↓ 整理と目録作成 ↓ 閲覧その他の利用	検索手段システム 内容調査 ↓ 基本目録 ↓ 各種索引	検索利用	図2参照

図1　記録史料保存管理プログラムと目録システム（安藤正人『記録史料学と現代』p.161の図2を一部修正の上転載）

③シリーズ・レベル……②の中での、職掌・事案など機能単位の史料群である。機能がさらに細かく分かれ、記録が別々に作成される場合は、副次レベルとしてサブシリーズが設けられる。

④アイテム・レベル……③の中で、一点として物理的に単独に扱える史料単位である。その中に複数の文書が含まれている場合は、副次レベルとして、ピース・レベルが設けられる。

目録記述にあたっては、従来の目録のように一点一点の史料の記述を主体にし、史料群全体の構造や内容については解題の中でふれる程度に止めるというのではなく、グループからシリーズに至る各レベルの群単位のデータを重視して、これを目録記述の対象にするのが望ましい（図2参照）。各レベルで何を記述するか

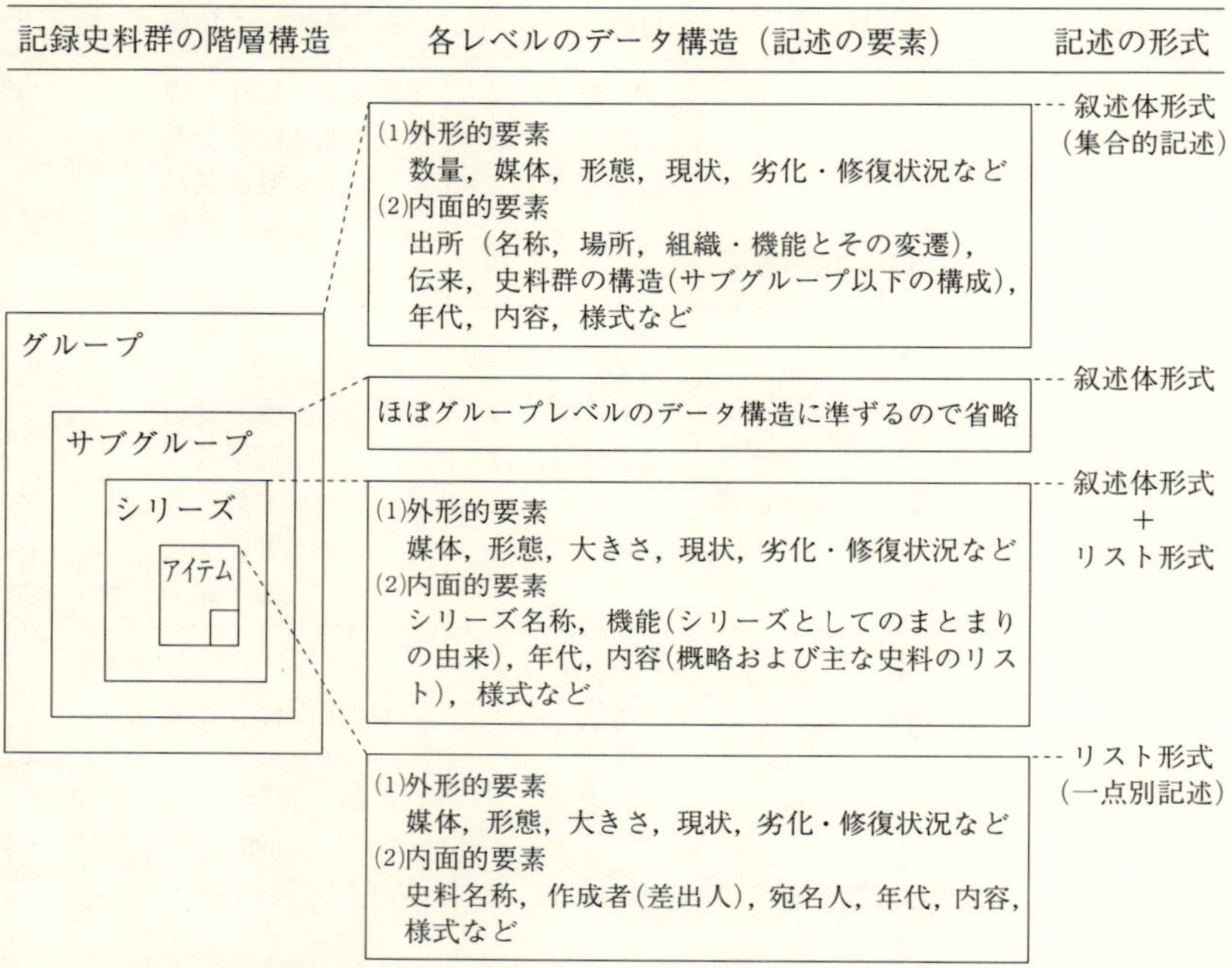

図 2　記録史料群のデータ構造と目録記述（安藤正人『記録史料学と現代』p.168の図 4 を一部修正のうえ転載）

について、この図では外形的要素と内面的要素に区分した。このうち、グループとサブグループの場合は出所や史料群の構造が、シリーズの場合は機能（シリーズとしてのまとまりの由来）が重要な要素となる。シリーズ以上の上位レベルの記述形式は、従来の目録のようなリスト形式の一点別記述とは異なり、叙述体での集合的記述が採用される。従来の解題と異なる点は、それが目録記述の主要部分として本文の中に組み込まれることであり、目録記述は、全体から個へ、すなわちグループ記述→サブグループ記述→シリーズ記述→アイテム記述という順序をとる。

　基本目録の作成が終わると、多角的検索手段が作成される。これは、基本目録に主題・年代・人名・地名などの各種索引を付すことや、アイテム・レベルの個別史料の詳細な情報を記した詳細目録の作成によってなされるが、あくまで基本目録に立ち戻り、基本目録をより多角的に活用するための補助検索手段であることに留意したい。

3　記録史料学の展望――世界の動向から

ここでは、現在世界の文書館界で問題となっている記録史料の目録記述の標準化の動向について、簡単に述べたい。

国際標準記録史料記述原則

一九九二年に、国際文書館評議会（ICA）がマドリッドで採択した、記録史料記述を国際的に交換するための標準化に関する原則であり、マドリッド原則ともいわれる。

その要点は以下の四点である（安藤正人、一九九八年）。

第一に、記録史料記述とその目的の定義付けを行なったことである。記述とは記録史料の representation（描写あるいは身代わり）を創ることであり、その主眼は、記録史料の内容よりもコンテクスト（存在の事情）を示すことであるとした点にある。

第二に、記述の標準化の目的を、①首尾一貫した、適切かつ自己完結的な記述の確立を図ること、②記録史料についての情報検索ならびに情報交換の便宜を図ること、③オーソリティ・データ（典拠データ）の共有を可能にすること、④各史料保存機関における記述を統合して、単一の情報システムの形成を可能にすること、の四点に明確に示したことである。

第三に、フォンド、サブフォンド／シリーズ／ファイル、アイテムの三つの階層からなる記述の構造モデルを提示したことである（図3参照）。このうちフォンドとサブフォンドは、2の記録階層の部分で述べたグループ及びサブグループに相当する。

第四に、記述すべき情報の要素として、記録史料の出所に関する情報（コンテクスト情報またはメタデータ）③

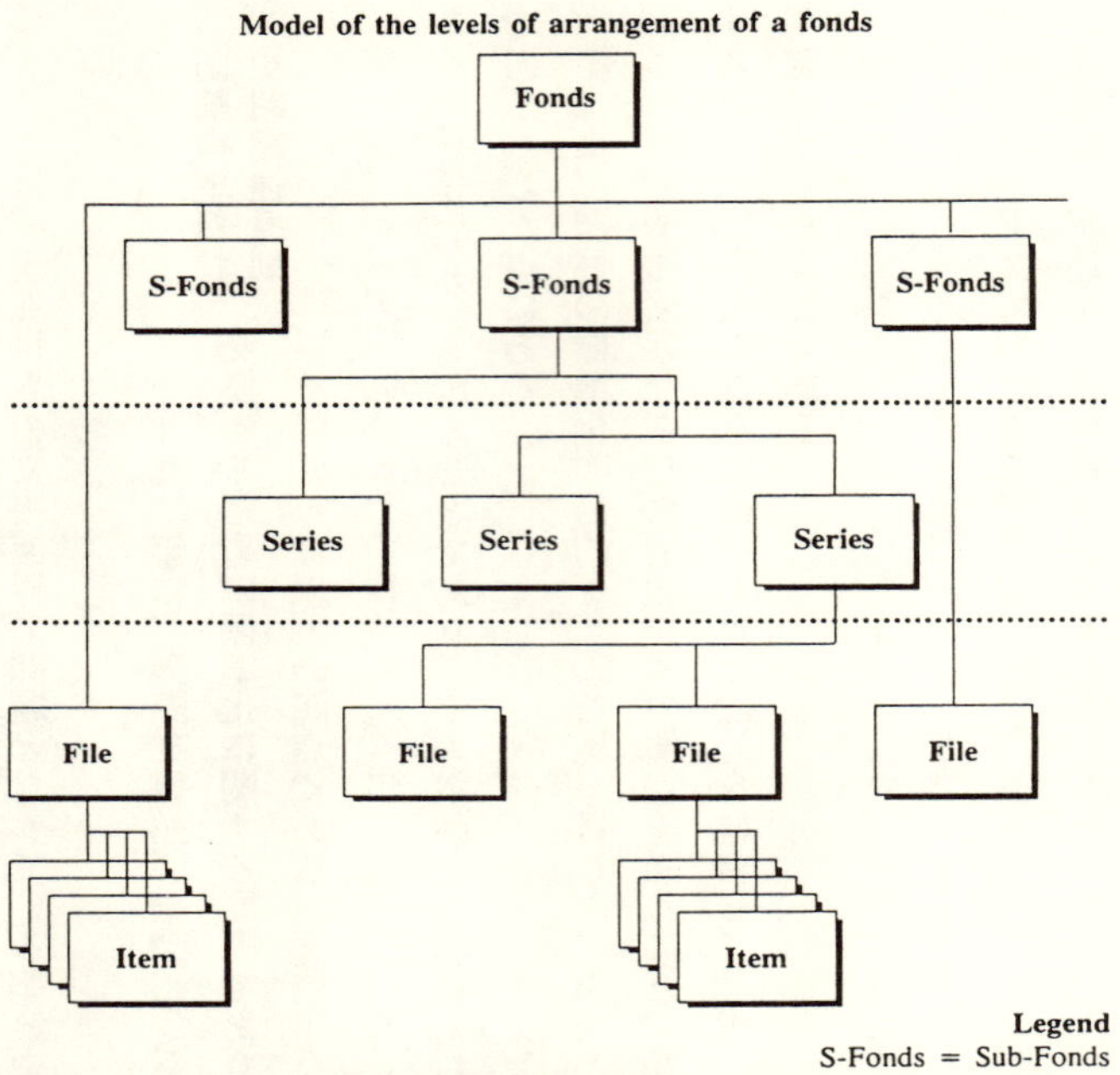

図 3　『マドリッド原則』の階層構造モデル（安藤正人『記録史料学と現代』p.187の図 6 を転載）

を重視したことである。これと、記録史料そのものに関する情報とが組み合わさって、はじめて有効な記録史料記述が完成することになる。

国際標準記録史料記述―一般原則（ISAD（G））

一九九四年、国際文書館評議会が国際標準記録史料記述原則に基づき作成した、国際的情報交換のための記録史料記述に関する一般原則である（4）。その要点は次の三つである。

第一は、以下の四つの原則に従って、多階層（マルチレベル）記述を行なうことである（安藤正人、一九九八年）。

①全体から個へ。すなわち記録史料群のコンテクストと階層構造が理解しやすいように、フォンド全体から始めてしだいに下位に降りていくような方向への記述を行なう。

②各レベルに適した情報の記述。すなわち各レベルでの記述は、それぞれのレベルに関する情報に限定しなければならない。たとえばフォンドレベル記述のところで下位レベルに関する細かい説明をしたり、逆に下位レベルの記述の中でフォンド全体に関する情報にふれるようなことを避ける。

③記述の相互関連の明記。すなわち記述の階層構造内での位置を明確に示すため、それがどのレベルの記述で

表1　国際標準記録史料記述（一般原則）ISAD（G）の構成

<table>
<tr><th>多階層記述の規則</th><th>記述のエリア名と要素名</th></tr>
<tr><td>A　概要から個別への記述
目的：フォンドやその各部分のコンテクストと階層構造を表す。
規則：最も全体的なことからより特別なことへという順序で、部分を全体に関わらせながら記載する。</td><td>I　識別表示
1基準番号　2表題　3作成年月日
4記述のレベル　5記述単位の大きさ
II　成立状況
6作成者の名称　7組織歴・履歴
8蓄積された年代　9管理の歴史
10資料入手先</td></tr>
<tr><td>B　記述のレベルに適した情報
目的：記述単位のコンテクストと内容を正確に表す。
規則：記述されるレベルにふさわしい情報のみを与える。</td><td>III　内容および構造
11範囲と内容・要約　12評価・廃棄処分および保存年限の情報
13追加受け入れ　14整理の方法</td></tr>
<tr><td>C　記述の関連付け
目的：階層構造内での記述単位の位置を明らかにする。
規則：一つ上位の記述単位に関連づけて記述のレベルを識別する。</td><td>IV　利用と取り扱いの条件
15法的位置付け　16利用条件
17著作権・複製条件
18資料の使用言語　19物理的な特徴
20検索補助システム</td></tr>
<tr><td>D　情報の非重複
目的：階層構造的に関連した記述では情報が冗長になることを防ぐ。
規則：適切な最も上位のレベルで以下に共通な情報を与える。既に与えられた情報を、下位で反復してはならない。</td><td>V　関連資料
21原史料の所在　22複製物の有無
23同一施設内の関連記述単位
24他施設の関連資料の有無
25出版情報
VI　覚書
26上記以外の特殊あるいは重要な情報</td></tr>
</table>

保坂裕興「電子目録と国際標準の思想」（『歴史評論』594号、1999年）p.38の表を一部修正の上転載

あるのか、また次にどのレベルの記述につながっていくのかを明確に記す。

④情報の非重複。すなわち上位レベルで記述された情報を下位レベルでくり返さない。

第二は、記述のエリアと記述の要素についてである（青山英幸、一九九九年。保坂裕興、一九九九年）。表1に、先に述べた多階層記述の四原則と関連させて、その構成を示したが、フォンドからアイテムまでのどのレベルも、六つのエリアと二六の要素で記述が可能である。また二六の要素はその全部を使う必要はなく、各記録史料群の特徴や記述のレベルに応じて自由に取捨選択できるものとされ、柔軟性に富んでいる。このうち、国際的な情報交換のために最低限必要なのは、表1のI（識別表示の

エリア）の基準番号（レファレンス・コード）、表題（作成者を含む）、作成年月日、記述のレベル、記述単位の大きさ（点数や書架延長）の一分野五要素である。

第三は、日本における文書目録の記述との相違点である（青山英幸、一九九九年）。日本の文書目録の多くは、本文である文書一点ごとのリストの前後に解題を付したものである。これに対し国際標準記録史料記述は、記録史料の出所や成立の背景に関する情報を、フォンドやサブフォンドといった上位レベルの記述で示し、ファイルやアイテムといった下位レベルでは、記録史料の内容などの限定された情報を示すことで、利用者が必要とする記録史料に関する情報を全体的に提示する記述方法を取る。記録史料群の階層構造の各レベルごとに、日本の文書目録の解説部分と本文部分とを合体し、総合的に記述したものといえよう。

現在、日本の古文書及び行政文書を素材に、国際標準記録史料記述の実験を行なった事例が、国立史料館所蔵出羽国村山郡観音寺村岡田家文書（森本祥子、一九九七年）、北海道立文書館所蔵箱館奉行文書（青山英幸、一九九七年）、東京都公文書館所蔵第三回アジア競技大会組織委員会史料（森本祥子、一九九八年）、国立史料館所蔵越後国頸城郡岩手村佐藤家文書（安藤正人、一九九八年）の四例報告されている。そのいずれも、日本での適用は可能だという結論に達しているが、史料の作成年月日の取り扱いなど疑問点も出されている。本章では紙幅の関係上記述の実例を掲載できなかったが、これらの文献を参照していただければ幸いである。

この国際標準記録史料記述と対をなすものとして、一九九六年に、国際文書館評議会は国際標準記録史料典拠記録—団体・個人・家史料（ISAAR〔CPF〕）を作成した。これは団体・個人及び家の記録史料に関する典拠記録の構築の原則であり、アクセスポイント（史料検索の手がかり）の統一に関する典拠（オーソリティ）コントロールのエリア、出所等に関する情報のエリア、注記のエリアの三つの分野からなる。各地に分散保管されているフォンドについて、所蔵機関の壁を越えた記録史料の出所に関する情報の統一と共有化を図ることを目的としたものである（安藤正人、一九九八年）。

むすびにかえて

以上三節にわたって、記録史料学からみた古文書の保存・利用問題について、最近の世界的動向も含めて述べてきた。もはや予定の紙幅が尽きたので、各節のまとめは行なわないが、最後に学問分野としての記録史料学と古文書学との関係について、東寺百合文書の整理経験から、中世史料論に対して積極的な発言を行なってきた富田正弘の、次の一文を引いて結びにかえたい（富田正弘、一九九五年）。

「このような古文書学・歴史学と文書館学との文書や記録に対する定義の違いは、これらをその作成段階において定義づけするか、あるいはその蓄積段階において定義するかの違いから生じたものであろう。別のいい方をすると、文献史資料を一点ごとのものとして対象化するか、あるいは一連の資料を群として対象にするかの違いから起きたといってもよいであろう。さらに敢えていうなら、文書館学の定義は、古文書学でいう伝来論の分野に立脚して論を展開している、ということができる。したがって、これらの定義の違いは、お互いにその立場の違いを認めあえばよいのであって、白黒を決する問題ではないであろう。」

注

（1）後者でも記録史料調査論については、「文書館学的記録史料整理論」をめぐる安藤正人と吉田伸之の論争に代表されるように、歴史研究者の関心が高い。その詳細については本書所収の高橋論文を参照されたい。

（2）概要調査及び概要目録の具体例については、本書所収の高橋論文を参照されたい。

（3）メタデータとは、データやデータシステムについて記述したデータのことであり、オリジナルとコピーの区別が不明確な電子記録の保存に際し必須のものである。

（4）『記録と史料』六、一九九五年に、青山英幸解説、森本祥子翻訳によりその全訳が掲載されている。本項の詳細についてはこれを参照されたい。

参考文献

青山英幸　一九九七年「国際標準記録史料記述等による箱館奉行文書目録作成の実験について」『北海道立文書館紀要』一二
青山英幸・安藤正人編著　一九九六年『記録史料の管理と文書館』北海道大学図書刊行会
安藤正人・大藤修　一九八六年『史料保存と文書館学』吉川弘文館
安藤正人　一九九八年『記録史料学と現代―アーカイブズの科学をめざして―』吉川弘文館
国文学研究資料館史料館編　一九八八年『史料の整理と管理』岩波書店
図書館情報学ハンドブック編集委員会編　一九九九年『図書館情報学ハンドブック　第二版』中の「記録史料学」「記録史料」（青山英幸執筆）丸善株式会社
富田正弘　一九九五年「中世史料論」『岩波講座日本通史別巻3　史料論』岩波書店
文書館用語集研究会編・全国歴史資料保存利用連絡協議会監修　一九九七年『文書館用語集』大阪大学出版会
森本祥子　一九九七年「国際標準記録史料記述(一般原則)適用の試み―諸家文書の場合―」『史料館研究紀要』二八
同　一九九八年「国際標準記録史料記述(一般原則)適用の試み―行政文書の場合―」『史料館研究紀要』二九
安澤秀一　一九八五年『史料館・文書館学への道―記録・文書をどう残すか―』吉川弘文館

(付記) 本章の執筆に際し、記録史料情報管理理論研究会涸沼セミナー参加者の皆様から貴重な御意見をいただいた。記して謝意に代えたい。

III 文書・記録の利用と文書館・資料館

一 国内の文書館・資料館

一―(1) 国の機関における文書・記録の保存と利用

中野目 徹

はじめに

旧講座の第一一巻〈近代編Ⅲ〉(三上昭美編、一九七九年)では、「5 文書館・公文書館の近代文書とその分類」として、一一の史料保存・利用施設における事例が紹介されている。このうち国が設置する施設に関する論考とその著者は、「国立公文書館」(永桶由雄)、「外務省外交史料館」(長岡新次郎)、「国文学研究資料館史料館」(原島陽一)であった。いずれも所蔵資料の紹介を主としており、目録作成の現状などについては多少触れられているものの、各館が直面する課題やそれらの解決方法には論及されていない。爾来およそ二〇年の歳月が経過し、文書・記録の保存と利用の状況及びそれらをめぐる学問的認識は、この間に格段の進展を見せている。したがって本稿では、旧講座の三論考の発展的継承を意識しながらも、所蔵資料の紹介などはいっさい省略して、もっぱら国の機関における文書・記録の保存と利用をめぐる現状と課題の把握に、限られた紙面を費やしていきたい。

具体的な考察は、国の機関が作成・授受した公文書等の保存と利用について中心的役割を果たすことが期待されている国立公文書館を主たる対象に行ない、その他の施設に関しても筆者の知り得るかぎり関説していく。検討の時間的範囲は、「公文書館法」（昭和六十二年十二月十五日法律第一一五号）が制定されて以来の約一〇年間に重点を置き、必要に応じてそれ以前に遡っていくこととする。考察の手順としては、まず国の機関が保有する公文書等の全体像について述べ、次いで公文書館・史料館等の実態を概観したあと、「公文書館法」制定前後における国立公文書館の動向を整理した拙稿（中野目徹、一九八八年）で提示した問題点を一つ一つ検証し、最後に現在まさに直面している諸問題にも言及して、本稿に付託された課題に応えていきたいと考えている。

なお、はじめに当たって、用語の意味に限定を加えておいた方がよいであろう。「国の機関」には、立法・行政・司法の三権に属するあらゆる官公署のほか、会計検査院のような独立の検査機関、日本銀行をはじめとする特殊法人等も含まれる。このうち本稿では、行政機関をおもに取り上げることになるが、各省庁の内部部局を中心に、審議会等、施設等機関、特別の機関、地方支分部局まで視野に収めている。当然このなかには、刑務所、在外公館、税務署、国立学校、国立病院、自衛隊の部隊までが包摂される。「文書・記録」は、執筆依頼のなかにあったのでそのまま採用したが、おそらく編者は古文書学における両者の区分を意識されたのであろう。しかし、近代の公文書又は行政文書の場合、古文書学でいう文書《もんじょ》と記録を厳密に区分するのは、まったく不可能でないにせよ、あまり意味のない作業である。そこで本稿では、「文書・記録」を現用・非現用を問わず公文書又は行政文書の意味でその都度限定を加えて用い、単に文書と記すときは「ぶんしょ」と訓ませることとする。「保存と利用」については、それぞれの意味を広く解釈して、「保存」には文書の評価・選別から受入・整理までの過程を、「利用」には検索手段の作成からレファレンスや展示会などの提供サービスまでの過程を、すべて含めて考えたい。これらを通じて問題となる媒体の物理的な保存も勿論考慮に入れている。しかし、文書が各省庁で現用段階にある場合の「保存と利用」については、まさしくそれが情報公開の問題となるわけだが、本稿では公文書館等の史料保存・利用施設と関わる範囲のみに限定して触れるにとどめる。

以上をふまえて本稿の課題を再論すれば、行政を中心とする国の機関における文書・記録の保存と利用をめぐる問題を、「公文書館法」制定・施行以降の国立公文書館の対応を軸に、今後の見通しまで含めて検討することである。その際、外国の事例を引証しながら理念的な批判を加えるのではなく、いかにしたら歴史的価値のある文書を確実に保存し遅滞なく利用に供することができるのか、筆者の実務経験に即した視点から考察していきたい。

1　公文書等に関する実態調査

実態調査の実施

昭和六十三年（一九八八）六月一日の「公文書館法」施行によって、公文書館行政の分野は根拠法を有することになり、法を所管する内閣総理大臣官房総務課と総理府の施設等機関で法の具体的運用事務を担当する国立公文書館が、協力して公文書館行政を推進することとなった（中野目、一九九三年）。実質的に法を所管する国立公文書館では、法制定を契機に公文書館や原局の文書担当課職員を対象とした実務研修会及び全国の都道府県・政令指定都市公文書館長会議を毎年開催するようになったほか、将来のアーキビスト養成へ向けて研究会を開催するなど、従来にないさまざまな施策を実施に移した。そのような一連の施策のなかでも、本稿の課題ともっとも密接に関係してくるのは、平成元年（一九八九）に実施された国と地方公共団体の機関に対する「公文書等の保存、利用に関する実態調査」であろう。

この調査は、「公文書館法」の適正な運用を図るため、まず国の各省庁に対して同年八月一日現在の公文書等の数量を、内部部局と地方支分部局に分け、それぞれを永年保存文書と有期限保存文書に区分して、永年保存文書に関しては昭和二十年以前、以後一〇年ごとの数量を調べ、一方有期限保存文書に関しては保存期限到来の数量と期限未到来の数量をそれぞれ調べるというものであった。次いで都道府県・政令指定都市に対して、同年十二月三十一日現在の公文書等の実態調査を実施した。これは全国的な調査として初めてのものではなかったかと思われる。調査の内容は、まず各自治体の文書主管部長（総務部長等）宛に調査票を送付し、文書保管の実態と数量

表1　1989年時点で国の機関が保有する文書の数量

	永年保存	有期限保存	合　計
本省庁（特許庁を除く）	405	197	602
地方支分部局（労働省を除く）	784	1006	1790
合　　計	1189	1203	2392万冊

注）　1万未満の数字は四捨五入してある。

を詳細に問い、さらに公文書館等の施設を設置している自治体に対しては、直接それら施設に関する質問も加え、設置予定や意見まで聴取するというものであった。この調査の結果は、筆者も担当者の一人として加わり、平成三年（一九九一）三月に『地方公共団体における公文書等の保存、利用等に関する実態調査』というB5判四三頁の冊子にまとめられ、協力を受けた都道府県及び政令指定都市その他に配付された。

国の機関が保有する公文書等の全体像

法施行にともなって実施された二つの調査のうち、本稿と関連の深いのは前者の国の機関が保有（保管、保存）する公文書等の実態調査である。この調査の結果は、国立公文書館が主催して毎年開催される各省庁事務連絡会議の平成元年（一九八九）十二月八日の会議の席において報告された。その際の資料によると、国の機関が保有する文書の数量は概数で表1のようになり、全体では約二四〇〇万冊という想像もつかないほどの膨大な数字となった。調査では各省庁ごとの数値も得られたが、各々については各省庁事務連絡会議でも報告されなかったので、ここでも省略する。このような措置が採られたのは、数字を公表することによって各省庁から国立公文書館への文書の円滑な移管にかえって支障をきたすことを懸念したためであった。それにしても、一冊の厚さを四cmで計算すると、これらの文書を収蔵するための書架の棚延長は約九五七km、およそ東京—札幌間の距離を要することになる。国立公文書館本館の書架延長は四〇kmで、すでに調査の時点でほとんど余地のない状態であったから、新たな書庫の建設が急がれたのは当然のことといえよう。平成十年（一九九八）、筑波研究学園都市につくば分館が開館したのは、このような実態調査の結果をふまえたものであった。

国の機関が保有する文書の実態調査が行なわれたのは、筆者の承知するかぎり、こ

表2　1969年時点の各省別保存公文書数量

省庁等		有期限保存	永年保存	うち戦前分	合　計
内　閣	人事院等	16484	7078		23562
総理府	本府	19269	272325	76025	291594
	警察庁	39252	7235		46487
	宮内庁	123137	360330	42819	483467
	防衛庁	29990	11709		41699
	その他	98806	17041		115847
法務省		87000	61116	723	148116
外務省		37504	115494	72324	152998
大蔵省		103537	88801	6132	192338
文部省		15591	40989	15461	56580
厚生省		57231	48155	2218	105386
農林省		162657	39033	1179	201690
通産省		83945	712	155	84657
運輸省		214432	95337	2983	309769
郵政省		76026	92432	4433	168458
労働省		32835	17088	50	49923
建設省		291967	75463	3250	367430
自治省		31111	24631	522	55742
合　計		1520774	1374969	228274	2895743冊

注）各省については、外務・文部・郵政を除いて、内部部局と外局・附属機関を含んだ数字。

れが三度目のことである。このうち二度目の調査は、昭和四十四年（一九六九）十二月三十一日現在で実施され、その結果は、国立公文書館の建設が進んでいた昭和四十六年（一九七一）一月に、当時の内閣総理大臣官房総務課によってまとめられた『国立公文書館関係資料』（B5判、二五頁）で報告されている。調査結果の数字を、比較参考のため整理して作成したのが表2である。ここには、現在防衛研究所図書館で所蔵している旧陸海軍の文書は含まれていない。二つの表は、調査方法が違うので単純には比較できないが、調査が行なわれた二〇年の間にも永年保存文書の量が本省分だけでも約三倍に増加している様子をうかがうことができる。

これら国の機関が保有する膨大な量の文書の現用段階における管理、すなわち文書管理を所管するのは総務庁行政管理局である。後述する「情報公開法」の主管も同局であり、国の機関が現有する行政文書の実態調査もおそらくは詳細に準備されているであろう。ただし、同局が毎年秋に実施する文書管理改善週間の目的は、不要な公文書の廃棄の促進ということにあり、実際大量の公文書が処分されている。では、膨大な量の文書のうちから永久保存価値のある歴史資料を評価・選別して保存し利用に供するため、国の機関にはどのような施設が設置されているのか、次節ではその実情を瞥見しておきたい。

2　国の設置する公文書館等

公文書館及び公文書館相当施設

日本の中央文書館として東京都千代田区北の丸公園に国立公文書館が設置されたのは、昭和四十六年（一九七一）七月のことであった。「総理府設置法」の一部改正で設置され、現在は総理府の施設等機関となっている。設置の経緯に関しては、内閣総理大臣官房総務課が編纂した『国立公文書館関係資料集』（B５判、一六三頁、年不詳）に詳しい。設置目的は「国の行政に関する公文書その他の記録を保存し、閲覧に供するとともに、これに関連する調査研究及び事業」（「総理府本府組織令」）を行なうとされている。したがって、国の機関であっても立法・司法に関する文書は移管されることはないし、設置当初から内閣・総理府の文書を所蔵資料の基幹としてきたため、実質は「総理府公文書館」にすぎず（高野修、一九九七年）、「施設的にも機能的にも不十分」（高橋実、一九九六年）という辛口の批評も相変らず存在する。しかし、最近では同館の全所蔵資料に占める内閣・総理府関係文書の割合は約二八％まで減少しており、各省庁からの移管が相対的に増加しているという傾向が看取されよう。後述するように、今後二、三年間に予想される動向への対処如何によっては、国立公文書館が名実ともに日本の中央文書館と評価されるにふさわしい内実を備えることも可能だと考えられる。その点に関する詳細は節を改めて述べてみたい。

外務省では、外交史料館を設置して、外交文書の保存と利用に独自の対応をしている。同館は、昭和四十六年（一九七一）四月、国立公文書館とほぼ時を同じくして開館し、同五十二年（一九七七）から設置根拠は外務省の省令レベルとされ、施設は都内港区麻布台の飯倉公館の一角を占めているが、組織的には官房総務課の課内室の扱いとなっている。外交史料館の設置は、戦前から続く『日本外交文書』の編纂事業とも密接に関係していて、所蔵されている外交文書も現在のところ敗戦以前のものが中心である。戦後記録の公開は米国国務省のそれと連動して行なわれ、現在まで一四回に及んでいるものの、原本はおもに本省で保管されていて史料館への移管は進んでいない。「公文書館法」の制定以降、紀要『外交史料館報』を発刊したほか、所蔵資料の保存管理の検討を専門委員会に委託して実施し(外交史料館、一九九二年)、その後も史料の所在調査等を外部委託の方法によって実行するなど、日本外交史の研究センターとしての役割を模索しているように見える。同館が抱える今後の問題としては、戦後の外交文書の保存と利用を、『日本外交文書』の編纂方針の策定とともに検討し、あわせて専門職員の処遇を改善することではないかと思われる。

防衛庁でも、旧陸海軍の史料を保存し利用に供する施設として、都内目黒区中目黒に防衛研究所の図書館を有している。同館は、昭和三十年(一九五五)十月に開設された、当時の防衛研修所戦史室を前身とし、接収先の米国から返還されてきた旧陸海軍の文書を所蔵資料の基幹としている。そのような経緯があるため、現在でも所蔵資料の内容の管理は戦史部が行なうという原則に立っている。したがって、前述の全国公文書館長会議のメンバーは、防衛庁は防衛研究所戦史部長となっている。所蔵資料の利用をめぐっても、化学兵器や従軍慰安婦問題が取り沙汰されるたびに批判され、文書の公開基準については議論の存するところである。所員は研究職俸給表の適用を受け、研究成果や活動内容の公表が最近『防衛研究所戦史部年報』として所外へ向けてなされるようになった。また、戦後の防衛庁及び自衛隊の文書・記録の取り扱いが課題となるが、すでに内局の文書の一部が国立公文書館に移管されているという事実をふまえ、今後の対応が注目される。

その他の施設

以上の三館は、「公文書館法」が施行されたとき、同法で規定されている公文書館として認められた施設である。そのときの定義づけでは、設置主体の産み出した公文書を継続的に受け入れている施設に「公文書館法」を適用しようという原則があった。外交史料館や防衛研究所図書館の場合、戦後に作成された公文書等の扱い如何では右の定義に合致しなくなる可能性もあるが、特定の時期に関する設置主体の公文書を保存し利用に供する施設も歴史公文書館と見なしていこうという例外規定を適用した。また、宮内庁が保存する文書については、同庁の特殊な性格からして現用性が失われていないとされ、公開の目途は立っていない。「情報公開法」との関わりで、同庁の対応が注目される。平成十年度には、会計文書の一部が国立公文書館へ移管されたが、内容的にはおよそ嘱望されている種類の史料とはいえないであろう。書陵部は本庁部局であるし、公文書の閲覧を認めていないので、今のところ公文書館相当施設とは見なされないのである。

もっとも、「公文書館法」の枠を度外視すれば、国の設置する文書・記録の保存・利用施設はその他にも数多く存在する。なかでも国文学研究資料館史料館（通称国立史料館）は、昭和二十六年（一九五一）の設置以来、多くの史料の散逸を防ぎ、とくに近世史料に関する調査研究に多大な成果を挙げてきたことは（国文学研究資料館史料館、一九八八年、一九九一年、一九九二年）、衆目の一致するところである。以下は名称を列挙するだけにとどめるが、国立国会図書館（とくに憲政資料室）や東京・京都・奈良の国立博物館、国立歴史民俗博物館などはいうに及ばず、たとえば衆議院の憲政記念館、法務省の司法図書館、大蔵省文庫、印刷局記念館や造幣局博物館、国立教育研究所、東京大学史料編纂所、特許庁工業所有権総合情報館、逓信博物館、東北大学記念資料室のような大学の資料室や自衛隊の部隊が設置する資料室まで含めれば、枚挙にいとまないほどである。これらの各施設は個別に運営され、連携体制も概して不十分であり、さしあたり保存されている文書・記録の実態調査を行なうのが急務であろう。後述するアジア歴史資料センターの業務として、実態調査を行なう可能性もある。また、政策研究院の伊藤隆氏を中心とするプロジェクトが、私文書を含めた近代史料情報をインターネット上で共同利用するシステムの構築を模索しているのは注目されよう。

3　法制定以後における国立公文書館の動向

国の機関における文書・記録の保存と利用に関して検討する場合、国立公文書館の動向に注視し、その現状と課題を正確に把握しておくことが重要である。実質はさておき、国内的には「公文書館法」の運用事務を担当し、対外的にも日本の中央文書館として位置づけられているからである。ところが、筆者の見るところ、国立公文書館は自館の実績を国内的・対外的にアピールするのが非常に不得手な組織である。すでに設置以来三〇年近くが経過するのに、自館の歴史を振り返る沿革史すら書かれてなく、わずかに一〇周年を記念するパンフレットが作られているのみである（国立公文書館、一九八一年）。

組織管理・運営上の変化

この一〇年に関しても、『国立公文書館年報』『北の丸―国立公文書館報―』は毎年刊行され、最近ではホームページ http://www.sorifu.go.jp/koubunsho/を開設し、『アーカイブズ』なる情報・連絡誌を創刊したものの、たとえば自館職員の研究成果を積極的に発信していこうという姿勢は見られない。したがって、いったん外へ出てしまうと、国立公文書館内部の様子をうかがい知るのは容易ではなく、知らずに無責任な批判を展開するのも生産的な議論をかえって阻害することとなるであろう。そこで本節では、一〇年前に前掲の拙稿のなかで述べた諸点に関して（中野目、一九八八年）、その後の同館の取組みを検証していくという方法を採りたい。筆者は「公文書館法」施行後の国立公文書館の役割を、①国の行政に関する公文書その他の記録の保存・利用・調査研究、②法の具体的な運用事務を担当する国内的な窓口、③ICA（国際公文書館会議、国際文書館評議会）の日本代表会員としての国際的な窓口、の三点に分けて挙げておいた。そのときも書いたが、このうちでポイントとなるのは①の日常的業務であって、これに関しては次項で取り上げたい。

②と③の国内・対外的な窓口という点に関しては、平成四年（一九九二）二月に公文書課に企画担当課長補佐と企画連絡係が新設されたことが注目されよう。館全体の組織は館長、次長の下に庶務課、公文書課、内閣文庫の

三課が置かれている点で以前と変わりないが、公文書課内は文書館としての日常的な業務を遂行する公文書担当と、国内・対外的な窓口となる企画担当の二つのラインに分かれ、それとは別にスタッフ職である専門職と研究職が並立することとなった（図1参照）。企画連絡係は、「公文書館法」の運用事務のほか、その一環として全国公文書館長会議や研修会の企画・準備に当たり、さらにＩＣＡとの連絡も担当する。平成九年（一九九七）十月には、ＩＣＡ東アジア地域支部の総会を都内で開催したが（国立公文書館、一九九七年）、小なりとはいえ国立公文書館が初めて主催した国際会議であった。これらはかつて専門職と研究職の所掌だったもので、国内外の窓口が一本化され責任の所在が明確となったのは一歩前進といえようが、重要なこの企画担当のポストに今後も引き続き適任者を得て、課内の他のラインとスタッフとの連携が保たれることが望まれる。

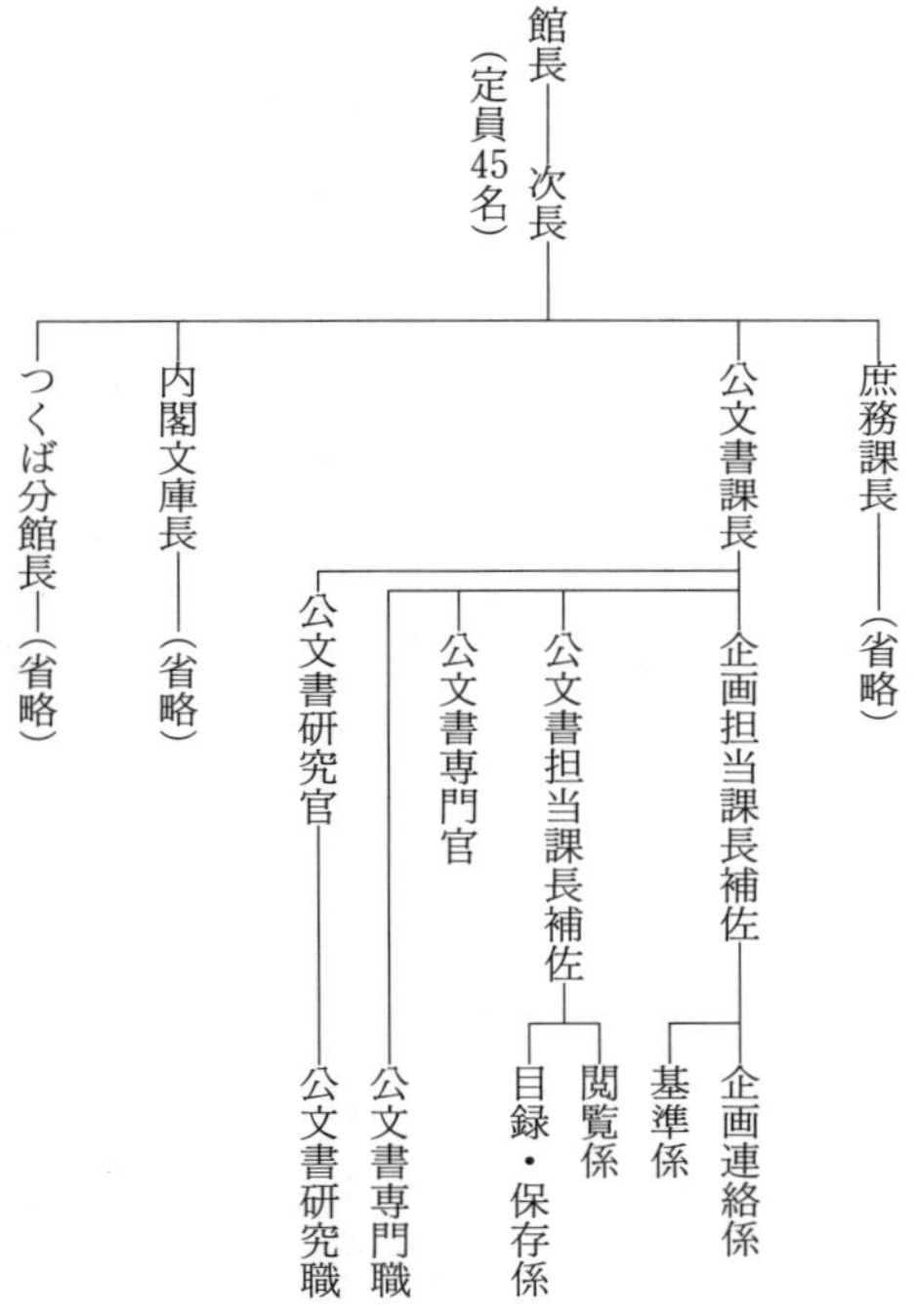

図１　国立公文書館組織図（平成11年４月改正）

保存・利用・調査研究の実態

国立公文書館のアーカイブズとしての本来的な業務について、前掲の拙稿のなかで筆者は、「法施行に伴う事務に煩わされているばかりでなく、今次大戦後に各省庁で作成された公文書等の適切な移管を実現するために、地道な作業の継続にこそ意を用いるべきである」と書いた（中野目、一九八八年）。このような考え方は、一〇年後の今日でも基本的に変わらない。しかし、たとえば利用の面から見ていくと、年間の閲覧者数が増加傾向にないのは気にかかるところである。歴史的価値の高い文書の受入・公開が進んでいないため、そのような現象が生じているのではないだろうか。

平成十一年三月三十一日現在、国立公文書館で所蔵している公文書の数量は一冊四cm換算で七一〇、〇八三冊、実数では約五〇万冊と考えられている。毎年の受入実績は年報で省庁別に報告されているが、平成十年度の場合だと、環境庁は国立公園の管理関係、厚生省は医薬品の製造承認関係、運輸省は公有水面埋立免許関係、建設省は土地収用法による事業の認定関係の文書を、国立公文書館に移管している。各々の内容は推測に頼るほかないものの、これらの文書がやがて公開されたとき、広範な利用が見込まれるかどうかは疑問としなければならない。この一〇年間で新たに公開された公文書も、「大喪儀関係文書」「大礼関係文書」「諸雑公文書」「御署名原本」などのほかは、各省庁関係の若干の文書に限定され、広範な利用という側面からみれば内容的に苦しいものがあろう。このような事態が続いているのは、国立公文書館で受入可能な文書に限界があり、各省庁は永年保存文書のうちのごく一部を移管しているにすぎず、公文書館側でも評価・選別基準を策定して積極的に文書の移管を受けているのではないという、相変わらずの事情がある（国立公文書館、一九九一年）。朗報といえるのは、平成十年、筑波研究学園都市に開館したつくば分館の存在であろう（図2参照）。同分館は、書架の棚延長三〇kmで開館したが、大幅な増築も可能で、平成元年度以降に移管された比較的作成年度の新しい文書を保存するという。中間保管庫の役割は先の懸案としても、本館との機能分担による積極的な運用に注目したい。

また、所蔵公文書に対する新しい動きとして、同十年に「公文録」が附図、附表及び索引と一括で国の重要文化財に指定されたことを挙げることができる。前年すでに、外交史料館所蔵の安政の条約書がこの指定を受けたが、貴重公文書に「文化財保護法」の網をかぶせていくという文化庁の方針が固まったものといえよう。これによって従来の保存・管理等が変更を強いられることはないということだが、原本での閲覧は事前許可制になるな

図2　国立公文書館つくば分館

ど、利用の面では制限が強化された。

なお、国立公文書館の調査研究機能を担う研究職については、平成元年に新たに二名が配置換され、合計三名のスタッフとなった。だが、その後増員の予定はなく、館内での職務分担も曖昧なままであるのは惜しまれる。前掲の拙稿では、国立公文書館における専門職員の問題は単に適用する俸給表の問題ではなく、実務経験をふまえた独自の研究領域を確立していくことが課題だと書いたが（中野目、一九八八年）、そのような専門職員の研究領域が同館とは別のところで確立されつつあるのを見るとき（たとえば安藤正人・青山英幸、一九九六年。安藤、一九九八年ほか）、国立公文書館のこの分野に関する充実を願うばかりである。

専門職員養成課程

最後に、「公文書館法」の制定・施行当時から問題となっていた専門職員の養成に関しても触れておこう。国立公文書館では、まず昭和六十三年から公文書館等職員研修会を開催し、将来的に専門職員養成の目途が立つまでの間、関係職員の資質の向上を図ることとなった。受講者は都道府県・政令指定都市の現職者を主たる対象として、国の機関や市町村の職員も加え、現在までに四〇〇名を超える修了者を輩出した。一週間（五日間）のコースであるから、もとより問題意識啓発型の実務研修にすぎないともいえるが、基礎知識の修得や職員間のネットワーク作りなどに一定以上の成果があったと考えたい。また、この研修会と並行して実施してきた実務担当者研究会議は、研修会を修了して実務経験を経た上級者向けに準備された討論方式の研究会であった。

この間に国立公文書館では、平成元年（一九八九）から「公文書館における専門職員の養成及び資格制度に関する研究会」を、続いて同五年より「公文書館における専門職員の養成機関の整備等に関する研究会」を段階的に組織して、学識経験者による提言を報告書のかたちで得て、いよいよ同十年から合計四週間にわたる公文書館専門職員養成課程を設置することになった。一方、全史料協（全国歴史資料保存利用機関連絡協議会）でも、専門職問題特別委員会を設置して、平成四年（一九九二）と同七年にアーキビスト制度への提言をまとめ、そのなかでは大学院修士課程レベルの養成機関の新設を求めている。国文学研究資料館史料館の開催している史料管理学研修会が、そのような動向を射程に入れたものであろう。

国立公文書館が開催する公文書館専門職員養成課程についていえば、いわゆる要綱設置であるため資格付与の条件や専門職としての名称が規定されておらず、この養成課程を修了しても専門職員としての資格や固有の名称が付与されるわけではない。したがって、今回の養成課程はあくまでも過渡的なもので、将来的な見直しは必至である。見直しの時期が問題だが、文書館界の全体的なレベル・アップと社会的ニーズの高まりを待つ期間として、最低でもさらに一〇年を要するのではないだろうか。

4　新たな対応を要する諸問題

前節で国立公文書館の場合を中心として検討したなかで明らかなように、「公文書館法」の制定・施行を契機としてさまざまな試みがなされ、いくつかの成果も挙がりつつある。しかし、すでに指摘したとおり、国の機関に関しては文書・記録の保存と利用という日常的な業務の面では、残念ながら「公文書館法」の効果はほとんど確認できないと断言できる。とりわけて問題とされるべきは、第一に文書の評価・選別基準の策定とそれに基づいた円滑な移管であり、第二に移管された文書の検索手段の作成と速やかな公開である。

文書の移管と公開

第一に文書移管の問題だが、もちろんこの問題は国立公文書館だけでなく、外交史料館、防衛研究所図書館及び宮内庁書陵部等とも密接に関わる問題である。すでに各施設で保存し利用に供されているものはともかく、戦後に国の機関が作成し保管する文書は今後どの施設で保存し利用に供していくのか、そろそろ結論を出していかなくてはなるまい。仮に国立公文書館がその任に当たるとしても、いかにして各省庁の協力を得る体制を整えていくのか、すべて今後の課題である。加えて現状では、各省庁から国立公文書館への文書の移管は、昭和五十五年（一九八〇）五月二十七日の閣議了解「情報提供に関する改善措置等について」に依拠し、同年十二月二十五日の各省庁事務連絡会議の申合せ「公文書等の国立公文書館への移管及び国立公文書館における公開措置の促進について」に基づき、国立公文書館と各省庁との協議によって行なわれているにすぎない。この申合せが拘束力を有するものでないこと、それゆえ国立公文書館の各省庁に対する権限がはなはだ弱いことは、すでに指摘されているところである（松尾尊兊、一九九五年）。

第二に文書公開の問題だが、国立公文書館では作成後三〇年経過した文書から公開するという原則を有しながら、現実には公開手続の遅延のほか個人情報の保護や秘密の維持を理由に、原則が守られることは少ない。個人情報については作成後一〇〇年（内閣制度以降のもの）を公開の原則としているが、時限後の見直し作業がはかどらず利用者の批判を招いた例もある（寺崎修、一九九二年）。これと関連して、コンピュータによる文書の検索に関しては、かねてデータベースの構築作業に着手していたところだが、いよいよ平成十一年四月から「公文録」等の基幹所蔵資料について目録システムの運用を開始した。これによってレファレンス業務などは省力化できようが、本格的な研究利用に有効かどうか、検証が必要である。

情報公開法への対応

文書の移管と公開が理想とはかけ離れている現在の状況に抜本的変更を迫るのが、平成十一年五月七日に国会で成立した「行政機関の保有する情報の公開に関する法律（情報公開法）」（平成十一年五月十四日法律第四二号）である。同法成立までの過程では、「知る権利」の記載その他をめぐって政府・与党と野党の間で対立が見られたものの、ほぼ政府案のとおり制定された。以前より「情報公開制度と公文書館制度は、相互補完関係にある」という視点から両制度の積極的展開を求める提言などもあって（後藤仁、一九九七年）、現在は国立公文書館にとって好機であるようにも思われる。

好機であるかもしれないというのは、情報公開制度が国の機関が保有する行政文書に適用されれば、国立公文書館への文書の移管が増加するのではないか、具体的にいえば年数の短い有期限保存文書の移管への道が開けるのではないか、ということである。同法では、公文書館等で保存・利用されている文書は政令によって情報公開の対象とはならないことになっている。政令の運用にはいまだ不分明な点も多いが、すでに新聞等で報じられている「ガイドライン」案が合わせて確定されれば、それに従って各省庁の文書管理規程も全面的に改訂されるであろう。この間に国立公文書館が独自の移管・公開基準を策定して、それを積極的に適用していく余地も残されているのである。すでに同館では、基準づくりの検討に入っているということであるが、これらに関しては、担当者の臨機応変の処置に強く期待し、万一にも「情報公開法」によって歴史資料として重要な公文書等の廃棄が促進されることのないよう、慎重かつ大胆に運用してもらいたい。

おわりに

以上述べたほかにも、文書・記録の保存と利用に関して国の機関が直面している問題は多い。それらのうち、すでに共通して直面しているのは、中央省庁再編問題と独立行政法人（いわゆるエージェンシー）化の問題であろう。中央省庁の再編に際しては、所管が整理されたり曖昧になったりする部局の文書の保存が当面の課題となるし、独立行政法人化によって公文書館等の職員の身分・待遇や予算の問題も浮上してくる。

国立公文書館の場合、同館自体も平成十三年からのエージェンシー化が決定されたのに加えて、内閣の外政審議室で担当しているアジア歴史資料センターが同館に付設されることが決まったほか、参議院先議の議員立法として、平成十一年六月十五日に国会で成立した「国立公文書館法」（平成十一年六月二十三日法律第七九号）への対応などが複雑に関連している。「国立公文書館法」は、かねて問題化していた民事訴訟原本の同館への移管に道を開くものであるが、エージェンシー化と合わせて同館の運用システム全体の見直しを含めた再検討が必至である。また、アジア歴史資料センターに関しては、すでに新聞等で報じられているところであるが、設置形態や業務内容の面で国立公文書館との関係が不明瞭であり、同館の充実に結びつくのか疑問も残されている。いずれも本稿執筆・校正時点では現在進行形の問題なので、指摘するだけにとどめるが、「公文書館法」の施行から一〇年が経って、国立公文書館をめぐる情勢は再び流動化しているように思われる。これをどのように乗り越えて、より理想に近い文書・記録の保存と利用の体制を構築していくのか、難しい場面にさしかかっているといえよう。

本稿では、国の機関における文書・記録の保存と利用をめぐる問題を、「公文書館法」制定一〇年という一つの節目に当たって、国立公文書館の動向を中心に検討してきた。私文書の扱いやコンピュータの有する可能性などには触れることができず、現状と課題の把握に終始してしまったが、現実性のない理想論で従来の取組みを批判するような立場は採らなかったつもりである。ただ、さまざまな側面からの検討の結果、やはりアーカイブズとして本来の業務である歴史資料としての公文書等の保存と利用については、相対的に見て関心が低いように思われてならない。筆者自身の反省も込めていえば、専門職員の養成問題をはじめとする公文書館等を取り巻く多くの問題への対応に追われ、文書の移管基準の策定といった地味だが時間と労力を要するもっとも肝要な仕事は後回しにしてしまったような気がする。この点に関しては、館側の担当者だけでなく利用者も含めたより広範な議論のなされることを願って、この稿を結びたい。

参考文献

安藤正人　一九九八年『記録史料学と現代』吉川弘文館
同・青山英幸　一九九六年『記録史料の管理と文書館』北海道大学図書刊行会
外交史料館　一九九二年『外交史料館所蔵史料保存管理検討委員会報告書』
後藤　仁　一九九七年「情報公開・記録史料・公文書館」『神奈川県立公文書館紀要』第一号
国立公文書館　一九八一年『一〇年のあゆみ』
同　一九九一年『公文書等の集中管理』（初版は一九七七年）
同　一九九七年『国際公文書館会議東アジア地域支部第三回総会報告書』
国文学研究資料館史料館　一九八八年『史料の整理と管理』岩波書店
同　一九九一年『史料館の歩み四十年』
同　一九九二年『近世・近代史料目録総覧』三省堂。さらに現在、同館編の「史料叢書」全一〇巻が刊行中である（名著出版）。
高野　修　一九九七年『日本の文書館』岩田書院
高橋　実　一九九六年『文書館運動の周辺』岩田書院

寺崎　修　一九九二年「閲覧停止の国立公文書館所蔵記録」『地方史研究』第二三七号
中野目徹　一九八八年「国立公文書館と『公文書館法』」『歴史評論』第四六三号。追記の拙著にも第十三章として収録してある。
同　一九九三年「歴史資料としての公文書について」『八潮市史研究』第一三号
松尾尊兊　一九九五年「近現代史料論」岩波講座『日本通史』別巻三
三上昭美編　一九七九年『日本古文書学講座』第一一巻　雄山閣出版

追記　本文中にも記したように、国の公文書をめぐる情勢はきわめて流動的な段階にあり、校正時点でも明示できない領域が多い。その意味で本稿は、「公文書館法」制定後の一〇年間を回顧した過渡的性格のものにすぎず、情報公開、エージェンシー化等の今日的な諸問題に関しては、後日再論せざるをえない。（一九九九年十月）

また、本書の刊行が予定より遅れてしまったため、本稿の内容は、既刊の拙著『近代史料学の射程』（二〇〇〇年、弘文堂）の第十四章と重複している部分が多いことを、お断りしておく。（二〇〇〇年二月）

一―(2)　都道府県文書館の文書・記録の保存と利用

水口　政次

はじめに

一九九四（平成六）年十一月三日に長野県立歴史館が開館した。

都道府県レベルでは、二四番目の文書館の設置である。都道府県は四七であるから、都道府県文書館は半数を超えたことになる。

一九八七（昭和六十二）年十二月に公文書館法が制定された。そのため文書館の設置が促進されて、それ以後一〇年間で一二館設置された。現在、都道府県文書館は二六館になっている。公文書館法制定以前に設置された一四館は、類似した沿革を持つ館もあるかもしれないが、それぞれ異なる沿革を持って設置されている。

本章では、全体の半数を超えた都道府県文書館に焦点を当てて、都道府県文書館の文書・記録の保存と利用について全般的な現状分析を試み、さらに都道府県文書館が抱える課題について触れてみたい。代表的な都道府県文書館として、規定面・実務面に充実しており、所蔵資料も古文書等の民間史料・公文書とバランスがとれている群馬県立文書館を事例として示すことにする。

また、群馬県立文書館とはまったく沿革の異なる東京都公文書館も簡単に紹介したい。

さらに、公文書館法、都道府県文書館に密接に関わる国の情報公開法や海外の地方文書館（英国）との比較についても簡単に述べてみたい。

1　都道府県文書館にみる文書・記録の収集保存と利用提供

すでに述べたように、都道府県文書館は現在二六館設置されている。設置順に示すと表1のとおりである。東北と九州が少ない。

次に都道府県文書館の現状を各都道府県の例規集等から分析してみたい。

都道府県文書館の概要

最初に都道府県文書館の所管と設置根拠法令等を表2で見てみよう。所管が知事部局である都道府県は一六であり、教育委員会部局は、一〇である。また、条例設置の文書館は二三府県、その他（規則、要綱）は、三都府県である。条例の条文数は平均すると六条であり、条文の内容は、設置目的、名称、位置、事業、職員、規則の委任等である。

条例設置の道府県は、条例に基づいて館の運営を詳細に規定する管理規則（名称は道府県によって異なる）を制定している。規則の条文数は、平均すると一三条である。内容については、群馬県立文書館の事例を示してみると趣旨、休館日、開館時間、文書の閲覧、利用者券の交付等、利用手続き、利用の制限、遵守事項、利用の中止等、文書の複写、出版物への掲載、文書の館外貸出し、損害賠償、文書の寄託等、寄託文書の損害賠償、協議会、委任である。

右に掲げた群馬県立文書館の管理規則でわかるように、各館の文書・記録について主に利用面から詳細にわたって規定している。古文書の受入れに限って、寄託・寄贈の規定を設けている。

都道府県文書館にみる文書・記録の収集保存

都道府県文書館は、どのような資料を対象にしているのか。鈴江英一氏は、収蔵資料（公文書に限定されるか、もっぱら民間史料か、あるいはその両方）により文書館の性格は左右されるとして、次のように指摘している。「文書館が設立される場合、文書館の性格によって、その収蔵対象資料が定められ、館の性格や資料によってその業務が決められるものである。」（鈴江

表1　都道府県文書館の設置時期と所在地（設置順）

NO	文　書　館　名	設置年月日	所　　　在　　　地
1	山口県文書館	1959. 4. 1	〒753-0083　山口市後河原150-1
2	京都府立総合資料館	1963.10. 1	〒606-0823　京都市左京区下鴨半木町1-4
3	東京都公文書館	1968.10. 1	〒105-0022　港区海岸1-13-17
4	埼玉県立文書館	1969. 4. 1	〒336-0011　浦和市高砂4-3-18
5	福島県歴史資料館	1970. 7.31	〒960-8116　福島市春日町5-54
6	茨城県立歴史館	1973. 4. 1	〒310-0034　水戸市緑町2-1-15
7	岐阜県歴史資料館	1977. 4. 1	〒500-8014　岐阜市夕陽ケ丘4
8	群馬県立文書館	1982. 4. 1	〒371-0801　前橋市文京町3-27-26
9	兵庫県公館県政資料館	1985. 4.17	〒650-0011　神戸市中央区下山手通4-4-1
10	北海道立文書館	1985. 7.15	〒060-0003　札幌市中央区北三条西６丁目
11	大阪府公文書館	1985.11.11	〒558-0054　大阪市住吉区帝塚山東2-1-44
12	栃木県立文書館	1986. 4. 1	〒320-0027　宇都宮市塙田1-1-20
13	愛知県公文書館	1986. 7. 1	〒460-0001　名古屋市中区三の丸2-3-2
14	富山県公文書館	1987. 4. 1	〒930-0115　富山市茶屋町33-2
15	千葉県文書館	1988. 4. 1	〒260-0013　千葉市中央区中央4-15-7
16	広島県立文書館	1988.10. 1	〒730-0052　広島市中区千田町3-7-47
17	徳島県立文書館	1990. 4. 1	〒770-8070　徳島市八万町向寺山
18	鳥取県立公文書館	1990.10. 1	〒680-0017　鳥取市尚徳町101
19	新潟県立文書館	1992. 4. 1	〒950-0941　新潟市女池2066
20	和歌山県立文書館	1993. 4. 1	〒641-0051　和歌山市西高松1-7-38
21	神奈川県立公文書館	1993.11. 1	〒241-0815　横浜市旭区中尾1-6-1
22	秋田県公文書館	1993.11. 2	〒010-0952　秋田市山王新町14-31
23	香川県立文書館	1994. 3.28	〒761-0301　高松市林町2217-19
24	長野県立歴史館	1994.11. 3	〒387-0007　更埴市屋代字清水
25	大分県公文書館	1995. 2.28	〒870-0000　大分市大字駄原587-1
26	沖縄県公文書館	1995. 4. 1	〒901-1105　島尻郡南風原町字新川148-3

表 2　都道府県文書館の所管部局と設置根拠法令

文　書　館　名	所管	設　置　根　拠　法　令　名
北海道立文書館	知事	北海道立文書館条例（全 4 条）
秋田県公文書館	知事	秋田県公文書館条例（全 2 条）
福島県歴史資料館	教育	福島県文化センター条例（全17条）
茨城県立歴史館	教育	学校以外の教育機関の設置、管理及び職員に関する条例（全11条）
栃木県立文書館	教育	栃木県立文書館条例（全 4 条）
群馬県立文書館	教育	群馬県立文書館の設置に関する条例（全 4 条）
埼玉県立文書館	教育	埼玉県立文書館条例（全 3 条）
千葉県文書館	知事	千葉県文書館設置管理条例（全 4 条）
東京都公文書館	知事	東京都組織規程（規則）
神奈川県立公文書館	知事	神奈川県立公文書館条例（全12条）
新潟県立文書館	教育	新潟県立文書館条例（全 4 条）
富山県公文書館	知事	富山県公文書館条例（全 5 条）
長野県立歴史館	教育	長野県立歴史館条例（全 8 条）
岐阜県歴史資料館	教育	岐阜県立学校以外の教育機関の設置に関する条例（全 4 条）
愛知県公文書館	知事	愛知県公文書館条例（全 6 条）
京都府立総合資料館	知事	京都府立総合資料館条例（全 7 条）
大阪府公文書館	知事	大阪府公文書館設置要綱（全 3 条）
兵庫県公館県政資料館	知事	兵庫県公館管理運営要綱（全19条）
和歌山県立文書館	知事	和歌山県立文書館設置条例及び管理条例（全 4 条）
鳥取県立公文書館	知事	鳥取県立公文書館の設置及び管理に関する条例（全 4 条）
広島県立文書館	知事	広島県立文書館設置条例及び管理条例（全 5 条）
山口県文書館	教育	山口県文書館条例（全 9 条）
徳島県立文書館	教育	徳島県立文化の森総合公園文化施設条例（全 8 条）
香川県立文書館	知事	香川県立文書館条例（全 4 条）
大分県公文書館	知事	大分県公文書館の設置及び管理に関する条例（全 6 条）
沖縄県公文書館	知事	沖縄県公文書館の設置及び管理に関する条例（全 5 条）

英一、一九九二）条例等の条文に規定されている「対象資料等」の文言を示したのが表3である。「歴史資料としての公文書その他の記録」といった表現は、一九八七（昭和六十二）年に制定された公文書館法の条文の影響を受けているといえる。一般的に古文書等の民間史料と公文書が主な対象となっている。

民間史料の受入は、寄託、寄贈及び購入による。公文書については、作成母体である都道府県庁から文書管理規程等に基づき文書の引継ぎを受ける。都道府県の文書は、作成時にその文書の保存年限が決められる。文書の保存年限は、一般的に永年保存（または永久、長期保存）と有期保存文書（一・三・五・十年等）である。永年保存を廃止して二〇年あるいは三〇年保存の有期限に変更した県もある。

文書館では、作成母体である都道府県庁から文書を受け入れるが、有期保存文書のみを対象にする館と永年保存文書・有期保存文書双方を対象にする館とがある。

ここでいう「有期保存文書」の受入であるが、普通文書主管課で保存されている有期保存文書のうち保存年限が経過したものを対象として、文書館の担当者が歴史的価値のある文書を評価・選別を行ない文書館に受け入れるものである。ただし、永年保存文書が保存年限の見直しで有期保存文書になれば当然評価・選別の対象になる。

永年保存文書の引継ぎ時期は館によって異なるが、引継ぎ時期が明確に示されている都道府県では、一〇年―四県、二〇年―五県、二五年―一府、三〇年―二県、完結後の翌々年度―一都である。

有期保存文書の実際の評価・選別方法であるが、一般的には、保存年限が経過した際に評価・選別を行なうが、そのやり方はいくつかの事例がある。最初に「廃棄文書リスト」で第一次選別を行ない、そのあと原文書を見ながら第二次選別を行なう事例が多い。実際の原文書の選別は、複数の文書館担当者で実施されている。評価・選別した後に直接文書館に受け入れる。

表 3　都道府県文書館の対象資料等

文　書　館　名	根拠	対　象　資　料　等　名
北海道立文書館	条例	北海道の歴史に関する文書、記録その他の資料
秋田県公文書館	条例	歴史資料として重要な公文書その他の記録
福島県歴史資料館	条例	県に関する文書資料、考古資料、民俗資料その他の歴史資料
茨城県立歴史館	条例	歴史に関する資料
栃木県立文書館	条例	古文書、将来貴重な歴史資料となる県の公文書その他必要な資料
群馬県立文書館	条例	郷土についての歴史的価値ある文書及び記録並びに県の公文書その他必要な資料
埼玉県立文書館	条例	郷土についての歴史的価値ある文書及び記録並びに県の公文書その他必要な資料
千葉県文書館	条例	公文書、古文書その他の歴史的な資料
東京都公文書館	規則	都の公文書類及び史資料
神奈川県立公文書館	条例	公文書その他の記録で歴史資料として重要なもの
新潟県立文書館	条例	新潟県の歴史に関する文書その他の資料
富山県公文書館	条例	県政に関する重要な公文書及び県の歴史に関する文書
長野県立歴史館	条例	考古資料、歴史的価値を有する文書、その他の歴史資料等
岐阜県歴史資料館	条例	県の歴史及び行政に関する資料
愛知県公文書館	条例	歴史的価値のある県の公文書その他の資料
京都府立総合資料館	条例	京都に関する資料等
大阪府公文書館	要綱	歴史的文書資料類
兵庫県公館県政資料館	要綱	県政資料
和歌山県立文書館	条例	歴史資料として重要な文書その他の資料
鳥取県立公文書館	条例	歴史資料として重要な県の公文書その他の記録
広島県立文書館	条例	県に関する歴史的資料として重要な行政文書、古文書その他の記録
山口県文書館	条例	山口県の公文書及び記録並びに県内の歴史に関する文書及び記録
徳島県立文書館	条例	県に関する歴史的文化的価値の有する公文書、古文書、行政資料、その他の資料
香川県立文書館	条例	歴史資料として重要な公文書、古文書その他の記録
大分県公文書館	条例	県に関する歴史資料として重要な公文書その他の記録
沖縄県公文書館	条例	歴史資料として重要な公文書その他の記録

都道府県文書館にみる文書・記録の利用提供

都道府県文書館では、受け入れた資料を整理して永久保存すべく適正な保存管理のもとで、利用に供するように努めている。提供にあたっては、何人にも平等、簡単な手続きという原則に基づいている。

ここで各館の利用体制を管理規則等から見てみよう。休館日について、知事部局所管と教育委員会所管とでは異なる。知事部局所管は、原則として土・日曜日が休館であるが、最近開館した知事部局所管の館ではこの原則が変わりつつある。秋田、神奈川、和歌山、香川、沖縄県では、月曜日が休館である。一方、教育委員会部局所管の文書館では、原則月曜日が休館である。

利用時間について、午前九時から午後五時（あるいは四時三〇分）が大半を占めている。しかし、秋田、新潟、香川県は、午後七時まで開館している。この事例は、県立図書館との複合館であることが関係していると思われる。

次に、実際どのような資料が利用できるのか。逆にいえば、どのような資料に利用上の制限があるのかを考えてみたい。もちろん、文書館に受け入れた資料は、整理され、保存上の手当を施された後にすべて利用に供されることが望ましい。しかし、実際にそういうことは不可能である。文書館にとって、資料に含まれるさまざまな情報（個人情報や行政上の著しい支障等）により利用制限をしざるを得ない状況がある。利用提供と個人情報等の保護とのバランスをとることのむずかしい側面がある。

では、各館の利用に供しない規定を見ると三〇年未経過、公益上、個人・団体の秘密保持の規定があり、これらは主に公文書を対象にしている一方、寄贈・寄託の条件または特約の規定は、古文書を対象にしていることがわかる。さらに、整理・保存上という規定は、資料一般に対しての規定である。

公文書への利用制限のなかで三〇年未経過というような数字を示している館が全体で一〇館である。三〇年がもっとも多く八館、二六年が一館、四〇年が一館である。

この三〇年という数字は、「ＩＣＡ（国際文書館評議会）三〇年原則」として有名な原則に基づくものであり、このことの沿革について、小川千代子氏が最近の著作で詳しく述べている（小川千代子、一九九八）。各館は、この原則を採用したものである。

しかし、三〇年経過すれば、自動的に公開されるかといえば、そうではない。文書内容の精査とそれなりの事務手続きが必要となる。東京都公文書館の事例でいえば、三〇年経過した文書のリストを整備して、それに基づいて文書担当（作成）課と協議を行ない、「公開可」の協議が整ったものが翌年の四月から公開される。

2　群馬県立文書館にみる文書・記録の収集保存と利用提供

群馬県立文書館は、郷土に関する歴史的価値のある古文書、記録及び行政文書、行政資料などを収集、整理、保存し、さらにこれらの資料を行政及び県民の利用に供するとともに、有効な活用を図るための調査、研究を行ない県民文化の向上、発展に寄与することを目的に一九八二（昭和五七）年十一月一日に開館した。

所蔵資料は、「群馬県立文書館年報」（平成九年度版）によると次のとおりである。

行政文書	永年保存文書	一〇五、〇九八冊
	有期保存文書（収集分）	二、六三八冊
	計	一〇七、七三六冊
古文書	二百三十一件	二九〇、二九四点
古文書マイクロフィルム		二、五四四リール
群馬県史編さん資料		
（1）県史収集複製資料（焼付簿冊数）		一二、七〇六冊

（2）県史編さん室旧蔵図書　六、八一四冊
（3）近代・現代史部会収集行政資料　七、八四一冊
（4）県史各部会収集文献コピー資料　二、六一七件
（5）中世史部会収集金石拓本資料　二、一五九枚

所蔵資料の利用にあたっての主な目録類は、次のとおりである。

行政文書　群馬県行政文書簿冊目録（第一～六集）
　　　　　群馬県行政文書件名目録（第一～十集）

古文書
（寄贈・寄託文書）　群馬県立文書館収蔵文書目録（第一～十六）

県史資料　群馬県史収集複製資料目録（第一～四集）
　　　　　群馬県史収集複製資料仮目録

群馬県立文書館は、公文書館法の施行に伴い文書館条例を一部改正して公文書館法の趣旨を盛り込んだ唯一の文書館であり、これを契機に館内の規定等の見直しが行なわれ、詳細にわたって規定の整備が行なわれた（群馬県立文書館文書館例規集参照）。

3　東京都公文書館にみる文書・記録の収集保存と利用提供

東京都公文書館は、都の公文書及び史資料等を系統的に収集・保存・管理し、これらの効率的な利用をはかるとともに、あわせて都に関する修史事業を行なうために、都政史料館（一九五二（昭和二十七）年設置）と文書課の一部機能（長期保存文書の受入れ・保存管理及びマイクロフィルム撮影）を統合して一九六八（昭和四十三）年十月一

日開館した。東京公文書館について説明した論考は、すでにいくつかあるが（片倉比佐子、一九七九。菊池昭、一九八〇）、ここでは、文書・記録の収集保存と利用提供の視点から説明したい。まずは、東京都公文書館年報（平成九年度）から所蔵資料を見てみよう。

東京府文書	慶応四年～昭和一八年（東京府からの引継文書）	約二二、四〇〇冊
東京市文書	明治二十二年～昭和十八年（東京市からの引継文書）	約一二、一〇〇冊
東京都文書	昭和一八年七月一日都制施行～現在の長期保存文書	約九九、五〇〇冊
庁内刊行物	明治期～現在の庁内等で作成された印刷物	約六八、七〇〇冊
図書類	明治期以降の図書類	約六八、〇〇〇冊
史料	江戸、明治期の史料	約八、〇〇〇冊
地図類	江戸、明治期の地図類	約一、五〇〇点
合計		約二七八、七〇〇冊 約一、五〇〇点

東京都公文書館の所蔵資料の特色は、東京府・東京市文書が豊富に保存されていることである。さらに、東京市が行なっていた修史事業によって収集された資料も貴重な資料群を構成している。一部を挙げてみれば、江戸期において「御府内沿革図書」「御府内備考」「撰要永久録」「藤岡屋日記」「八丈・三宅島関係文書」があり、明治期において「順立帳」「法令類纂」「東京府文献叢書」がある。

また、庁内刊行物の中にも東京府・東京市のものがあり、文書資料に劣らない貴重なものも少なくない。例を挙げれば、「東京府・東京市の公報」「統計書」「東京市議会議事録」等である。

東京都公文書館のもう一つの特色は、近世以前の古文書類が少ないことが挙げられる。いわゆる地方文書はごくわずかであり、積極的に収集も行なっていない。

東京都文書については、文書管理規則に基づき各局から長期保存文書（原則としての完結後の翌々年度）及び有期保存文書のうち歴史的価値のあるもの（文書管理カード上で評価・選別を行ない、引継ぎを依頼する）の引継ぎを受けている。

東京都文書については、一九九四（平成六）年四月から一般利用を開始した。いわゆる三〇年原則に基づき、土地・人事関係文書を除く文書で各局と協議が整ったものを利用に供している。

当館所蔵資料の利用に関しては、各種目録を用意している。現在窓口に備えられて利用が可能なもので主なものは、次のとおりである。

都政史料館所蔵東京図目録
東京都公文書館江戸図目録
御府内備考続編目録
御府内沿革図書目録一〜四
東京都公文書館所蔵目録一〜五（慶応四年〜昭和十八年）
内田祥三資料目録一・二
明治期行政文書件名目録　学事編（明治二十八年〜三十九年）

4　都道府県文書館の文書・記録の収集保存と利用提供における課題

公文書の評価・選別について

第一節の二で触れたように、文書館は都道府県庁から文書を受け入れている。永年保存文書は、原則的に評価・選別せず受け入れるが、有期保存文書について保存年限の経過後に評価・選別を行なうことになる。

どの文書館でも、評価・選別を行なうために基準を設けている。実際問題として、評価・選別基準に基づいて原文書を評価・選別できるかというとむずかしいといわざるを得ない。まず、すべての有期保存文書が評価・選別の対象となっているかどうかの問題がある。文書作成課ないし文書主管課が保存年限の経過した文書をきちんと文書館側に提示しているかである。

もう一つの問題は、評価・選別の方法論である。評価・選別の実際的な決め手をどのように考えるかの問題である。実際に文書を評価・選別するにあたって、「保存する（○）」と「保存しない（×）」は比較的判断がつきやすい。問題となるのが、グレイゾーンである。最終的な決め手は、文書館担当者の日頃の経験と利用提供からの情報等の視点と行政刊行物の活用であろう。行政組織や事務分掌、各組織の事業概要、都道府県政の長期・短期の計画書や企画書等を活用することが必要である（戸島昭、一九九六）。

さらに、人的資源の問題もある。評価・選別に費やす時間のやりくりもあるだろう。文書館のもっとも重要な事業であるが、将来に対して責任を果たさなくてはならない重い事業でもある。今後実務的には、各館の担当者が経験を共有する必要があろうし、客観的な基準作りに向けて、歴史研究者を加えた共同研究も必要だと思われる。

本来、民間史料は、その史料が作成された「場」である所蔵者のお宅で保存・活用できることが望ましい。史料には作成母体があり、それとの関連を意識しないでは史料を利用し得ない。

民間史料(古文書等)の保存場所について

史料所蔵者がなんらかの理由で保存できない場合、どこが現地に代わるところになるだろうか。仮にその地域に史料保存施設が設置されていても、その施設が厳密な意味で現地とはいえないだろう。史料の受け皿になる史料保存施設が都道府県か市町村によって、同じ現地とは考えにくい。しかし、「歴史資料保存法の制定について(勧告)」(一九六九年十一月一日　日本学術会議)は、保存措置の大綱に「歴史資料は、現地において現物のまま保存することを原則とする。」と掲げて、史料の現地保存の範囲について、次のように説明している。「ここにいう現地とは資料現蔵機関または現蔵者の所在する市町村のことであるが、広義にはその市町村の属する都道府県のことである。(後略)」史料の所蔵場所が市町村を離れても、都道府県までをいちおう現地の範囲内とみなしている。

一方では、史料所蔵者が実際に史料を保存・活用することが可能であるかどうかの状況があるだろう。可能でないということで史料保存施設が設置されてきた面もうかがえるし、前述した「歴史資料保存法の制定について(勧告)」も史料保存施設(文書館)設置の促進を骨子としている。

都道府県の文書館が民間史料を収集することについて田中康雄氏は、次のように言及している。「『現地保存』に立つならば、ことに民間史料を念頭に置いた場合は、市町村文書館が主役を果たさなければならないことは明白である。都道府県文書館の主対象は都道府県文書である。(中略)都道府県文書館は、現実的に存在する保存機関として、施設としての活躍のほか、史料保存行政の一部をも果たす、多面的な任務を背負っているといえよう。」(田中康雄、一九九八)。

今後、史料の作成場所の保存・活用が可能であればよいが、可能でなければ、まず市町村に文書館等の史料保存施設といった受け皿作りを促進しなければならない。しかし、当分の間は、都道府県文書館が市町村の史料保存業務を代行しながら、最終的には市町村の史料保存業務を支援していくことが大切であると思われる。

三〇年公開原則について

すでに述べたように、文書館に受け入れた公文書をいつ利用に供するのかが、文書館にとって重要な機能である。よく知られているのがＩＣＡ三〇年公開原則である。一九六八年ＩＣＡ第六回大会（マドリッドで開催）で勧告されたものである。このことについては、小川千代子氏が詳しく言及している（小川千代子、一九九三）。

公文書は、一般に三〇年経過すればすべて利用に供されるかというとそういう訳にいかない。公文書の内容を個別に判断する必要がある。三〇年経過しても利用に供することができない文書は、個人情報いわゆるプライバシーに関わる文書である。さらに、行政運営上著しく支障がある文書もある。とくに問題となるのがプライバシー文書である。

では、実際問題として、プライバシー文書はどのように扱われるか。文書館にとってプライバシーを保護することも重要な機能である。プライバシーを「利用に供さない利益」と「利用に供する利益」とを比較考量すればよいとの考え方もあるが、なかなか割り切れない問題である。

欧米では、プライバシー文書については、内容によって利用に供する年限を決めている事例が多い。

フランスの事例では次のとおりである。

プライバシーに関するもの	作成日以後六〇年
当該情報が国勢調査又は調査により取得された場合	調査日以後一〇〇年
医事記録・個人の医療情報を含む記録	作成後一五〇年
捜査・警察記録・裁判所に提起された記録	出生後一〇〇年
人事に関する記録	出生後一二〇年
戸籍簿	閉鎖日以後一〇〇年

公証人記録　作成日以後一〇〇年

わが国でも、最近京都府立総合資料館がこの制度を導入した（渡辺佳子、一九九八）。京都府の場合は、二五年、五〇年、八〇年で最長一〇〇年の閉鎖期間を定めている。京都府の試みは、注目に値するものであり、今後都道府県文書館においてプライバシー文書の取扱いについて考えるヒントになると思う。

公文書館法・情報公開法への対応について

公文書館法は、一九八七（昭和六十二）年十二月十五日に公布され、翌年六月一日に施行された。元参議院議員・茨城県知事であった故岩上二郎氏の努力の結果、議員立法として制定されたものである。成立過程は、『公文書館への道』（岩上二郎　一九八八共同編集室）に詳しい。

都道府県文書館は、公文書館法施行前に一四館あり、施行後に一二館設置された。山口県文書館が設置されてから二八年間で一四館の設置を考えると公文書館法施行から一〇年で一二館設置されたことは、公文書館法の効果といえよう。さらに、公文書館の設置に至らないまでも公文書館法の趣旨に沿って文書管理規程を改正して、歴史資料としての公文書を保存年限が経過した後に収集できる規定を設けた県もあった。ただ、公文書館法施行後に設置された文書館で根拠法として明記されたのは、秋田県、大分県の二県のみであった。また、群馬県立文書館は、公文書館法施行前に設置された館であるが、公文書館法施行後に文書館条例を一部改正して公文書館法を明示した。このように公文書館法も施行されて一〇年以上が経過して、この法をどのように生かして文書館の設置を促進するかが課題である。一〇年を一つの節目として、公文書館法そのものの法的な分析を行ない、まず公文書館法を生かす方向で議論することが必要であろう。とくに公文書館法第三条の「責務」規定は、必ずしも軽い規定ではない。国民及び住民に負っている責務を果たしているかどうかの判断を国及び地方公共団体がそれぞれ行なうものであるという規定が法の逃げ道に見える。この逃げ道を塞ぐ努力が求められている。

次に情報公開法（正式には、行政機関の保有する情報の公開に関する法律）について簡単に触れたい。

この法律は、情報公開制度において先行していた地方自治体の条例を上回る内容を持っているといわれている。請求者は、何人であり、対象となる文書等は従来の文書に限らず電磁的記録も含まれる。また、決裁や供覧等の手続処理も問わない。文書作成年度も問わない。さらに、特徴的なことは、条文に文書の適正管理が盛られている。「説明責任」という新しい概念を貫徹するような章立てになっている。

情報公開法を文書館側の立場で考えるならば、主要な関心事は、条文に盛られた「行政文書の管理」である。この法律の前提となった「情報公開法要綱案の考え方」では、「行政文書の管理が適正に行われることが不可欠であり、その意味で情報公開法と行政文書の管理が車の両輪であると言ってよい。」と説明している。

情報公開法と行政文書が車の両輪であることは的確な指摘であるが、行政文書が現用期間（保存年限）中適正に管理されることは、情報公開法のみ必要でなく、保存期限が経過した後に歴史資料として評価・選別を行なう文書館制度にとっても重要なことである。

情報公開法と行政文書の管理だけが車の両輪でなく、行政文書の利用を保障する上で、情報公開制度と文書館制度がまさに車の両輪であり、それぞれの役割分担があるといえよう。

海外文書館について

最後に海外の文書館について、筆者の浅い経験であるが感じたことを触れてみたい。

最近、英国の地方文書館を訪問している。主にロンドンの周辺にある文書館（ロンドンから鉄道で一〜二時間の地域）である。英国では、ほとんどの州で文書館が設置されている。筆者は、イングランドにある九館の文書館を訪ねた。わずか九館の文書館訪問であるが、都道府県文書館と比較しながら気がついた点を述べてみたい。

英国の州立文書館訪問で感じたことは、一言でいって「サービスとセキュリティ」である。まず、「サービス」面に触れてみたい。どこの館も利用者サービスに力を入れている点がうかがえた。都道府県文書館の普及活動と類似的な活動も多い。事例としては、展示、歴史講座（講演会）、史跡巡り、史料説明リーフレットの作成、目録・

図 1　レスターシャー州立文書館の閲覧室

図 2　オックスフォードシャー州立文書館の目録コーナー

書籍の刊行がある。都道府県文書館で見られない利用者サービスとしては、閲覧室にレファレンスのためにアーキビストの常駐、来館しなくても有料で調査を依頼できる調査代行サービス、文書館で学校の授業用教材の作成があり、とくに教育関連について、国の教育カリキュラムの中の地方史学習に文書館が資料提供やアドバイスを行なうようになっている。そのために、文書館に教育担当者（Education officer）が張り付いている館もある。原史料を学校に持参して授業の手伝いをしたり、文書館で史料のコピーを使って学習の援助を行なう文書館もある。また、九館のうち六館は、インターネット上にホームページを設けて世界中に情報を提供している。問い合わせも電子メールで受け付けている。

次に「セキュリティ」について触れる。訪問した館では、ほとんど館職員のスペースと利用者のスペースが交わることがない。利用者が職員のいる部屋には職員の許可なしで入れない。ドアは、電子ロックである。見学の場合は、担当者が鍵のようなものをドアの電子部分に触れさせてドアの開閉を行ない、各書庫等に入る度にこの作業を繰り返す。

また、原史料の閲覧は大変厳しいものを感じた。館によっては、原史料専用の閲覧室があった。また、「セキュリティ」のための「各館共通利用券（READER'S TICKET）」の発行がある。その背景には、現在英国の地方文書館で原史料の切り取りや盗難が多発していることがあるようである。

おわりに

都道府県文書館の文書・記録の収集保存と利用提供についての現状と課題について述べてきた。都道府県文書館が直面している課題はいろいろあるが、基本的なポイントはその性格づけである。田中康雄氏は、次のように指摘している。「都道府県の行政上の基本的な性格は、中間行政である。かつ一定の財政規模を有するという点がある。この条件のうえに、現実的な保存の拠点として文書館が設置されている。しかし一館で管内の史料保存対象物すべてに対応すること不可能である。本来の機能として基礎自治体の補完的、地域センター的であるところである。」（田中康雄、一九九八）。とくに地域に所在する民間史料について、市町村の受け皿作りが急がれる。都道府県文書館もその管内の情報センター的な役割が求められる。

次に都道府県文書館の課題として「評価・選別」、「三〇年公開原則」等を指摘したが、今後は各館で実務を積み上げていくと並行して各館の実務者が一同に会して、実体験を共有化することが必要である。

また、利用問題でもすでに紹介したように京都府で新しい動きがあった。今までなかなか共有化できなかったものだけに京都府の試みや海外の事例を比較検討して、客観的な利用（公開）基準が作成される可能性がでてきた。

今後、都道府県文書館は、各館が個別に課題に対応することはもちろんであるが、横断的なネットワークを構築して文書館業務の向上に向かって努力を続けなければならないだろう。

参考文献

小川千代子　一九九八年「アーカイブズ／情報公開／文書管理／平等閲覧からアカンタビリティへ」『記録と史料』第九号　全国歴史資料保存利用機関連絡協議会
同　一九九三年「日本における三十年原則の考え方」『地方史研究』第二四二号　地方史研究協議会
片倉比佐子　一九七九年「東京都公文書館」『日本古文書学講座　近代編Ⅲ』雄山閣
菊池　昭　一九八〇年『都市紀要二十七東京都の修史事業』東京都
鈴江英一　一九九二年「地方文書館における業務の構築について—都道府県立文書館設置条例等の規定を中心とした考察—」『研究紀要』第七号　北海道立文書館

田中康雄　一九九八年「日本歴史協会主催シンポジウム―文書館・アーキビスト問題について―報告の記」『全国歴史資料保存利用機関連絡協議会会報』第四十六号
戸島　昭　一九九六年「文書・記録の評価・選別」『記録史料の管理と文書館』北海道大学図書刊行会
渡辺佳子　一九九八年「文書館等における個人情報の取り扱いを考える」『記録と史料第』九号　全国歴史資料保存利用機関連絡協議会

一—(3)　市町村の文書館と史料保存

久慈　千里

はじめに

前講座では国や都道府県の代表的な文書館が取り上げられてはいるものの、区市町村のそれについてはほとんど言及がなかった。当時は藤沢市文書館ほか数館だけだったのだから当然ともいえるが、本講座では「史料保存と文書館」が独立した巻として扱われ、しかも市町村に何章かが割り当てられているのはまさに時の流れというべきだろうか。近年「地域文書館」とも呼ばれる市町村の文書館と史料保存の現状と課題を示すことが小稿の課題である。文書館論一般や記録史料学については本巻の他の執筆陣が意を尽くしているので、ここでは行論上必要な場合のみふれるにとどめたい。また、政令指定都市の公文書館は、筆者の能力上の制約もあるが、一般の市町村の文書館とは成立事情や性格が相当異なると思われるため、本章では扱わない。

1　市町村文書館の現状と史料保存

表1は、二〇〇〇年三月現在の市町村の文書館相当施設である。全国の総自治体の一％にも満たない数字である。この数字をどのように見るかは議論の分かれるところであろうが、筆者は次節で述べるように、文書館の基本理念が明確でないところで建物の建設だけ急いでも無意味であり、結論を急ぐべきではないと考えている。

さて、日本の市町村の代表的な文書館の多くは、市町村史編さん事業が母体である。すなわち、編さん事業の過程で収集した地域の史料をいかに後世に伝えてゆくかという現実的な要請のもとに発足している。編さん史料の保存について、今現在の常識からすれば当然のことのようにも思えるが、周知のように過去においては当然のことではなかった。地域の「恵まれない」研究者や地域史愛好家、地方史研究協議会のような史料保存に熱心な学会などの地道な努力によって細々と地域の史料保存はなされてきたのであり、決して自治体だけの力ではなしえなかったことであった。戦後の史料保存運動の法的側面については、新井浩文氏がごく簡潔にまとめているので参照されたい（新井、二〇〇〇年）。あくまで伝聞でしかないが、一九七〇年代後半においても、市町村史編さん

表1　区市町村の文書館相当施設

名　　称	設立年	所　管
下関文書館	1967	教育委員会
藤沢市文書館	1974	総務局
尼崎市立地域研究史料館	1975	総務局
広島市公文書館	1977	総務局
横浜開港資料館	1981	財団法人
京都市歴史資料館	1982	総務局
川崎市公文書館	1984	総務局
大阪市公文書館	1988	総務局
神戸市文書館	1989	企画調整局
名古屋市市政資料館	1989	総務局
北九州市立文書館	1989	総務局
八潮市立資料館	1989	教育委員会
北谷町公文書館	1992	総務部
久喜市公文書館	1993	総務部
静岡市公文書館	1994	総務部
入間市博物館	1994	教育委員会
福岡市総合図書館	1996	教育委員会
牧村文書館	1998	教育委員会
松本市文書館	1998	総務部

本表は、『地域史料の保存と管理』（埼史協、1994）及び小松芳郎「わが国の文書館の現状と課題」（『松本市史研究』9、1999）より作成、一部改変。

関係者にとって史料とは編さんが終了すれば廃棄すべきものであり、資料館や文書館を建設したいと発言したならば、それこそ関係者からの失笑を買ったという（八潮市立資料館長遠藤忠氏のご教示による）。日本の代表的な市町村文書館の一つである藤沢市文書館の設立は一九七四年である。文書館という言葉すら現在以上に一般的でなかったであろう時代に、しかも市町村に文書館を設立するには並大抵ではない御苦労があったに相違ない。すなわち、ごく近年に至るまで市町村の編さん事業はあくまで一過性、かつ記念事業的な存在でしかなく、事業が終了すれば当然のごとく担当部局は解散となり、収集した史料は散逸、または廃棄されていたのである。編さん事業から文書館相当施設へと至った藤沢市、尼崎市などの事例は、日本における編さん事業総数から見た場合、ごくまれな、あえていえば特異なケースに属すると言ってよいかもしれない。またそれが、現在に至るまで市町村の文書館の作られ方の道筋を決定づけたともいいうる。藤沢市、尼崎市、八潮市などいくつかの施設は、市町村史編さん担当者の〝希望の星〟なのである。

各施設の基本条例や規則を読むと、市町村域の歴史や文化に関する資料の収集、整理、保存、公開及び調査研究という基本はいずれも大差はない。各施設の詳細について小松芳郎氏の論文に詳しい（小松、一九九九年）。後節で述べる、筆者が最重要課題と考えている親機関からの公文書の移管については、現状において実態としてどれだけ円滑に行なわれているか明確ではないが、筆者は若干の疑問をもっている。後に続く市町村文書館のためにも、できるだけ正確かつ正直な情報公開が望まれる。管見の限りでは、同じく源流を編さん事業を一つの母体としながら、公文書の移管のみならず全庁的な文書管理システム形成にある程度成功しているのは、藤沢市を除けば久喜市公文書館の名がまずあげられると思われる。また、いわゆる複合施設としての課題を種々抱えつつも八潮市立資料館は公文書の移管から整理、公開の道筋が整いつつあるとのことである。また、尼崎市立地域研究史料館は、史料の市民利用を前面に打ち出し、施設としての具体的な実績づくりをもとに、社会にとっての文書館の有用性を市民や行政に説得してゆく方向性を採用している。

ところで、文書館施設を有しない市町村は、それではいずれがその役割を担っているのであろうか。一つは市町村史編さん担当部局である。一九九〇年代に入り、都道府県単位の史料保存協議会とでもいうべき存在が各地方に設立されはじめ、多くの編さん担当部局が加盟している。代表的な存在が埼玉県地域史料保存活用連絡協議会（略称「埼史協」）である。もともとは一九七四年に設立された埼玉県市町村史編さん連絡協議会が母体であるが、一九八〇年頃に県内の編さん事業が終了期を迎え、かつ収集した地域の史料の保存が現実的な課題として浮上してきたため、一九九一年に現在の団体に改組された。埼史協は、(1)地域史料の保存活用、(2)行政文書の保存活用、(3)地域研究、(4)永続的な自治体史編さん事業の四点を柱とする「地域文書館」構想の提唱者として知られている。埼史協に加盟する各自治体の編さん担当部局は、文書館施設が（今は）なくともできうる史料保存のあり方を日々模策しており、このことはひとり埼玉県域に限ったことではない。

さらには、入間市博物館のように博物館施設内に文書館機能を設ける博物館や、図書館内に文書資料係を設置する自治体、いわゆる文化財係が文書資料を収集する自治体なども増加傾向にある。いわば多種多様な史料保存のかたちが各地で展開しているのである。しかし、担当者個人の熱意で地域の史料すべてを担っているケースが多く、担当者自身の雇用形態（とくに関西方面は非常勤職員が現場の実務を担っている場合が多い）や健康問題、組織としてのぜい弱さなど課題も山積している。担当者の異動で事業自体が変質を迫られるのは決してめずらしいことではない。かかるぜい弱さを横から支え合うのが史料保存協議会のような任意団体であり、その影響力は決して無視しえないが、やはり自治体ごとに確立された組織の形成をめざすべきであろう。

2 市町村文書館の課題

次に、今後の課題について若干記しておきたい。

まず、これは市町村文書館の絶対数が少ないことにもよるが、市町村文書館とは何かということの基本的な共通理解がまだ得られていない点をあげておきたい。否、課題はこのことにつきるといっても過言ではない。

このことを見ずに、利用者の少なさをなげいてみても、それは本質的な問題ではない。しかもこのことは市町村文書館に限られない。富永一也氏は「アーカイブスについて、基本的に合意されていることなどあまりない、という印象をわたしは持つ」と述べている（富永、一九九九年）が、筆者も同意見である。富永はさらに「アーカイブスの理念を確立しよう」（同前）と訴えているが、結局、日本ではまだアーカイブスの学問的フレームワークが確立されていないのだということを声を大にして訴えていると筆者には受け取れた。富永の議論のさらなる進展に期待したい。

さて、話を市町村の場に戻そう。ではなぜ市町村文書館に対する共通理解が得られないのか。本書のタイトルがいみじくも示すように、「史料保存と文書館」なる概念がとくに市町村の場合、混然一体となっていることに最大の原因があると筆者は考えている。前節で述べたように、規模が小さい自治体であればあるほど、歴史編さん室や文化財係が、いわゆる地域の考古、歴史や民俗、文化について何でも取り扱ってきた歴史がある。またそのような小さい現場の担当者ほど地域史料の収集保存に情熱を傾けるものであるし、その意義は否定すべくもない。あくまで、以下の議論は文書館設立が射程に入っている自治体のみに限定されるものであり、それ以外の多様なあり方を無視するものではない。収集した資料をもとに文書館を建設しようとするのは、当然のことだといえよう。しかし、ぜひとも文書館設立の前に考えるべきは、「果たして作るべきは文書館なのか」、この一点であろうと思う。親機関、すなわち市役所または町村役場からの公文書の移管、評価選別、公開という機能を文書館が有しないならば、文書館を作るべきではない。もし地域史料の収集の成果を建物に結実させようという意思があるならば、ぜひとも博物館または資料館を設立すべきである。誤解のないように付け加えておくが、このことは文書館と博物館どちらが大事か、上か下かとか、両者の史料の奪い合いは困るなどといった低次元の問題ではない。

両者の理念、原理の違いの問題である。地域史料の保存、保管と利用、活用を考えるならば、博物館の設立を考えたほうがよいだろう。ここ十数年来の文書館議論の進展に伴い、地域の博物館がやや軽視されてきたきらいがあるが、多くの論者がすでに述べているように、地域のある一家の史料群について、古文書は文書館に、モノは博物館にというけっして奪い合いではない「収集」ほど史料破壊に直結する行為はあるまい。

果たして文書館とは、従来のイメージにおける「史料保存」の場なのであろうか。このことは、たとえば近年盛んな公文書の歴史資料としての評価選別をめぐる議論に端的に表現されている。すなわち、評価選別の基準を早急にまとめるべきであるから先進館から教えてくれ、という類のものだが、そのような客観的な基準が作成可能なのか、また意味あるものなのか、大いに疑問であるといわざるをえない。すくなくとも現状では「客観的な基準」なるものが、じつは特定の個人の経験則や主観を反映したものにすぎないことは明らかである。仮にそのことをよしとするにせよ、筆者の眼で、あるいは選別基準表で今現在選別を行なった史料が、果たして将来の利用者にとって必要な史料であると神ならぬ人間がなぜいいうるのであろうか。結局のところ、評価選別論は一見新しいことをいっているようにみえながらも、じつは過去に蓄積されてきた地域史料を収集保存するイメージを公文書の評価選別に投影しているのである。すなわち市町村史編さんから文書館へという日本的な市町村文書館の発想の限界とでもいうべきであろうか。

それでは評価選別は不要、ないしは不可能な行為なのであろうか。そうではない。龍野直樹氏が力説するように、「文書館が何のために資料を保存しているのか」という原点に立ち帰ることこそ求められるのである（益田宏明、一九九九年）。歴史資料を評価選別するための基準、ではなくして、今現在評価選別した資料が結果として歴史資料として文書館に蓄積されてゆくのだ、と考えるべきである。龍野はいう。「文書館が保有している古い資料とは、文書館が今現在の国民に情報公開するために必要と判断された資料なのであり、それが一〇〇年、二〇〇年と蓄積されてきた結果なのである。（中略）つまり、公文書の選別は、行政側が今現在の国民・県民の求めに応じて説明責任を果たすために必要か否かで判断すればよい」(同前)。国民・県民を市民や利用者といいかえてもよい。さらにつけ加えれば、文書館が評価選別すべき公文書を親機関から移管されるためには、文書館を含めた全庁的な文書館理システムが確立されなければならない(堀内謙一、二〇〇〇年)。それなくしては、建物だけは完成しても、文書館業務自体が先細りになるのは明らかである。目の前の史料及びその保存、あるいは建物の建設のみに心を奪われ、その背後にある文書管理システムに思いを至さないならば、来たるべき二一世紀に向けて、市町村の文書館設立は、いまだ多くの困難を抱えているといわざるをえない。

いわゆる地域の史料保存と文書館とを、一度は切り離して考えるべきであり、そのためにも地域の博物館の役割を再検討すべきであるというのが小稿の結論である。繰り返しになるが、全庁的な文書管理システムと龍野が論じる意味での文書保存の理念なきところに安易に文書館を作るべきではなく、したがって、逆説的ではあるが、今現在営まれている豊かで多様な史料保存のあり方を文書館設立のみによって「清算」するのはいかがなものであろうか。むしろ地域においてこそ、さまざまな史料保存利用機関のネットワーク形成をめざしたほうがよいのではないだろうか。

参考文献

新井浩文　二〇〇〇年「地域社会と文書館」『地方史研究』二八三
小松芳郎　一九九九年「わが国の文書館の現状と課題」『松本市史研究』九
富永一也　一九九九年「海外史料の収集について」『全史料協会報』四七
益田宏明　一九九九年『情報公開の現状と課題』所収の龍野のアンケート回答による。　私家版
堀内謙一　二〇〇〇年「公文書館学の課題と今後の展望」『アーカイブス』二

二　海外の文書館

二—(1)　欧米諸国文書館の文書・記録の保存と利用

石原　一則

はじめに

フランスのアーキビスト、ミシェル・デュシャンはその著作の中で、ヨーロッパの文書館の歴史やアーキビストの歴史を語ることは幻想に過ぎず不合理でさえある、という(Duchein 1992)。ヨーロッパの中世以来の文化的な均質性にもかかわらず、ヨーロッパの文書館はこれまで、文書館の法令やアーキビストの養成に関して一度として統一を実現させたことはないからだ、と彼はいう。

たしかにデュシャンの指摘する通り、ヨーロッパの文書館は多種多様である。ヨーロッパ各国は自国に固有の政治体制、官僚制によって文書館を築いてきた。私たちは、そこに共通するものよりも異質なものを見ることのほうが多いかもしれない。

しかし、第二次世界大戦後のＥＣの活動に現われるように、統合と協調というふたつのレールは、戦後のヨーロッパに通底しているように思える。文書館の世界も同様である。ＥＣ諸国の国立文書館の館長で構成されるアーキビスト会議は、一九九〇年代になってＥＣ閣僚理事会の協議事項に文書館政策を加えさせた。それは記録へのアクセスの不統一、閲覧における外国人差別などへの批判に応えるため、ほかならぬミシェル・デュシャン自身の指揮のもとで行なわれたという（Ketelaar, 1992）。

本稿の課題は、上述のようなヨーロッパと北米の文書館の機能や組織を紹介することである。その伏流として欧米の文書館の世界に見られる相互の影響関係にも意を用いた。

しかし、欧米各地に多数存在する文書館をまんべんなく紹介することは、到底私の能力の及ぶところではない。本稿で対象にする文書館は、欧米とはいっても限られた国のものについての記述になると思う。とはいえ、取り上げようとする国の文書館は、文書館の世界における歴史的展開や現状の中で、一定の役割を演じた、あるいは演じていると私が考えているものであることはもちろんである。

記述の方法は、はじめに用語の問題に少し触れた後、文書館の世界の歴史的な脈絡について述べる。そのあとで、文書館の具体的な機能、たとえば記録管理、評価・選別、というような現代の文書館の構成要素による項目をたて、それに基づいて紹介したい。

1　アーカイブズの意味

アーカイブズとは英語のarchivesをカタカナで表記したものである。欧米においてはこの言葉は三つの意味を持つ。

第一は、普段私たちが使う意味での記録や史料などの言葉の意味に近く、広い意味で記録された媒体そのものを指す。厳密には次の定義が引用されることが多い。「アーカイブズとは個人及び組織が活動の過程において作成・収受する記録で、その継続的な価値のゆえに保存されるもの」（ICA, 1988）。

第二の意味は、これらの記録を保存する施設のことを示す。

第三は記録の評価・選別、受入、保存、そしてサービスの提供を目的とする事業あるいはその事業に責任を持つ機関を指す。

英語の用法では、この三つの意味を区別する必要がある場合は、第一の意味の記録それ自体を指すには単にarchivesといい〔まれにarchival materialということもある〕、施設を意味する時はarchival repository、第三の意味ではarchival institution、あるいはarchival agencyと使い分ける。

このように、記録そのものとそれを保存する施設やそれらを維持・運営する機能とを分けて、それぞれに固有の用語をあてている例は英語だけでなく、フランス語、ドイツ語、スペイン語も同様である。

このような類似は、これらの言葉がラテン語のarchivum、さらに遡ればギリシア語のarcheionを語源として(Posner, 1972)、歴史的に相互に影響し合いながら生成してきたからであろう。

ただ、この三つの意味がギリシア、ローマの時代からarcheionやarchivumに備わっていたわけではない。ギリシア語やラテン語は、はじめの二つの意味に限定されて使われていた。第三の意味は近代以降の欧米において歴史的に形成されたものである。本稿はこの三番目の意味のものをおもな対象にする。

アーカイブズの第一の意味においては記録史料という用語で統一することがふさわしいが、本稿では文脈により記録と記録史料のふたつの語を使用した。第二、第三の意味を区別するための定着した用語は今のところ日本語にはない。あえていえば、第二の意味では文書館施設、第三の意味では文書館機能ということだろう。ここでは、あとのふたつの意味を含むものとして文書館という語を使用する。

なお、日本語には文書館という語のほかに、同様の施設を指すものとして公文書館や史〔資〕料館という語があるが、煩瑣を避けるためにそれらを一括して文書館と呼ぶことにしたい。

2　文書館の類型

国際文書館評議会〔International Coucil on Archives：略称ICA〕の会員名簿によれば、欧米諸国には多種多様の文書館がある。一国の政府の記録を集中的に保存する文書館や、市や町など市民生活に直接関わる基礎的な地方団体の記録を保存する文書館、さらに教会や学校、病院、銀行、ヨットクラブの文書館などさまざまである。また、設立・運営が単独のものもあれば、複数の地方団体が予算を出し合って設立するいわば広域市町村圏文書館のような運営形態のもの（Margry, 1993)、財源は国が出資し、国の出先機関や地方団体の記録を保存する施設（水野保、一九九三）や、また地元の歴史協会などが財政を負担して運営する文書館（安藤正人他、一九九五）など、その規模、運営方法は千差万別である。

これらのすべての文書館が、前述したアーカイブズの第二、第三の意味を満たすものとは限らない。記録を収集保存する目的は持っていても単独の記録保存庫を持たず、図書館の一室を借用する小規模のものもあれば、一国の政府の記録が作成されてから廃棄処分に至るまで、法律によってすべて文書館がコントロールするシステムもある。また、日本の慣例のように、これらを公と民という概念だけで区分することも難しい。民間の企業が運営する文書館〔ビジネス・アーカイブズ〕であっても、パブリックな性格のものは存在するし、政府機関の持つ記録が長い間公開されなかった例も多い（Ress, 1992)。

このように、多種多様に存在する文書館をカテゴリー化する手段として、現在ではインスティテューショナル・アーカイブズ〔institutional archives：組織内文書館〕やコレクティング・アーカイブズ〔collecting archives：収集による文書館〕などの概念が使用されることが多い。

インスティテューショナル・アーカイブズとは、国や地方団体などの公の組織ばかりでなく、企業や任意団体などが自らの組織の内部に設置する文書館で、その組織・団体が日常の事業活動において発生させる記録を、評価・選別し、受け入れ、保存、提供する文書館のことである。したがってこの種の文書館の収蔵する記録は、所属する組織体の記録が主になる。ここでは政府組織か非政府組織かということ、あるいは営利組織であるかどうかということは問われない。

コレクティング・アーカイブズとは、寄付、購入などの手段によって記録を収集する文書館のことで、収蔵記録の構成はその収集方針に規制されることが多い。この設置主体も国や地方団体であったり任意団体であったりするが、設置主体の記録を保存することはあまりない。

またこの二つの機能が混合された文書館もある（McKemmish, 1993a）。

3 歴史的展開

①ヨーロッパ中世におけるアーカイブズ

ヨーロッパにおいては、記録を管理して帝国や領地の統治あるいは教会経営に利用した事実は、古代や中世にまで遡ることができる（Posner, 1972. Bradsher/Pacifico, 1988. Duchein. Duranti, 1993）。古代都市国家アテネのメトローン〔Metroon〕、ローマのアエラリウム〔Aerarium〕とタブラリウム〔Tabularium〕、フランスのフィリップ二世がパリに設置した記録保存庫〔Trésor des Chartes〕、イギリスのエドワード一世の時に行なわれたロンドン塔への記録の集中保存などの例は、記録を保存しその利用に備えるという意味で文書館の原形といえるものであろう。パリの保存庫では一三〇七年に保存のためのアーキビストが任命されている。

記録を利用する者にとっては、それが国王であれ商人であれ、書かれた記録が真正かどうかという問題が重大な意味を持つ。だから記録を利用する者は、記録の真正性の維持の方法に多大な関心を注ぐ。たとえば、現在のベルギー、フランス、オランダにまたがるフランドル地方では、一三〜一四世紀には市民の私的な契約の類いは、町のタウン・ホールの金庫に保存された。私的な契約とは売買の契約であったり遺言であったりした。そして記録はその金庫にあるという事実によって、法的な正当性が保証された。フランドル地方のこのような施設は、ラテン語で "loci publici in quibus instrumenta deponuntur"〔法律の記録が保存されるパブリックな場所〕と呼ばれた。ハンガリーの同様な保存庫は "loci credibiles"〔信用に値する場所〕とも言われた。こういった施設もまた文書館の原形を現わしていることは明らかである。

しかし、ここで問われている真正性とは、王権の正統性を主張する者、売買に関わった売り手や買い手、遺言を待つ子孫など、いわば直接の当事者にとっての真正性である。いいかえれば、自己の権利・権益の根拠として記録を利用するという範囲に限られる。この限定された真正性の価値を、直接の当事者だけでなく第三者を含めた普遍的な価値にまで拡大させたのがフランス革命を契機にした、〝文書館の革命〟(Duchein) であった。

②フランス革命と文書館

現代的な意味での文書館の起源は、一八世紀末のフランス革命に求められる(Posner, 1984)。国民議会は一七八九年に議会記録と旧体制の記録とを保存する施設を設け、翌年それを国立文書館〔Archives Nationales〕と命名した。さらに一七九四年六月二五日〔共和二年メシドール七日〕の法令により、

①国立文書館が政府記録を集中的に保存する権限を持つこと

②国家の責任として過去の記録を保存すること

③国民の権利として記録の閲覧が保障されること

などが規定され、国立文書館の基礎が形成された。

この法令による文書館が現代的な文書館のさきがけとされる理由は、国内の記録を国家による一元的な管理のもとで保存する文書館システムが志向されたこと、またその実践を国家自身の責任としたこと、部分的ではあるにしても国家が保有する記録の閲覧が国民の権利として定められたことなどである。そして、ここで記録の閲覧

が国民の権利として明記されたことは、「法は市民が記録を閲覧する権利を持つことを、初めて宣言したものであった。それ以前は記録は周到に隠匿されるか、特権を持つ人間の利用にのみ開かれていた」(Duchein)という評価に代表されるように、革命を機とした民主的な閲覧制度の確立として強調されるに至ったのである。

しかし、この国民議会による文書館政策は別なコンテクストから見ることもできる。たとえば、このような法令の目的が、進行中の革命を実践するという強い政治的な動機に支えられていたものであるということ、そのためには議事録や法令を国民に周知させなければならず、だから最初に公開の対象になったのは旧体制下の古い記録ではなく、革命を進める国民議会の新しい記録であった(立川孝一、一九九八)といった指摘は、フランス革命における文書館政策の歴史的研究に踏み込んだものということができる。

国民議会の動機はどうあれ、政府記録の一元的管理と国民の権利としての閲覧制度の明記は、その後の文書館の政策に多大な影響を与えた。また、革命の影響は他の諸国にも飛び火した。フランス革命後のヨーロッパにおける近代国家建設の波は、ロマン主義の台頭による歴史研究の盛行、国家イデオロギーとしてのナショナリズムの横溢をともない、その結果として多くの国に国立文書館を出現させた。革命後の一九世紀におけるヨーロッパの国立文書館の設置状況は次の通りである。

一八〇二年　オランダ
一八〇九年　フィンランド
一八一四年　ノルウェー
一八三一年　ベルギー
一八三八年　イギリス
一八四八年　デンマーク
一八六六年　スペイン

記録を保存するという行為が、政治目的や歴史意識の混沌のなかで徐々に制度化されていったのが一九世紀の文書館の世界であった。

③二〇世紀の文書館

二〇世紀の文書館の歴史は、アメリカ合衆国で新たな展開を見せる。第一九代大統領のラザフォード・B・ヘイズは、一八七八年の年頭教書で政府記録が財務上の価値を持つだけでなく、歴史的な価値からみても重要であることを説いた（ベネドン、一九八八）。しかし、一国の政治を代表する大統領の教書に記録の保存が唱えられても、具体化までには時間を要した。連邦議会で文書館の設立が承認されたのは、ヘイズの年頭教書から三五年後の一九一三年のことであり、実際に国立文書館が設置されたのは、それからさらに二一年後の一九三四年であった。

この新設されたアメリカ合衆国国立文書館〔National Archives of the United States〕と一九世紀にヨーロッパ諸国に生まれた国立文書館を分ける決定的な要因は、国立文書館の置かれた環境であった。一九世紀末からの人口の急増と記録を作成する機器類の発達、そして人間生活のさまざまな側面に関与する行政機構の複雑化は、米国政府をして、それまでの政府が経験したことのない厖大な量の記録に直面させることになった。記録の増え方は、「算術的な比率ではなく、幾何学的な割合で増殖した」(Schellenberg, 1956)。そして、連邦政府は自らの作成した記録をコントロールできなくなっていたのである。

国立文書館は国立文書館法〔National Archives Act〕によって設置され、連邦機関に対する調査と連邦機関の記録を収集する権限を持った。さらに連邦機関から提出される記録の評価・選別の義務が連邦議会によって課せられた。そして、一九四一年の国立文書館の企画に記録管理プログラム〔Records Administration Program〕が誕生すると、歴史的な価値のある記録を保存するだけの文書館から、記録の誕生から最終的に文書館に移されるまでの記録のライフサイクル（＊）のすべてをコントロールするシステムが志向されるようになった。

その後設置されたフーバー委員会の勧告内容や一九五〇年に制定された連邦記録法〔Federal Records Act〕は、連邦機関の記録の作成、管理、レコード・センター（＊＊）の設置、国立文書館への非現用記録の移管を規定し、現在の米国の記録管理プログラムの基本政策を決めるものとなった。

（＊）記録のライフサイクルとは、記録の作成・収受から、保管、利用、最終的な処置〔保存か廃棄〕までの過程をいう。

（＊＊）レコード・センターとは、頻繁に使用されなくなった記録を一時的に保管しておく施設。

アメリカ合衆国国立文書館の設立経過

一八八四年　アメリカ歴史協会設立
一八八九年　記録処置基本法〔Genaral Records Disposal Act〕成立
一八九九年　アメリカ歴史協会公文書調査委員会設置
一九〇九年　歴史協会第一回年次大会
一九一〇年　歴史協会、国立の記録保存施設の建設を連邦議会に要望
一九一三年　連邦議会、建設を承認
一九三三年　建設開始
一九三四年　国立文書館設立〔国立文書館法成立〕
一九四一年　国立文書館の記録管理プログラム成立
一九四七年　フーバー委員会設置
一九五〇年　連邦記録法
一九五三年　フーバー委員会勧告

（ベネドン『記録管理システム』, Penn, I.A. *Records Management Handbook*, Schellenberg, *Modern Archives* に

より作成）

4　文書館の機能

①記録管理

記録管理とは、組織体が法的な手続きや仕事の管理などのために作成・収受する記録を、その組織に属する個人が所持し続けたりロッカーに無秩序に放置するのではなく、ひとつひとつの記録の保管期間を設定し、常時必要に応じて利用できるように一定の秩序を定めておき、そして、保管期間が終了した記録は、最終的には文書館で記録史料として保存されるかあるいは廃棄処分されるか、その処置方法をあらかじめ決めておく一連のシステムである（石原一則、一九九六）。

記録管理は前項で触れた米国の records administration program の訳語であるが（*）、このプログラムが二〇世紀の米国で派生した事情にはふたつの要因が重なったことが考えられる。

ひとつは、前述したような連邦政府におけるペーパーワークの増加であり、増えすぎた書類の山を合理的に削減するという目的を持った。これは大なり小なり近代以降の肥大化した官僚機構を持つあらゆる国に共通する状況であった。

また、ふたつめの要因は国立文書館の新設である。一九世紀末までにヨーロッパでは、統一を果たしたほとんどの国において国立文書館が設置された。しかし、その文書館の収蔵する記録とは、たとえば一八六六年スペインに設置された国立歴史文書館〔Archivo Histórico Nacional〕がそうであったように、当時の作成されつつある記録は対象外とされ、現存しなくなった組織の記録だけが歴史史料として収集された。これは設立当初のイギリスの国立文書館〔Public Record Office〕も例外ではなかった（Duchein）。文書館は記録を生み出す組織とは、まったく関わりのない存在であり、しかし一方で政府機関の記録はキャビネットや倉庫のなかに増殖し続けた。

　このようなヨーロッパの文書館が直面していた課題を、新設された米国の国立文書館は政府組織に深く浸透した記録管理プログラムを作ることによって、克服しようとしたのであった。それは政府内部における文書館の機能と権能の拡大でもあった。


（＊）最近は records management という用語が一般的である。

②評価・選別

連邦政府の記録を、作成から最終的な処置までコントロールする責任を負った米国国立文書館は、新設当初から記録の評価・選別という義務もまた果たさなければならなかった。記録は図書とは異なり唯一のものである。それを評価・選別することは、不要な記録を省いて有用な記録だけを保存するという積極的な意味があるとされる（Schellenberg）一方で、世界にふたつとない記録を廃棄するということを意味し、その適正な実行に深い危惧が抱かれた。

　こういった混乱は二〇世紀の米国だけに始まったことではなく、大革命以後のフランスにおいても同様であった。革命後のフランスでは、記録を系統的に廃棄することはなかったようであるが、歴史研究にとって有用なものと新政府の施策に有益なものとに分け、歴史史料は国立図書館へ、国有財産や所有権に関する記録は国立文書館へそれぞれ移すことが決められた。しかし、その分別の困難性から実行はされなかった（ファビエ、一九七〇年）。

　記録の評価・選別がヨーロッパの文書館にとって回避できない問題となったのは、記録の量が増加する二〇世紀に入ってからのことである。そこでは、評価・選別を誰が、どのような方法で、いつ行なうか、そしてどのような基準で選別するかが主要な関心の的になった。

　イギリスでは、政府記録の評価・選別は最初に行政の官吏が実施し、アーキビストは二五年後にそれを再評価するというシステムを採用した。しかし、一九八一年に出されたウィルソン・レポートは、そのシステムを廃棄を主眼にしたものと批判し、評価・選別におけるアーキビストの役割を強調するシステムの必要性を唱えている(Kolsrud, 1992)。

評価・選別の主体に関してイギリスの対極にあるのが、現在の米国やカナダを中心として展開される議論である。そこでは評価・選別はアーキビストによって担われるものとされ、さらに評価・選別という行為自体を、これまでのやむをえない必要悪くらいの意味しか与えぬものから、積極的な意味の創造の場として、パラダイムの転換を図る議論が交わされている(安藤正人、一九九八年)。

しかし、評価・選別の主体がアーキビストか、あるいはそれ以外の者の職能であるにしても、記録の評価・選別の実施にはその方法、価値の基準に関して、評価者以外の場からの批判に耐えられる用意が必要であることは同じであろう。これは、評価・選別に限らず、文書館の機能全体に対する試金石にもなる。

5　文書館の社会的機能――まとめにかえて

これまで見てきたように、ヨーロッパにおける文書館は権利、権益の証しとして記録を保存することから始まり、一九世紀以降はそれに歴史の糧としての意味が加わった。北米における記録管理プログラムは、文書館というシステムによって、組織体内部の記録の管理と、歴史史料の保存というふたつの目的を結び付けようとするものであった。

オーストラリアは二〇世紀になって、北米やイギリスの影響を受けながら記録管理プログラムを構築した国であるが、一九八〇年代には政府財政や企業経営の破綻が社会問題となった。そして政府や州政府は自らの破綻を隠蔽するため、記録の隠匿、改ざん、さらには有効な記録を作成しないということを頻繁に行なった(McKemmish,

1993b)。

これらは権利、権益の保障や歴史史料の源としての記録の意味以前の問題であり、記録管理プログラムの存続の危機でもあった。このような状況で、オーストラリアでは記録管理プログラムを強化し、組織体に対する監視機能に結びつけようとする議論も出されている。

カナダのテリー・イーストウッドは、オーストラリアのこうした論議を前提に、「行政、法律の宝庫」、「歴史の宝庫」という伝統的な文書館の機能を確認した後で、現代的な要請として「アカウンタビリティ〔説明責任〕の宝庫としての文書館」を挙げる。そこにおいて文書館の任務は組織体のアカウンタビリティの機能を保全し、社会に広げることだという（Eastwood, 1993)。

この指摘は、記録の真正性や証拠性の番人という意味を文書館に改めてつきつける。アカウンタビリティの保全機能としての文書館は、記録の真正性や証拠性の維持という視座において、中世ヨーロッパの“loci credibiles”としての金庫と近代実証史学にとっての歴史史料に結び付く。文書館の古くて新しい課題である。

参考文献

Bradsher, James Gregory, and Pacifico, Michele F., “History of Archives Administration”, *Managing Archives and Archival Institutions*, Mansell, 1988.

Duchein, Michel, “The History of European Archives and the Development of the Archival Profession in Europe”, *The American Archivist*, vol. 55-1, The Society of American Archivists, 1992.

Duranti, Luciana, “The Odyssey of Records Managers” *Canadian Archival Studies and the Rediscovery of Provenance*, Scarecrow, 1993.

Eastwood, Terence M., “Reflections on the Development of Archives in Canada and Australia” *Archival*

Documents, Ancora Press, 1993.

ICA (International Coucil on Archives), *Dictionary of Archival Terminology*, 2nd ed., K.G. Saur, 1988.

Ketelaar, Eric, "The European Community and Its Archives", *The American Archivist*, 55-1, The Society of American Archivists, 1992.

Kolsrud, Ole, "The Evolution of Basic Apprasal Principles : Some Comparative Observations", *The American Archivist*, 55-1, The Society of American Archivists, 1992.

Margry, Peter, Jan, "Collective Management in Dutch Regional Archives", *The American Archivist*, 56-1, The Society of American Archivists, 1993.

McKemmish, Sue, "Introducing Archives and Archives Programs", *Keeping Archives*, 2nd ed., The Australian Society of Archivists, 1993a.

McKemmish, Sue, "Recordkeeping, Accountability and Continuity : The Australian Reality" *Archival Documents*, Ancora Press, 1993b.

Penn, I.A., Pennix, G., Coulson, J., eds., *Records Management Handbook*, 2nd ed., Gower, 1994.

Posner, Ernst, *Archives in the Ancient World*, Harvard University Press, 1972.

Posner, Ernst, "Some Aspect of Development since the French Revolution", *A Modern Archives Reader*, National Archives and Records Administration, 1984.

Ress, Imre, "The Effects of Democratization on Archival Administration and Use in Eastern Middle Europe", *The American Archivist*, 55-1, The Society of American Archivists, 1992.

Schellenberg, T.R., *Modern Archives : Principles and Techniques*, University of Chicago Press, 1956.

安藤正人　一九九八年『記録史料学と現代』吉川弘文館
安藤正人、坂本勇、水口政次、上原樹代、水野保　一九九五年「北欧の文書館と文書館専門職」『史料館研究紀要』第二六号　国文学研究資料館史料館
石原一則　一九九六年「欧米における記録管理」安藤正人・青山英幸編著『記録史料の管理と文書館』北海道大学図書刊行会
ウィリアム・ベネドン（作山宗久訳）一九八八年『記録管理システム』勁草書房
ジャン・ファビエ（永尾信之訳）一九七〇年『文書館』白水社
立川孝一　一九九八年「歴史意識の変容と文書館の制度―フランスの場合―」『史境』第三六号　歴史人類学会。歴史人類学会編『国民国家とアーカイブズ』日本図書センター　一九九九年に再録
水野　保　一九九三年「北欧の文書館」『記録と史料』第四号　全国歴史資料保存利用機関連絡協議会

二―(2) アジア・アフリカのアーカイブズ

小川千代子

1 アジアのアーカイブズ

①概　要

アジアと一口にいっても、その範囲は広い。アーカイブズの世界組織、ＩＣＡ（国際文書館評議会、本部はパリにおかれている）は先進国以外の各地域に地域支部を設けているが、アジアには一九九八年現在、西アジア、東南アジア、東アジア、それに中央アジアの四つの地域支部がある。また、隣接して太平洋地域支部がおかれていることも、忘れてはならない。

アジア・太平洋地域では多くの国で第二次世界大戦の戦闘経験をもち、また一九六〇年代までは植民地であった地域は少なくない。そのことは、今日これらアジア太平洋地域各国の文書館が抱える所蔵資料と所蔵すべき資料の補充の問題に深いかかわりを持つ歴史的な背景となっている。

このことは、具体的には、旧宗主国が植民地時代に記録を本国に持ち帰ってしまったり（全史料協、一九九一年）、第二次世界大戦の混乱の中で資料が失われる（香港歴史档案処、一九九五年）といった、いうなれば「資料の空白時代」が生じているということなのである。この資料の空白時代の存在は、アジア・太平洋地域、ならびに次の節で取り上げるアフリカ地域で広く共通の問題となっている。その一方で、旧宗主国では実現できなかった理想的記録保存システムが、新たな独立国で実現されている事例（マレーシア国立文書館記録管理担当アーキビスト、ルスナー・ジョハレの談話、一九九一年）も、しばしば耳にするところだ。

また、西欧型の文書管理伝統が「移植」された旧植民地各国の事例とは別の系統として、中国に象徴される東アジア地域の文書館と記録保存システムがある。東アジアは、香港、マカオなど限定的な地域を除けば西欧列強の植民地とされた経験はない。したがって、各国ともそれぞれ独自の言語を公用語としている。中国、韓国、日本などいずれもそれぞれの文化伝統を基礎に、最近二〇年ほどの間に世界規模で大きく発展を見たアーカイブズの知識や技能を取り込んだ文書館がおかれている。さらに、太平洋地域では、オーストラリア、ニュージーランドなどの英語圏先進国が周辺の多くの途上国をリードしている。このような状況は他の地域には見られない特徴となっている。

一方、アジア太平洋地域の気候条件は、資料保存の観点から見て非常に厳しい。欧米各国では、気温は総じてさほど高くないうえに、湿度も低い。欧米のような緯度の高い地域にくらべ太陽光線の作用が赤道直下はもちろん緯度の低い場所では非常に強い。そのために、とくに海沿いの地域では、高温高湿に起因する紙の酸性劣化、虫やかび、水分による損傷、インクの退色など、資料の保存を脅かす要因は枚挙にいとまがない。とはいうものの、経済発展が目覚ましい各国では、今日多くの場合エアコンや、全館の冷房システムを設けている。経済発展と文書館の保存環境レベルは深く関連しているといえるだろう。本節では、おそらくは世界最大規模の文書館システムをもつ中国、旧宗主国の影響でよく整備された記録管理機構を備えたマレーシアの文書館を紹介する。

②中　国

中国の領土は、香港、台湾も含めて一つと考えることができるかもしれない。しかし、これまでの五〇年、いや一〇〇年におよぶ歴史的な経過は、とても一括して語ることはできそうもない。

中国大陸の資料は、台湾にも保管されているし、香港、マカオはイギリスやポルトガルの記録保管管理伝統を色濃く受け継いでいる。中国を考える場合、こうした事実を無視することはできない。

大陸中国では、明清時代の記録を含め、中華人民共和国政府の意向に沿った史料保存が行なわれている、といってよいだろう。その方法論は、必ずしも西欧型のアーカイブズ伝統の影響を受けているか否かは明らかでない。あるいは中華人民共和国政府のこれまでの経過に照らして旧ソ連の文書管理伝統の影響もあるのかもしれない。一九八〇年、中国がＩＣＡに加盟して以来、欧米型の文書管理の考え方を積極的に取り入れようという姿勢を明らかにしてきたことは、周知の事実である。中国は、この頃から多くの西欧や東欧のアーキビストを招聘しては、自らの状況を紹介し、助言を求めてきた。この姿勢の延長線上に、一九九六年、北京で開催された第十三回ＩＣＡ大会が位置付けられた。ＩＣＡの創立四八年にして初めて、白人ではなく、アジア人がＩＣＡ会長に就任したことは、同じアジア人としては誠に喜ばしい。このことが、欧米諸国にどのような影響をもたらすかはまだ見えないが、世界全体にこのアジア人のＩＣＡ会長が積極的に受け入れられることが切望される。

１、档案・中国のアーカイブズ

ユン・チアン『ワイルド・スワン』は、著者自身とその母、祖母を題材とした、中国の女性三代の生涯を描いたノンフィクションである。そのなかで、文化大革命当時、共産党幹部であった著者の父親が反革命分子として紅衛兵らに糾弾され、それがもとで亡くなるプロセスと、父親の死後母親が懸命の努力で亡父の名誉回復をはかったことが描かれている。そのなかで、著者は「档案」が当時の中国でどの様な意味をもつものであったかを次のように記している（ユン・チアン、一九九八年）。

「档案とは、共産党員の場合、共産党が、そうでない人は職場の人事担当が保管する個人の記録であり、本人は見ることが許されない。」

「党の組織部は、昇進、降格、懲罰などの決定権を持ち、党員の档案（個人記録）を保管している」。

「党員の档案は、党の組織部が保管する。党員でない公務員の档案は職場の上司が作成し人事担当が保管する。上司は毎年ひとりひとりの部下について報告書を作成し、それが各人の档案に加えられていく。自分の档案を見ることは許されず、他人の档案を見ることができるのも特別の権限を持つ一握りの人間だけだった」。

（本人の葬式で読み上げられる悼辞もまた、その人の档案に加えられる。）

「悼辞は、極めて重要であった。これによって……党の評価がはっきりと示されるからだ。悼辞は档案に加えられ、死後も……子供達の将来を左右し続ける」。

（死後の「名誉回復」が、具体的な意味で档案が関わってくる。）

「政治迫害の犠牲となった人々の档案にも、名誉回復を明記した新しい評決文がとじこまれた。汚名に満ちた過去の評決文は、焼却された。全国のあらゆる組織で、無数の人生を破壊に追いやった薄紙の記録が、炎の中へ消えていった」。

『ワイルド・スワン』に見られる档案は、日本で古文書とか公文書といっている文書館の保存史料とはいささか趣が異なる。中国では「档案」といえば本人が見ることができない、お上の手のなかにある個人のえんま帳とでもいうような響きがあるようだ。それでも、テレビのニュースなどではしばしば文書の交換という程度の表現のなかにも档案という言葉が聞かれる。中国では「档案」はごく一般的な言葉であり、しかもいささかうさんくさい響きがついてまわるように思われる。なお英語原文では「档案」は file と記されている（Jung Chang, "Wild Swans"）。

2、中国国家档案局

国務院のもとにある中国国家档案局は、中国の全国の档案事業についての管理を行なう国家档案行政管理部門である。国家档案局は一九五四年に成立し、文化大革命の間は閉鎖されていたが、一九七九年四月に再開した。全国の档案事業を管理し、一括して計画の策定を行ない、組織調整を行なうだけでなく、制度の統一と監督指導も行なう。

国家档案局長のもとに、二名の副局長がいて、中央档案館、弁公室、総合科教司、档案館機関档案工作監督指導司、科技档案工作監督指導司、機関党委、老干部処の六つの部がある。中央档案館の職員は約一八〇人、この他の職員は約一〇〇名。国家档案局の下には、これ以外に「中国档案」雑誌社、档案出版社、档案科学技術研究所、中国第一歴史档案館、中国第二歴史档案館、档案幹部培訓中心、中国档案学会などが置かれている（図1参照。李向罡、一九九三年）。

中国では、档案管理の原則は、統一的指導と省・市・県レベル別の管理を通じ、档案を完全・安全に維持し、社会の諸方面の利用の便に寄与すること、とされている。この原則にもとづき、中国では省・市・県のそれぞれのレベルの政府に档案局が配置され、档案館が設けられている。県レベル以上の地方人民政府の档案行政管理部門、すなわち档案管理局は、それぞれの行政区内の档案事業の管理と、その地域の官庁、団体、企業、事業所、その他の組織の档案業務の管督と指導を担当する。一九九〇年の統計では、各レベルの档案行政管理部門は二九八八ある。中央と国務院の各部門の九二の档案管理処が、省レベル三〇、市レベル三七〇、県レベル二四九六の档案管理局がある。

総合档案館と専門档案館　ところで、中国では档案館を大きくは総合档案館と専門档案館に大別している。総合档案館は行政区または歴史的な時期で区分した範囲の档案の収集と管理を行なう。対象とする档案の種類はさまざまである。総合档案館に属するのは、中央档案館、第一歴史档案館、第二歴史档案館（以上については後述）、各省・市・県档案館など。これに対し、専門档案館とは、一定の専門領域または形態の档案を扱うものである。外交档案館、人民解放軍档案館、地質資料館、中国映画資料館、気象档案館、鉄道部档案館、中国兵器工業档案館、郵電部档案館、航空档案館、航天（宇宙）档案館、中国照片（写真）档案館、各地にある城（都）市建設档案館などがこれにあたる（上海辞書出版社、一九九四年）。

1992年6月現在

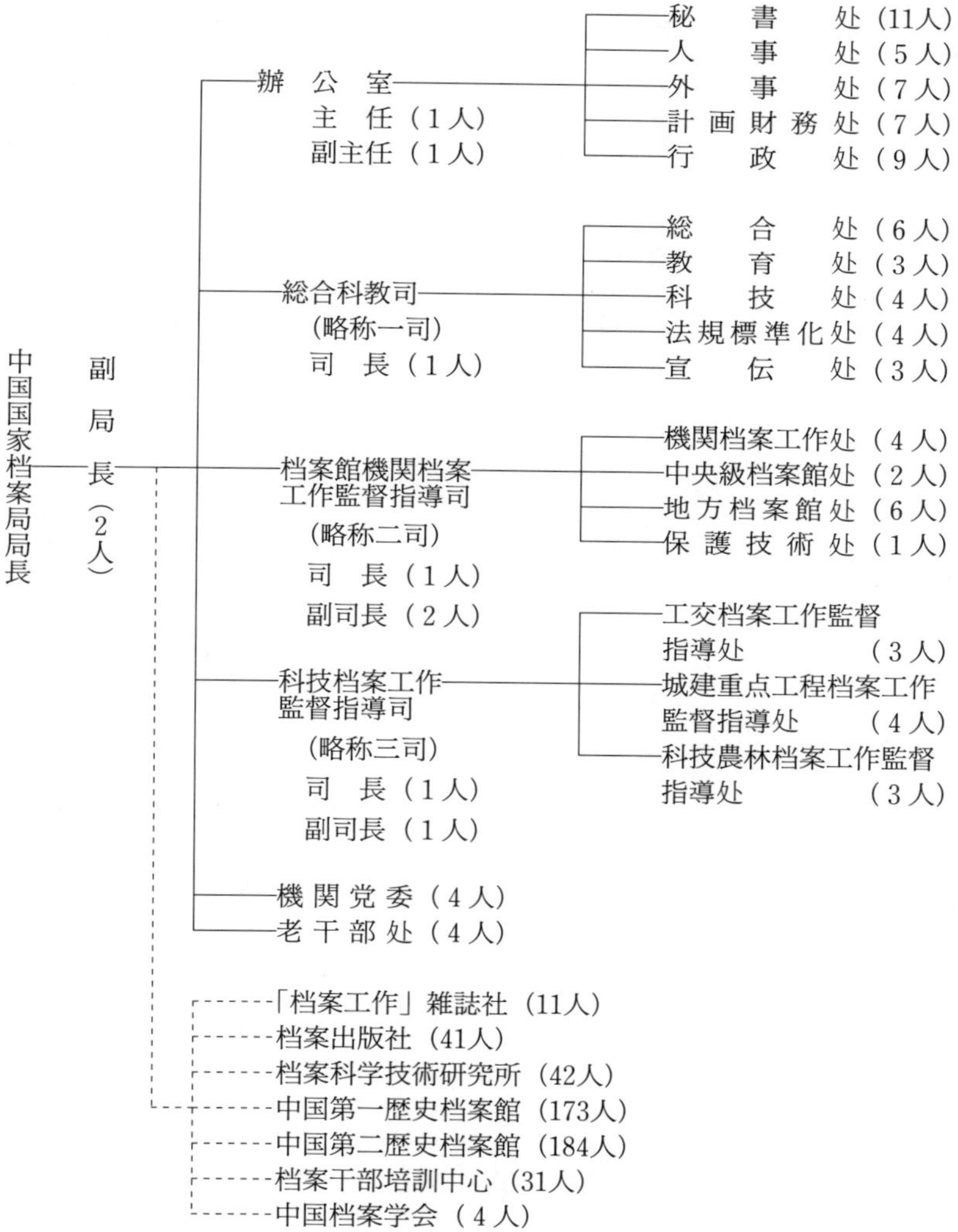

李向罡「中国档案界の現状」『北の丸―国立公文書館報―』第25号、国立公文書館、平成5年3月

図1　中国国家档案局内部機構設置表

中央档案館　北京の北西の郊外にある。一般的な地図上には記されていない。一般人、たとえばタクシーの運転手などは、これがどこにあるかは知らないのが普通だ。その意味では「隠れた」存在なのであろう。しかし、一九九三年四月からは外国人にも公開が始まった。中央档案館の歴史は一九五四年に始まる。正式には一九五九年十月に成立した。中国共産党中央および国務院直属の総合档案館である。

所蔵史料は二〇五シリーズ、五八万巻、資料一三五万冊。一九一九～一九二一年の共産党成立までの歴史的史料、共産党中央および（株）組織の記録、中国の著名人の手書き文書や手紙などを所蔵している。そのなかには、毛沢東や周恩来の手書き文書が多数含まれる。とくに毛沢東の文書はすべてファクシミリと呼ばれる本物そっくりの複製が作られていて、展示も閲覧もこれが提供される。複製を納めたキャビネットがおかれた書庫には、中国では珍しい空調が施されている。書庫の写真撮影は丁寧に断わられてしまった（一九九三年七月に現地訪問したときの筆者の経験）。

第一歴史档案館　北京市内、故宮博物院（紫禁城）のなかにある。明・清王朝の中央機構の記録七四シリーズ、一一二五万点と資料一七万冊を所蔵している。

一九二五年十月成立した故宮博物院図書館文献部が前身である。一九二八年、文献館と改名し、一九五一年さらに改名し故宮博物館档案館、一九五五年に第一歴史档案館と改称され、国家档案局の管轄となった。その後も名称変更は相次いだ。一九五八年明清档案館、五九年中央档案館明清档案部、六三年第一歴史档案館、七〇年故宮博物院明清档案組、そして八〇年にようやく今日の名称に落ち着いた。明朝洪武四年（一三七一）から清宣統三年（一九一一）まで、約五五〇年間の史料を保存している。明のものは三七〇〇点で残りはすべて清時代のものである。一九九〇年現在、職員は約一八〇人。外国人研究者にも史料は公開されており、日本人の利用者も少なくない（上海辞書出版社、一九九四年）。

第二歴史档案館　一九五一年二月、中国科学院歴史研究所第三所南京史料整理処としてスタートした。一九六四年に今日の名称、第二歴史档案館となったが、その後一九七七年中国社会科学院近代史料研究所となり、一九七九年に国家档案局の管轄下に入った。中華民国以降の歴史档案八九七シリーズ、一五七万巻あまりを所蔵している。

皇史宬 明・清代皇室の档案庫。今日の北京・故宮博物院の南東にある。建築は一五三四〜一五三六年。現存するもののなかでは中国最古の档案庫である。なお、「宬」の字は王帝の手稿、実録、秘典などのある場所を意味する(同前)。今日は庫内には一五二個の長持ちがおかれているものの、史料はいっさいおかれていない。建物はすべて石造りで、壁の厚さ六メートル、扉は四トンの重さがある。空調の設備はないが、室内は常時摂氏一五〜二五度に保たれているそうだ(同前)。

③マレーシア

今日、マレーシアには国立、州立の二種類の政府文書館があり、これ以外にもマレーシア大学、マレーシア航空などがそれぞれに文書館をもっている(一九九七年二月に現地調査したときの説明)。

国立文書館は一九五七年十二月一日に設立された。一九八二年に新館が建設され、クワラルンプールの郊外、ジャラン・デュタの緑豊かな丘陵におかれている。

マレーシアは、マラヤ連邦としてイギリス連邦の一員として独立したのが一九五七年八月三十一日なので、国立文書館は独立後まもなく設置されていたことがわかる。当時の国立文書館は、戦災を逃れて政府のなかに残された資料の救出がおもな業務であった。名前はイギリスと同じで、パブリック・レコード・オフィスと称されていた。その後、マレーシアは一九六三年九月にシンガポール、イギリス領サバ(現在のサバ州)を加えて、連邦国家マレーシアとなった。この時、名称もマレーシア国立文書館(Arkib Nagara Malaysia)となった。一九六五年八月にはシンガポールが分離独立し、国の輪郭が固まった。一九六六年に国立文書館法が定められ、文書館の機能やおもな業務が明文化された。

マレーシアでは植民地であった第二次世界大戦以前から、国内の古くなった書類をきちんと管理する必要があることは意識されていたものの、マラヤ植民地政府はこのことをさして深刻には受け止めようとしなかった。しかし、日本軍占領期にはとくに記録の廃棄が進められたために、一九四八年三月、マラヤ植民地大臣は公的記録の保存のために現状調査を求めた。当時の英国パブリック・レコード・オフィス館長が作成した調査用紙もこれに添えられていた。

当時、マラヤの政情は不安定であった。そのため送られてきた調査用紙は無視された。まともな現状調査はすぐに行なわれたわけではない。しかし後に行なわれた調査がきっかけとなり植民地政府に公的記録の保存と廃棄に関する委員会が組織された。一九五六年一月、委員会は報告書をまとめた。報告書には、専門家であるアーキビストの指導の下で、公的記録の保存と廃棄を制度的に統括するための機関の設立が盛り込まれていた。国内関係機関が協力して連邦全体の統一的な枠組みを策定し、ロンドンのパブリック・レコード・オフィス（英国国立公文書館）の専門家の協力を得て記録の現状調査を行ない、公的記録の保存に関する法令策定のための勧告を行なうことというのが、その内容であった。この時、政府は国内に記録貯蔵センターを設立する必要を感じていた。

こうして一九五七年五月、ロンドンのパブリック・レコード・オフィス副館長H・N・ブラキストンが二か月の予定でクワラルンプールにやってきた。ブラキストンは滞在中に一〇八か所の連邦および州の役所を訪問した。一九五七年七月にブラキストンが提出した報告書には、連邦記録局を法律に基づいて設立することを提案し、また各州政府がその中に加わるべきであることを示した。このブラキストン報告に従って記録保存所長一名と副所長二名が任命され、マラヤ連邦政府の記録の制度的な見直しが始まったのである。

政府側は基本的にはブラキストン報告の提案を受け入れ、記録保存所長を任命した。一九五七年十二月一日付けで正式に設立したマラヤ・パブリック・レコード・オフィスの初代所長はツアン・ハジ・ムビン・シェパルドであった。その担当業務や責任範囲の増加と国際的な発展に伴い、一九六三年十一月、マレーシア国立文書館と改称された。

発足当初のマレーシア国立文書館には根拠法令はなかったので、公的記録の受入れと保存は通達に基づいて行なわれていた。一九六二年、ユネスコの専門家であるF・R・J・ベルホベン博士が国立文書館長に任命された。博士は大英連邦（コモンウェルス）他各国の文書保存法の調査を行なったうえで、一九六三年四月に初めて、国立文書館法草案を起草した。その後いくつかの改訂が施され、一九六六年ようやくこの草案は議会を通過した。これは「一九六六年国立文書館法」と呼ばれている。この法律により、公的記録と古い資料をかけがいのない共有財産として保存・管理をきちんと行なうという考え方が植え付けられたのであった。

国立文書館法の成立により、国立文書館は、政府や一般市民が国とその歴史を記した記録を研究できるよう、記録の保存するという役割を、それまで以上に効果的かつ体系的に行なうことが可能となった。さらに、政府各省庁に対しては、記録の管理方法についての助言を行なっている。国立文書館の主な目的は次の二点である。

①マレーシアの歴史と発展に関する情報を提供して、国民が国の歴史についての正確な知識を得られるようにすること

②政府全省庁に効果的・現代的な記録の管理システムをしいて、政府が効率的・経済的な運営を行なえるよう援助すること

こうした努力を重ねるうちに、国立文書館には、古い資料や記録を適切に保存するための専用の建物が必要であるということに、政府の関心が注がれるようになった。一九五七年のブラキストン報告に基づき、一九六〇年に基本計画の策定が始まった。一九七一年、ユネスコが派遣したコンサルタントがマレーシアにやってきた。このコンサルタントはマレーシアの国立文書館の建物が国際的なレベルのものになるような助言をするために派遣されたのであった。国立文書館の敷地にはさまざまな問題もあったが、一九七七年七月十八日、クアラルンプー

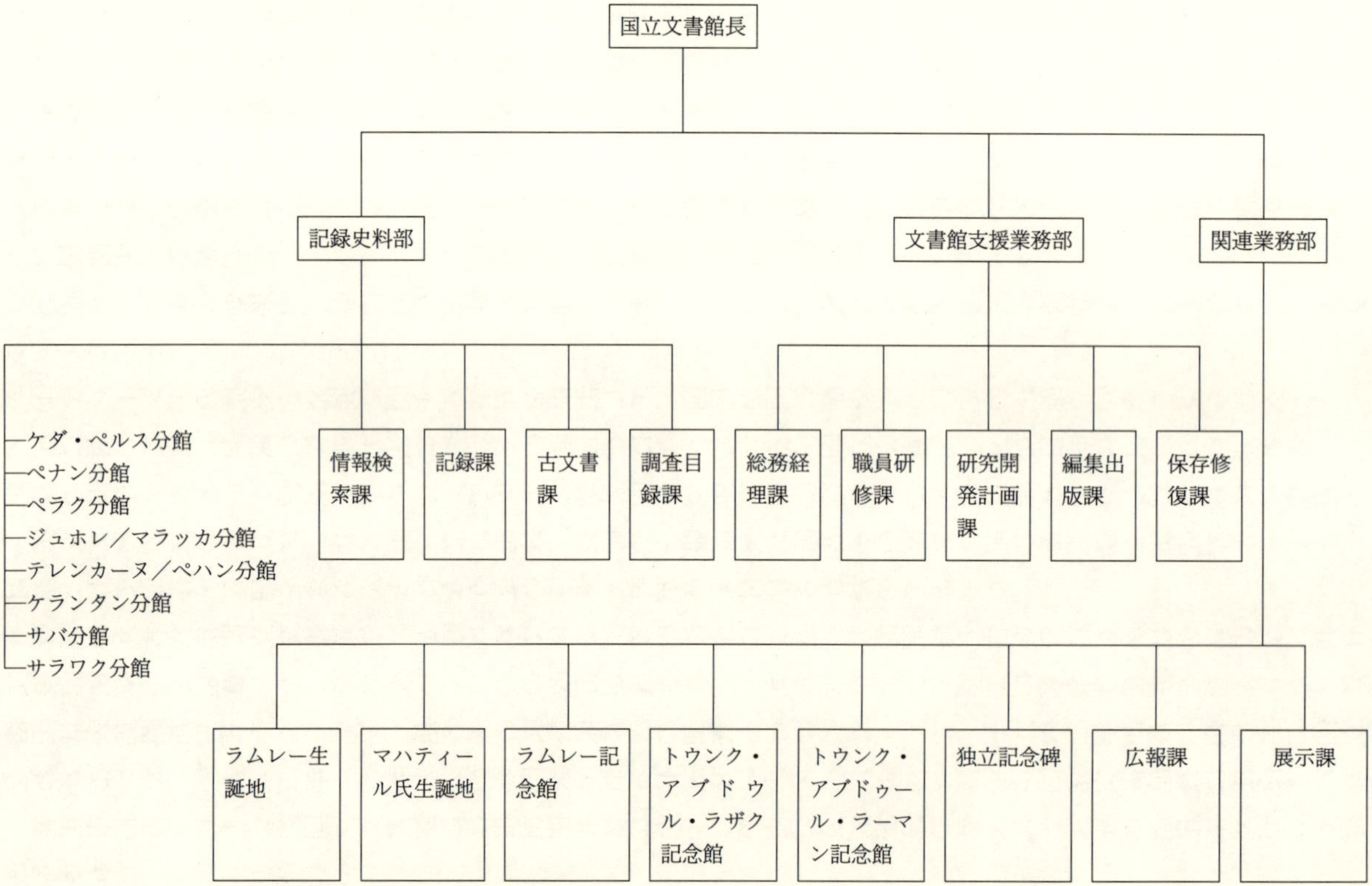

図2　マレーシア国立文書館の構成（1993年版年報による）

ルのジャラン・デュタで国立文書館の建設が始まり、一九八二年十月に工事は完成した。完成した新館は、一九八二年十二月一日、国立文書館設立二五年を記念し、第七代ヤン・ディーペルチュアン・アゴン殿下の手で正式に開館した。

一九八九年の統計ではマレーシア国立文書館の職員数は四〇二名で、管理部門は二か所・一〇課構成、その他に記念館三か所および州レベルの地方支部七か所を擁する大所帯に成長した。ICAの東南アジア地域支部（SARBICA）の議長や事務局を引き受けるなど、国際的にも活発な活動を行なっている（Malaysia National Archives、一九九三年）。

2　アフリカのアーカイブズ

アフリカのアーカイブズについて紹介した文献はさほど多くない。その中のひとつである「アフリカ史研究と史料編」（安澤秀一、一九八六年）には、アフリカのアーカイブズの概況が次のように語られている。

> 十九世紀以前の時代についてはアフリカに関する主要な成文記録はアフリカ大陸以外の文書館や図書館で見ることができる。ヨーロッパにあるアフリカ関係史料の量は厖大である。ポルトガルとバチカンの文書館には、十五世紀、十六世紀の西・中央・北東アフリカの史料がある。…その中にアフリカ人についての貴重な情報が含まれている。ベルギーとオランダの文書館にある西アフリカの史料はすでに活字化され、バチカン、フランス、ポルトガル、スカンジナビア諸国でも史料の活字化が進められている。だが、アフリカは現在にまで生きのびている最も高度に発達した無文字文化を有している。アフリカ史にかんしては、文字記録を補う史料は何かといえば、疑いもなくそれはオラルヒストリーなのである。

アフリカのこのような社会のなかではアーカイブズについての考え方もまた他の地域とは異なる。アフリカのアーカイブズについての考え方を見てみよう。

①シエラレオネ

赤道直下のブラックアフリカ諸国の一つ、シエラレオネは西アフリカの大西洋に面した国である。十五世紀にポルトガル人が「発見」し、十六世紀にはイギリス人が上陸して現在の首都、フリータウンを建設した。その後保護領となり、一九六一年英国連邦内の共和国として独立した。海岸地帯はマングローブ林と湿地帯、内陸部は高原と山岳地帯に覆われている。西アフリカでももっとも気候が悪いといわれ、植民の初期には「白人の墓場」とさえ呼ばれた熱帯雨林気候の激しい地域である。このシエラレオネにも、首都フリータウンに国立文書館がおかれている。

この厳しい熱帯雨林気候は文書館資料の保存には決して好ましいものではない。時には湿度が九六％にも達する高温多湿気候は、昆虫やネズミ類、カビなどの生物にとっては生息しやすい環境を提供する。しかし、これは取りも直さず文書館資料保存には多くの「敵」がいることを意味する。ネズミの存在は、資料のみならず資料保存設備・施設・建物にも損害を与えるために、最大の難題となっている。高レベルの湿度は暑さを伴うと磁気テープをワカメ状に変形させて、「腐らせて」しまうこともある。

熱帯では強い太陽光線とホコリがつきものだ。なかでも紫外線は紙などの記録を損なう働きがあることが知られている。またホコリが空気中に大量に含まれると、それが紙に付着して、シミやキズの原因となる。

たとえば写真記録の場合は、多湿の状態ではカビが発生しやすい。カラー写真は湿度が高いと退色が進む。紫外線も写真の色をあせさせる。マイクロ資料はきちんとした維持管理を行なわないと、劣化が進み、使えなくなってしまう。録音テープや磁気テープは温度・湿度の急激な変化が磁気信号に影響を与えることがあり、ホコリがテープの間にはさまると信号を消してしまうことがある。

このような問題の解決に手っ取り早いのは空調を行なうことである。だが、シエラレオネでは発電所の機械が老化したうえ燃料も不足気味なので、停電が頻発する。エネルギー消費の面から考えて、空調の経常経費が高価であるため、必ずしも二四時間空調を継続することはできない。外気があまりにも高温多湿で空調が十分機能しないので、除湿機能を追加する必要があるのに、そうした機器を入手することが、国の経済状態から見て非現実的とされてしまう。他方、停電の頻発は磁気テープの破壊やマイクロ資料の利用不能などという、途上国特有の事態もひきおこしている。こうしたさまざまな状況が重なって、シエラレオネにおけるマイクロフィルムや磁気テープなどの資料の寿命は世界のレベルからみて非常に短い（菅野弘夫・小川千代子、一九八九年）。

②ジンバブエ

ジンバブエは、以前はローデシアと呼ばれな英国の植民地であった。ここの国立文書館は、一九三五年に当時の南ローデシア自治政府が創設し、一九六三年ローデシア国立文書館となり、一九八〇年、ジンバブエ共和国の独立にともない今日の名称に改められた。首都ハラレにおかれた国立文書館は、国内唯一の文書館で、図書も併せて管理している。国立文書館は内政部の管轄である。国立文書館は、中央政府の文書の管理に責任を有し、旧ローデシア、ネアザランド連邦政府の歴史文書、図面、地図、写真などを保存している。中央・地方政府の作成後三〇年を経過した歴史的価値ある公文書の大部分は、歴史的公文書として公開している。図書、私文書、図像資料コレクション、写真、絵画、版画、地図コレクション、視聴覚資料、現用公文書＝記録管理業務、オラルヒストリーの採話が具体的な業務の対象である。全国的な図書管理にも責任を有するのは、他の国の文書館には見られない特徴となっている。国立文書館の組織は、文書管理部、公共記録研究部、国立図書館部、オラルヒストリー課、編集出版課、修復マイクロ化課の三部三課で構成されている。またアーキビスト協会の事務も国立文書館が担当している。所蔵資料の総量は一九九一年現在で四一五〇メートル（高橋覚、一九九三年）。

③アフリカのアーキビスト研修

アフリカでは、ガーナ、ケニア、ダカール、ナイジェリア、タンザニアの五か所の大学、ケニア、ジンバブエの二つの大学院、およびガーナ、ガンビアなどの大学以外の研修施設が考えられるほか、どこの文書館でも新しい職員のためには一定の現場研修プログラムをもっているようだ。このほか民間研修で記録管理と文書館のコンサルタント会社が最近、アフリカの各地である程度の研修コースを開催するようになってきた。ガーナ全国記録管理学会が定期的にワークショップや講演会を開催している例などに見られるように、アーキビスト協会や記録管理学会なども、この研修には積極的な動きを見せている。

ジンバブエの前国立文書館長サムエル・ジョバンナ氏は、次のような実施方法を提案している。

各国がその職員を外国の研修コースなどに派遣するのは、派遣先がアフリカ地域内であっても、経済負担が大きい。そこで、現在アフリカのアーキビストが取り組むべき問題を、次の二点にまとめている。

①各国それぞれのアーキビスト協会の結成。これで研修その他の問題の突破口を開くことができるだろう。各国とも、アーキビストの研修には長い時間を費やしてきている。その結果、すでに文書館の職を離れてしまった元アーキビストも各国には少なからずいるはずだ。こうした元アーキビストの人々にも、力になってもらうとよい。欧米、アジア、太平洋地域の各国のアーキビスト協会が行なう記録管理やアーキビストの定期研修から学ぶべきものは多い。いつも大金を投じて職員を外国の短期研修に派遣するばかりがアーキビスト研修ではないことがわかるだろう。それに、研修を必要とする職員がいる文書館ならきっと、適正な予算でそれ以上の職員に資するもののある研修を行なえるに違いない。

②地域アーキビスト協会で定期的に開催できる地域研修ワークショップ／セミナーの考案。アフリカにはＩＣＡの地域支部がすでに四つあるが、これをさらに強化して、予算・人材両面の活性化をはかり、文書館のあらゆる業務についての研修プログラムを行なえるようにする。研修プログラムを考案する時に忘れてはならないのが、

研修指導者のための研修ワークショップだ。これにより、各国、各文書館の研修能力が高められる。

「アーキビストの継続研修は、どのレベルのアーキビストにも、常に重要であることを忘れてはならない」というジョバナ氏の言葉は、世界中に通用する（Samuel Njoyana、一九九六年）。

④今日のゲリラは明日の政権――アフリカの文化

一九九五年、アメリカ・ワシントンＤＣで開催された第三三回ＩＣＡ円卓会議で、ケニア国立文書館副館長のローレンス・Ｉ・ムワンギ氏が発表した、「政府対ゲリラ・その資料評価の考え方」と題する報告は、会議参加者の絶賛を浴びた。この報告は、アフリカ各国の不安定な政治情勢とそのなかでの記録の保存についての考察を基盤に、国連が支援する「世界文書館」の設立を提言するものであった（L. I. Mwangi、一九九六年）。

文書館は政権記録の保存機関　ムワンギ氏はいう。「今日の文書館の史料保存は、政権担当権力者の記録保存に偏りがちである」と。たとえば、南アフリカのＡＮＣアフリカ民族会議が政権を獲得するまでの長い苦難の道程を考えてみたい。ＡＮＣが非合法団体とされていた間、その組織の記録を保存するどころか作成することさえも、関係者にとっては非常な危険をおかすことであった（峯陽一、一九九六年）。そうしたことがらはいわれてみればまさに当然である。だが、「今日のゲリラは明日の政権」であることは、平和に暮らしている日本では実感する機会はまずないかと思われる。しかし、ムワンギ氏のこの短い言葉は、ＡＮＣをはじめ、多くの組織が非合法時代の苦難の道程を歩むなかで、どれほどの記録が作成され、おそらくはひそかに配布され処分されたのかということを、私たちに改めて問いかけるものと言えよう。

ゲリラ記録とアーキビスト　ゲリラ運動記録を考えるには、その記録の把握と所在調査、記録保存のための、収集技術と選別基準の確立、記録の公開対象と公開時期の検討の三つの柱がある。文書館の専門家アーキビストは、公的立場にたってゲリラのシンパとか支持者に対して、ゲリラ側がこれまで作成した記録を将来の参考のために保存することがいかに大切かを教育するように求めることができるし、アーキビストはゲリラのシンパに対し、秘密性の尊重を保証したうえで、すべての記録は無理としても、記録の一部を寄託するよう、粘り強く交渉を重ねるべきであろう。またアーキビストは国際的な会合にも進んで出向き、自国の政府の公的記録を形成する、他国に所蔵されているゲリラ記録についても、積極的な議論を進めるべきである。

ゲリラ記録のための「世界文書館」　ゲリラの記録や史料のための「世界文書館」の設立するとよい。アーキビストたるもの、利用者に対しては、ゲリラ側と政府側の双方について客観的な情報を提供すべきである。そのためには、証拠となる記録をきちんと選んで保存しなければならない。そのような記録保存のためには、世界文書館を設けるべきである。これは、国連の下で、なんらかの国際法に則って運営する。ゲリラの記録・史料は、史料発生当局からの委託を受け、ここで保存する。そして、作成者の同意があれば、部外者が閲覧できるようにするとよい。この世界文書館は世界各地に地域支部をおき、それぞれの地域内のゲリラ記録の出所の把握と所在調査を行ない、かつ記録の受入と保存を統括する責任を負うものになるのである（小川千代子、一九九六年）。

アフリカの文化　アフリカの各国は、気候条件、政治状況、社会経済基盤など、さまざまな困難を抱えている。そのような困難な状況の下で、記憶の記録化とその保存のため、文書館が設けられている。一般的なデータをみる限り各国とも決して裕福とはいえない経済状況にあるようだ(二宮書店、一九九八年)。しかし、アーキビストはそのなかでアフリカ内部交流、世界レベル交流のためにさまざまな機会をとらえ、積極的に行動している。国際会議では、必ず質問を発する。報告発表も喜んで引き受ける。そのような積極性は、長期的には専門性を高めていくのは明らかであろう。ムワンギ氏のいう「今日のゲリラは明日の政権」という言葉は、日本語でいう「奢れる者は久しからず」を裏返してみせてくれる表現である。いつの間にか「奢れる者」の記録のみ保存すれば事足れりとするような傾向が、私たちのなかに巣喰っていることを鋭く切り取り、やさしく、わかりやすく説明してくれたムワンギ氏の報告に、私はアフリカの文化を見たのであった。

参考文献

上原樹代　一九九一年「ソロモン諸島の国立公文書館」『記録と史料』No.2　全史料協
香港歴史档案処　一九九五年『香港便覧　歴史档案処　一九九五年四月』
ユン・チアン、土屋京子訳　一九九八年『ワイルド・スワン』講談社文庫
Jung Chang "Wild Swans", Flamingo, An Imprint of Harper Collins Publishers, London, 1992
李　向罡　一九九三年「中国档案界の現状」『北の丸―国立公文書館報―』第二五号　国立公文書館
上海辞書出版社　一九九四年『档案学詞典』
同前
同前
同前
Annual Report of Malaysia National Archives, 1993
安澤秀一　一九八六年「アフリカ史研究と史料館／文書館」『史料館／文書館学への道』吉川弘文館
Eric Turner "Specific Problems in Tropical Coustries"（菅野弘夫・小川千代子「第一一回国際公文書館大会参加報告」付録c〈『北の丸―国立公文書館報―』第二一号九四―九七頁、平成元（一九八九）年三月、国立公文書館、東京〉に全文邦訳が掲出されている）
高橋覚　一九九三年「ジンバブエ国立文書館」『全史料協会報』No.二七「外国文書館案内　九」
Samuel Njovana "Continuing Training Programs" Janus 1996. 1 Pan African Conference, ICA, Paris
L. I. Mwangi "Documenting Partisan and Guerrilla Archives Government watching guerrillas the appraisal consideration"（全訳はローレンス・I・ムワンギ、小川千代子訳「政府対ゲリラ・その資料評価の考え方―ゲリラ／パルチザン運動の資料をどう残すか―」（『藤沢市文書館紀要』一九、一九九六年））

二宮書店　一九九八年　『データブック　オブ　ザ　ワールド』一九九九年版
峯　陽一　一九九六年　『南アフリカ「虹の国」への歩み』　岩波新書
小川千代子　一九九六年　「今日のゲリラは明日の政権―戦争とゲリラ文書の保存―(CA1050)」(『カレントアウェアネス』No. 199)　国立国会図書館

編集責任者・執筆者紹介◉

（五十音順）

＊編集責任者

◉**松尾　正人**《まつお　まさひと》
生　年　一九四八年生まれ
現　職　中央大学教授
専　攻　日本近代史
著作論文　『明治維新研究序説――維新政権の直轄地』（千田稔共著、開明書院、一九七七年）、『廃藩置県』（中央公論社、一九八六年）、『維新政権』（吉川弘文館、一九九五年）など

＊　＊　＊

◉**青木　睦**《あおき　むつみ》
生　年　一九五七年生まれ
現　職　国文学研究資料館史料館助手
専　攻　史料管理学・日本近世史・保存科学
著作論文　「高山町年寄文書の保管容器について」（『日本近世史料学研究』北海道大学図書刊行会、二〇〇〇年）、「史料収蔵環境に対する保存箱の効果」（『史料館紀要』第三〇号、一九九九年）、「近世における史料保存管理に関する一考察――京都門跡寺院妙法院『日記』を素材として」（『史料館紀要』第二六号、一九九五年）など

◉**石原　一則**《いしはら　かずのり》
生　年　一九五三年生まれ
現　職　神奈川県立公文書館
専　攻　記録史料学
著作論文　「アーキビスト養成の歴史と課題」（『記録と史料』第四号、一九九三年）、「欧米における記録管理」（『記録史料の管理と文書館』北海道大学図書刊行会、一九九六年）、「現代公文書の評価・選別方法について」『神奈川県立公文書館紀要』第二号、一九九九年）など

◉**小川千代子**《おがわ　ちよこ》
生　年　一九四九年生まれ
現　職　国際資料研究所代表、学習院大学・東京学芸大学・静岡大学講師
専　攻　文書館学
著作論文　『情報公開の源流――30年原則とＩＣＡ』（岩田書院、一九九六年）、『文書館入門』（国際資料研究所私家版、一九九七年）、『文書館用語集』（編集代表、大阪大学出版会、一九九七年）など

◉**久慈　千里**《くじ　ちさと》
生　年　一九六二年生まれ
現　職　八潮市立資料館員・埼玉大学兼任講師
専　攻　日本近現代史
著作論文　「地域における資史料保存の成果と課題」（『歴史科学』一四二、一九九五年）、「埼玉県の地域博物館・資料館における戦後50年関係展示」（『埼玉地方史』三五、一九九六年）など

◉高橋　実　たかはし　みのる
生　　年　一九四六年生まれ
現　　職　作新学院大学教授
専　　攻　記録史料学
著作論文　『幕末維新期の政治社会構造』（岩田書院、一九九五年）、『文書館運動の周辺』（岩田書院、一九九六年）、『自治体史編纂と史料保存』（岩田書院、一九九七年）など

◉所　理喜夫　ところ　りきお
生　　年　一九二九年生まれ
現　　職　駒澤大学名誉教授・足立区立郷土博物館館長
専　　攻　日本近世史
著作論文　『徳川将軍権力の構造』（吉川弘文館、一九八四年）、『古文書の語る日本史六　江戸前期』（編著、筑摩書房、一九八九年）、『戦国大名から将軍権力へ――転換期を歩く』（編著、吉川弘文館、二〇〇〇年）など

◉冨善　一敏　とみぜん　かずとし
生　　年　一九六一年生まれ
現　　職　東京大学大学院経済学研究科附属日本経済国際共同センター研究支援推進員
専　　攻　日本近世村落史
著作論文　『近世中後期の地域社会と村政』東京大学日本史学研究室叢書４（東京大学日本史学研究室、一九九六年）、「国文学研究資料館史料館所蔵村方文書引継・管理史料」（『東京大学日本史学研究室紀要』二、一九九八年）、「文書作成請負業者と村社会――近世飛驒地域における筆工を事例として」（高木俊輔・渡辺浩一編『日本近世史料学研究』北海道大学出版会、二〇〇〇年）など

◉中野目　徹　なかのめ　とおる
生　　年　一九六〇年生まれ
現　　職　筑波大学助教授
専　　攻　日本近代史
著作論文　『政教社の研究』（思文閣出版、一九九三年）、『明六雑誌』（校注、岩波書店、一九九九年）、『近代史料学の射程』（弘文堂、二〇〇〇年）など

◉西岡　芳文　にしおか　よしふみ
生　　年　一九五七年生まれ
現　　職　神奈川県立金沢文庫主任学芸員
専　　攻　日本中世史
著作論文　『日本中世史研究事典』（共編、東京堂出版、一九九五年）、『金沢八景――歴史・景観・美術』（神奈川県立金沢文庫、一九九三年）、「日本中世の〈情報〉と〈知識〉」（『歴史学研究』七一六、一九九八年）など

◉林　英夫　はやし　ひでお
生　　年　一九一九年生まれ
現　　職　立教大学名誉教授
専　　攻　近世史
著作論文　『秤座』（吉川弘文館、一九七三年）、『古文書の語る日本史』第七巻（編著、筑摩書房、一九八九年）、『地方史研究の新方法』（木村礎共編、八木書店、二〇〇〇年）など

◉藤實　久美子　ふじざね　くみこ
生　　年　一九六四年生まれ

現　　職　国文学研究資料館史料館（通称国立史料館）ＣＯＥ非常勤研究員（講師）、学習院大学史料館客員研究員
専　　攻　日本近世史
著作論文　『武鑑出版と近世社会』（東洋書林、一九九九年）、『江戸幕府役職武鑑編年集成』（共編、東洋書林、一九九六〜一九九九年）、「紅葉山文庫の管理と書物師出雲寺」（『学習院史学』第三一号、一九九三年）など

◉水口　政次《みずぐち　まさじ》
生　　年　一九四七年生まれ
現　　職　東京都公文書館勤務
専　　攻　なし
著作論文　「都道府県における文書保存・利用の現状と課題」（『記録史料の管理と文書館』北海道大学図書刊行会、一九九六年）、「公文書等の保存に向けて——情報公開と史料提供」（『双文』第一五号、群馬県立文書館、一九九八年）など

◉宮地　正人《みやち　まさと》
生　　年　一九四四年生まれ
現　　職　東京大学史料編纂所教授
専　　攻　幕末維新史
著作論文　『日露戦後政治史の研究』（東京大学出版会、一九七三年）、『幕末維新期の文化と情報』（名著刊行会、一九九四年）、『幕末維新期の社会的政治史研究』（岩波書店、一九九九年）など

◉湯山　賢一《ゆやま　けんいち》
生　　年　一九四五年生まれ
現　　職　京都国立博物館学芸課長
専　　攻　日本中世史・古文書学
著作論文　「北条義時執権時代の下知状と御教書」（『日本古文書学論集5』吉川弘文館、一九八六年）、「北条時政執権時代の幕府文書——関東下知状成立小考」（『中世古文書の世界』吉川弘文館、一九九一年）、「古文書の伝来と保存——武家文書の場合」（『古文書研究』第二五号、吉川弘文館、一九八六年）など

◉吉田　優《よしだ　まさる》
生　　年　一九四九年生まれ
現　　職　明治大学助教授
専　　攻　日本村落生活史・博物館学
著作論文　「近世中期の会津藩における村方騒動」（『地方史研究』一七八号、一九八二年）、「村絵図にみる村落景観の変貌」（木村礎編著『村落景観の史的研究』八木書店、一九八八年）、「博物館歴史学の道」（『ＭＵＳＥＵＭ　ＳＴＵＤＹ』第八号、一九九七年）など

◉吉野　敏武《よしの　としたけ》
生　　年　一九四三年生まれ
現　　職　宮内庁書陵部修補係長
専　　攻　装幀形態と料紙および修補関係
著作論文　「肉眼観察による素材研究麻紙」（和紙文化研究会、一九九六年）、「経巻紙背面における磨きの考察」（和紙文化研究会、一九九八年）、「装幀の種々相・その一、その二」（古筆学研究所、一九九八・一九九九年）など

今日《こんにち》の古文書学《こもんじょがく》　第12巻　ISBN4-639-01667-0　C3321〈全〉

史料保存《しりょうほぞん》と文書館《もんじょかん》

印刷　平成12年5月20日　（編集委員代表　高橋正彦）
発行　平成12年6月5日

本巻編者　松尾正人
発行者　長坂慶子
発行所　雄山閣出版株式会社
住所　東京都千代田区富士見2-6-9
TEL 03（3262）3231　FAX 03（3262）6938
振替　00130-5-1685
印刷　株式会社平文社
カバー印刷・製本　永和印刷株式会社
装丁　貝原　浩
乱丁落丁は小社にてお取替えいたします。
Printed in Japan

ISBN4-639-01685-9　C3321